2013年度教育部人文社会科学研究青年项目成果：
"幼儿教育中教育技术应用的问题与对策研究"（13YJC88067）
辽宁省优势重点学科建设丛书
渤海大学教育学学科建设丛书

YOUER JIAOSHI JIAOYU JISHU NENGLI
FAZHAN: LILUN YU SHIJIAN

幼儿教师教育技术能力发展：理论与实践

王 吉 ◎ 著

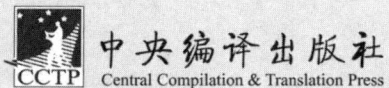

图书在版编目（CIP）数据

幼儿教师教育技术能力发展：理论与实践 / 王吉著.
—北京：中央编译出版社，2016.4
ISBN 978-7-5117-2959-0

Ⅰ. ①幼… Ⅱ. ①王… Ⅲ. ①幼教人员－师资培养－研究 Ⅳ. ①G615

中国版本图书馆 CIP 数据核字（2016）第 032574 号

幼儿教师教育技术能力发展：理论与实践

出 版 人：刘明清
出版统筹：董　巍
责任编辑：曲建文
责任印制：尹　珺
出版发行：中央编译出版社
地　　址：北京市西城区车公庄大街乙 5 号鸿儒大厦 B 座（100044）
电　　话：（010）52612345（总编室）　　（010）52612341（编辑室）
　　　　　（010）52612316（发行部）　　（010）52612317（网络销售）
　　　　　（010）52612346（馆配部）　　（010）55626985（读者服务部）
传　　真：（010）66515838
经　　销：全国新华书店
印　　刷：北京天正元印务有限公司
开　　本：710 毫米×1000 毫米　1/16
字　　数：238 千字
印　　张：13.25
版　　次：2016 年 4 月第 1 版第 1 次印刷
定　　价：40.00 元

网　　址：www.cctphome.com　　邮　箱：cctp@cctphome.com
新浪微博：@中央编译出版社　　　微　信：中央编译出版社（ID:cctphome）
淘宝店铺：中央编译出版社直销店（http://shop108367160.taobao.com）（010）52612349

本社常年法律顾问：北京嘉润律师事务所律师　李敬伟　问小牛
凡有印装质量问题，本社负责调换。电话：010－55626985

前　言

儿童生活的数字化以及与之相应的学前教育信息化对幼儿教师的教育技术能力提出了新的要求，而幼儿教师工作情境的特殊性使得幼儿教师与一般中小学教师的教育技术能力表现存在较大的不同，因此需要对幼儿教师教育技术能力发展问题进行更有针对性的分析。

本研究以幼儿教师为主体对教育技术能力的内涵进行了全面分析，大致分三部分对问题展开论述。

第一部分主要是课题研究的理论框架构建，包括第一章和第二章，这一部分主要是回答幼儿教师教育技术是什么的问题。研究借鉴活动分析的思路，综合使用德尔菲法、聚类分析法对幼儿教师教育技术能力进行了分类整理，并构建了一个教育技术能力模型。

第二部分是研究的现实基础分析，主要包括第三章，这一部分主要回答当前幼儿教师教育技术能力怎么样，通过相关的调查，研究将问题聚焦在教育技术的创新性应用上，并将能力发展的重点确定为实践性知识的生成。

第三部分是本研究的行动路线分析，包括第四章和第五章，这一部分主要回答的是怎么做的问题。在对实践性知识相关研究分析的基础上，研究构建了一个基于教育技术实践性知识生成的教育技术能力发展的一般模式，并据此设计了相应的行动。

本书是作者博士论文的进一步提炼，在论著即将出版之际，再次对天津师范大学教育科学学院的各位老师表示诚挚的感谢。特别感谢恩师王志军教授在本文写作、修改过程中的指导和帮助，研究的细微闪光之处都凝聚着先生的汗水和心血。

因作者水平所限，疏漏之处在所难免，恳请方家不吝赐教。

目 录

第一章 绪论 ··· 1
　第一节 幼儿教师教育技术能力问题的研究背景 ························· 1
　　一、选题背景 ··· 1
　　二、概念界定 ··· 6
　第二节 研究综述 ··· 8
　　一、幼儿教师教育技术能力内涵的研究 ······························· 8
　　二、幼儿教师教育技术能力提升策略的研究 ·························· 17
　　三、幼儿教师专业发展的研究 ······································ 25
　　四、相关研究的启示与本研究的可能空间 ···························· 34
　第三节 问题确定 ·· 35
　　一、研究目标与内容 ·· 35
　　二、研究的重点和难点 ··· 37
　　三、研究意义 ··· 38
　第四节 研究思路和研究方法 ··· 39
　　一、研究思路 ··· 39
　　二、研究方法 ··· 40

第二章 幼儿教师教育技术能力内涵的确定 ································ 43
　第一节 我国主要教育技术能力界定的演变及其对能力内涵确定的
　　　　 方法启示 ·· 43
　　一、主要教育技术能力界定演变的逻辑 ······························ 44
　　二、两个主要教育技术能力界定思路的优势与问题 ··················· 48
　　三、以往教育技术能力界定对研究幼儿教师教育技术能力的启示 ······ 54
　第二节 幼儿教师教育技术能力内容确定与能力模型建构 ················ 56

一、教育技术能力活动确定的方法与过程 …………………… 57
  二、教育技术能力内容的聚类分析及模型建构 ……………… 61
 第三节 幼儿教师教育技术能力模型的理论分析 …………………… 66
  一、教育技术能力模型的基础层内容 ………………………… 67
  二、教育技术能力模型的本体层内容 ………………………… 68
  三、教育技术能力模型的表现层内容 ………………………… 72
 第四节 基于能力模型的幼儿教师教育技术能力的内容与结构 …… 77
  一、基于能力模型的"教育技术能力标准"再认识 ………… 78
  二、基于能力模型的信息技术应用能力标准再认识 ………… 78
  三、基于能力模型的幼儿教师教育技术能力的基本结构 …… 79

第三章 能力模型视角下幼儿教师教育技术能力的现状分析 …… 81
 第一节 对教育技术能力现状研究的方法论反思 ………………… 81
  一、对问卷进行分析的研究思路 ……………………………… 82
  二、对问卷的分析结论 ………………………………………… 85
  三、教育技术能力状况问卷调查的反思 ……………………… 89
 第二节 对幼儿教师教育技术能力现状的调查研究 ……………… 91
  一、调研的基本思路 …………………………………………… 92
  二、问卷调查的结果与分析 …………………………………… 96
  三、关键事件分析的结果与深层思考 ………………………… 101
 第三节 对幼儿教师教育技术能力现状的个案分析 ……………… 106
  一、个案选择与方法确定 ……………………………………… 106
  二、对幼儿教师教育技术的意识与态度分析 ………………… 107
  三、幼儿教师媒体应用状况分析 ……………………………… 114
 第四节、幼儿教师教育技术能力现状小结 ………………………… 118

第四章 基于实践性知识生成的幼儿教师教育技术能力发展模式思考 …… 120
 第一节 幼儿教师教育技术能力发展模式的构建 ………………… 120
  一、对实践性知识生成策略的内容分析 ……………………… 120
  二、教育技术能力发展模式的构建 …………………………… 121
 第二节 教育技术能力发展模式的理论基础和价值分析 ………… 123
  一、教育技术能力发展模式的理论基础 ……………………… 123
  二、教育技术能力发展模式的价值分析 ……………………… 125

目录

第五章 基于教育技术能力发展模式的设计研究……128
第一节 基于教育技术能力发展模式的行动路线设计……128
第二节 教师案例研究的行动及反思……131
一、案例研究概述……131
二、教师案例研究行动的过程总结……135
第三节 教师叙事研究的行动及反思……148
一、教师叙事研究概述……149
二、教师叙事研究的行动及思考……153
第四节 教育技术能力发展行动的评价……162
一、能力发展行动评价的基本思路……162
二、基于问卷的效果评价……164
三、基于访谈的效果评价……167
四、对幼儿教师能力发展行动中动力缺乏问题分析……171

第六章 总结与展望……174
一、对本研究的总结……174
二、研究展望……178

附录1 专家咨询意见问卷……180
附录2 教育技术能力构成的性质调查问卷……181
附录3 幼儿教师教育技术能力发展情况调查问卷……183
附录4 教育技术能力发展行动效果调查问卷……185
附录5 对于教育技术能力发展行动效果评价的访谈提纲……186

参考文献……187

表目录

表 1.1 各国提升教师教育技术能力的典型项目 ················ 18
表 1.2 2010—2013 表 1.1 学前教育研究的高频关键词 ·········· 26
表 2.1 第一轮专家问卷意见整理表 ······················ 58
表 2.2 第二轮专家问卷意见整理表 ······················ 59
表 2.3 教育技术能力构成内容属性调查分析表 ··············· 63
表 2.4 教育技术能力内容分类汇总表 ···················· 64
表 2.5 教育技术能力活动的内容与指向分类 ················ 77
表 3.1 内容分析类目表 ····························· 85
表 3.2 教育技术能力调查问卷指标体系 ··················· 92
表 3.3 幼儿教师教育技术知识与技能情况表 ················ 96
表 3.4 幼儿教师教育技术的应用状况的描述统计 ············· 97
表 3.5 课程学习对于能力各维度影响的单因素 ANOVA 检验 ······ 98
表 3.6 园内培训对于能力各维度影响的单因素 ANOVA 检验 ····· 100
表 3.7 关键事件行为指向频次表 ······················ 103
表 4.1 与实践性知识生成有关的高频关键词及词频 ··········· 121
表 5.1 案例分析参考问题表 ························· 142
表 5.2 教师案例研究与教育案例研究比较表 ··············· 145
表 5.3 认知过程维度教师案例研究的分析框架及问题示例 ······· 147
表 5.4 能力发展行动评价指标 ······················· 163
表 5.5 教育技术能力发展效果调查结果统计 ··············· 165

图目录

图 1.1　研究行动路线图 …………………………………………… 40
图 2.1　能力构成内容聚类分析树状图 …………………………… 64
图 2.2　幼儿教师教育技术能力树状模型图 ……………………… 66
图 2.3　幼儿教师教育活动结构图 ………………………………… 76
图 2.4　幼儿教师教育技术能力基本内容 ………………………… 79
图 3.1　网络调查问卷发布时间分布 ……………………………… 85
图 3.2　不同问卷的教育技术主体分布 …………………………… 86
图 3.3　幼儿教师使用媒体类型图 ………………………………… 98
图 3.4　计划行为理论模型 ………………………………………… 109
图 3.5　教育技术的意识态度影响要素模型 ……………………… 110
图 4.1　基于实践性知识的教育技术能力发展模式 ……………… 122
图 5.1　幼儿教师教育技术能力推进行动路线 …………………… 129

第一章　绪论

第一节　幼儿教师教育技术能力问题的研究背景

如果用生产工具来表征人类文明的发展历程，我们从石器时代开始，今天已经切实地进入了信息时代。信息技术的发展不仅改变了人类的生产、生活方式，还改变了并正在改变着我们的学习方式。这种学习方式的改变并非单独存在于某一个学段，单独影响某类学习者，而是普遍存在于整个教育过程中，学前教育必然会受到信息技术的影响，这种技术的渗入，对幼儿教师提出了新的要求。

一、选题背景

（一）学前教育的发展对学前教师提出更高的要求

教育是推动个人发展和社会进步的基础，教育的优先发展也是许多国家发展政策制定中的共同选择。然而，由于受历史、认识、社会生产水平、发展条件等多方面因素的制约，我国的学前教育长期以来处于整个教育体系的底端，整体上存在许多问题。从政策制度上看，学前教育行政管理不全，存在责权不清、多头管理现象；财政投入机制不完善，政府投入不足；幼儿教师生存状况不佳，社会地位和福利待遇偏低；民办学前教育市场不规范，质量整体不高。[①] 从理论研究上看，长期以来，我国对于学前教育研究的数量偏少，从各

[①] 蔡迎旗：《中国学前教育存在的问题》，载《教育研究与实验》2009 年第 1 期。

类课题中学前教育相关课题所占比例、课题承担者的研究背景来看，学前教育与其他阶段教育的差距明显。① 从实践来看，我国学前教育发展状况仍明显落后于经济、社会发展的需求，2007年全国学前三年的毛入园率仅为44.6%②，经过"学前教育三年行动计划"的落实，截止2013年底，全国三年毛入园率也刚刚达到67.5%。虽然已经取得了明显的进步，但幼儿园的规模、水平还未能满足人民的需要。这些问题在生活中又直接反应为读幼儿园难，读好幼儿园更难。许多幼儿园办学质量不高，一些幼儿园或者成为小学教育的训练场，或者成为放任学生自由活动的游乐园，失去了学前教育的独立价值。上述问题使得进入合格的幼儿园、接受优质的学前教育成为困扰许多人的难题。

近年来，学前教育的诸多问题引起了人们的关注，许多学前教育的研究者对这些问题进行了比较充分的分析。在理念上，人们越来越认识到学前教育的奠基性，将学前教育视为基础教育的开端，终身教育体系的起点，明确将学前教育定位为国民教育体系的重要组成。在政策层面，国家也对现存问题进行了针对性的回应，在《国家中长期教育改革和发展规划纲要（2010－2020）》这一纲领性的文件中，明确将学前教育作为教育发展的重要任务，并将学前教育发展的方向和目标做了具体的规划。③ 其后，各省市拟定的地方性教育发展规划中也不约而同地对学前教育的意义进行了确认。在研究层面，越来越多的理论工作者关注学前教育问题，对学前教育的教师、课程、幼儿园教学、管理等许多问题进行了研究，出现了许多有价值的研究成果。实践中，幼儿园的园数、班数、幼儿园的教师的学历水平等都有了明显的提高。"学前教育走出低谷，开始呈现出恢复性回升的态势"，④ 学前教育进入一个快速发展的阶段。

学前教育发展的大潮中，一些新的关注焦点逐渐涌现出来，其中幼儿教师的专业发展逐渐成为一个核心问题，学前教育的发展需要高素质的幼儿教师，幼儿教师能力的提升成为发展学前教育的一个关键环节。

（二）儿童生活的"数字化"要求幼儿教师做出适应性的改变

学前教育的根本目标是学前儿童的发展，把握学前儿童的特点是有效开展学前教育的基础，而审视今天学前儿童的生活环境和学习环境，可以看到学前

---

① 刘晶波：《我国学前教育研究年发展状况分析》，载《教育研究》2011年第8期。
② 庞丽娟：《加快学前教育的发展与普及》，载《教育研究》2009年第5期。
③ 教育部：《国家中长期教育改革和发展规划纲要（2010－2020年）》，http://www.edu.cn/zong_he_870/20100730/t20100730_501910.shtml，访问时间：2014年12月。
④ 庞丽娟：《加快学前教育的发展与普及》，载《教育研究》2009年第5期。

儿童生活和学习越来越呈现出"数字化"的特点。

早在上个世纪末，就有研究者看到了新一代学习者的这种"数字化"的特点，研究者注意到信息时代的学习者已经完全不同于以往，他们从小就被电脑、视频游戏、数字音乐、摄像机、手机等数字时代的工具所包围，并无时无刻不在使用这些数字产品，因此他们更适应数字化的学习环境。① 根据这种对学习工具、学习环境适应能力的不同，不同的研究者对这些新一代的学习者起了很多不同的名字：数字土著（Digital Native）、② 千禧年学习者（Millennial）、③ 媒体一代（Generation M）、④ 网络世代（Net Generation）⑤ 等。但无论作何称谓，其背后的思想都是相似的：新的学习者更适应这种数字化的环境，他们的学习需要新的手段，需要新的教育媒体。我国学者对这种新一代学习者的特征也有关注，胡志标等人译介了"数字土著"概念的提出者 Marc Prensky 的最新研究成果，并进一步说明了当今学生思维模式的改变，并提出要改革教育方法与内容，教师要用学习者适应的数字化时代的语言与方式与学生交流，加强"未来"内容的教学。⑥ 顾小清等对我国的千禧年学习者的特征进行了研究，通过文献调研、问卷调查、访谈等方法对数字技术在学习者的认知、社交、生活和学习等各方面的影响进行了探索，并提出要倾听"他们"的声音，为"他们"设计教育教学过程。⑦ 有研究者进一步提出要根据数字土著的学习特征，建立一个课上课下相结合，应用个人电脑、移动设备及其他数字设备，利用博客、播客等各种社会软件支持的学习环境。⑧

虽然"数字土著"这个观点并非为所有人都能接受，不乏批评者怀疑是否存在这种因生活环境的数字化而形成的思维差异，也屡有研究者批评"数字土

---

① 马克·普伦斯基、胡智标、王凯：《数字土著 数字移民》，载《远程教育杂志》2009 年第 2 期。
② Prensky M.，"Digital natives, digital immigrants part 1"，*On the horizon*，2001 (9).
③ Mcglynn A P.，"Teaching Millennials, Our Newest Cultural"，*Education Digest*: *Essential Readings Condensed for Quick Review*，2005, 71 (4).
④ Ziegler，"The (mis) education of Generation M"，*Learning, Media and Technology*，2007, 32 (1).
⑤ Tapscott D.，"Educating the net generation"[J]．*Educational Leadership*，1999, 56 (5).
⑥ 马克·普伦斯基、胡智标、王凯：《数字土著 数字移民》，载《远程教育杂志》2009 年第 2 期。
⑦ 顾小清、林仕丽、汪月：《理解与应对：千禧年学习者的数字土著特征及其学习技术吁求》，载《现代远程教育研究》2012 年第 2 期。
⑧ 荆林燕：《面向"数字土著"学习环境的构建与分析》，载《软件导刊（教育技术）》2011 年第 12 期。

著"等论述过分强调学习者的年龄特征而忽视了教育的作用，① 但对新一代学习者而言，他们生存状态的数字化这一事实本身并无争议。根据2014年中国互联网络信息中心（CNNIC）发布的《中国互联网发展状况统计报告》，截止2013年12月中国网民规模达6.18亿，而借助相对廉价的手机等移动终端使用互联网的态势发展迅速，② 考虑到网民的年龄构成，我们可以清楚地看到今天的学前儿童大都处在一个非常容易接近网络的环境中，而电视、手机等数字产品更已经成为学前儿童身边之物，因此单从儿童的生活环境和学习环境而言，学前儿童的生活是"数字化"的。

另外，值得关注的是，随着时代的发展，会有越来越多第二代的"数字土著"进入幼儿园，他们的父母就是熟稔信息技术的"土著"，因此在这第二代的"数字土著"的生活中有更多的接触信息技术的机会，当这代孩子尚在襁褓中的时候就已经习惯了电脑、iPad、手机等数字设备，他们对于幼儿园中数字化学习的需求会更强烈。

儿童生活环境和学习环境的数字化要求幼儿园的教育考虑他们的这种成长特点，要求幼儿园的教师对幼儿园的教学做出适应性的改变。

（三）学前教育的信息化对幼儿教师的教育技术能力提出新的挑战

信息技术对教育发展的革命性影响已经成为人们的一种共识，教育信息化也被普遍认为是一种推动教育发展的保障措施，学前教育的发展也离不开信息技术的推动。近年来，学前教育的信息化逐渐成为人们关注的一个热点。

政策层面，信息技术对于幼儿教育的意义已引起各国家的重视。美国幼教协会（NAEYC）颁布了《技术与儿童》立场声明，强调了媒体对于0—8岁幼儿教育的意义，并明确指出如果应用得当，技术就能够有效地支持儿童的学习和发展，而恰当的应用需要幼儿教师以及幼儿教育的管理者对信息技术有充分的认识。③ 在我国信息化对于教育的作用已经通过《国家中长期教育改革和发展规划纲要》等政策文本得到确认，并成为一种共识，近年来，这种认识逐渐扩展到学前教育领域。而其后的《幼儿园教师专业标准（试行）》也强调幼

---

① Bennett S, Maton K, Kervin L., "The 'digital natives' debate: A critical review of the evidence", *British journal of educational technology*, 2008（09）.
② CNNIC:《中国互联网络发展状况统计报告》, http://www.cnnic.net.cn/hlwfzyj/hlwxzbg/hlwtjbg/201403/P020140305346585959798.pdf, 访问时间：2014年12月.
③ NAEYC, "Technology and Interactive Media as Tools in Early Childhood Programs Serving Children from Birth through Age 8", http://www.naeyc.org/files/naeyc/PS_technology_WEB.pdf.

儿园教师"应具有一定的现代信息技术知识",并将"信息技术知识"视为幼儿教师应具备的专业知识。在 2011 年颁布的《教师教育课程标准(试行)》中,教育部也将"现代教育技术应用"设为建议幼儿教师职前学习的模块,这些纲领性文件的颁布一定程度上反映了各个国家对幼儿教师教育技术能力提高的重视。

研究层面,多角度的研究比较充分地证实了信息技术的价值。在信息技术的价值上,国外许多研究证明了多媒体技术应用对于幼儿语言、数学、社交等方面学习的积极影响①。何克抗的一项实验也表明,幼儿从两岁半到 5 岁就已经进入言语成熟期,在此期间通过教育和网络支持,幼儿的语言能力和思维水平可能得到大幅提高;② 还有研究者对技术的消极影响进行了考察,余胜泉等进行的一项实验研究(2012)表明网络环境不是视力下降的主要因素,③ 这从一个侧面肯定了技术应用于幼儿学习的适宜性;在具体的研究内容上,研究者考察的范围也逐渐丰富。一般的状况调查、经验介绍等是国外研究常见的主题,也有研究者分析了幼儿教育软件的内容并制定了非常具有操作性的评价量表。④ 国内也有较多学者对当地的学前教育的信息化现状进行了具体的调查,此外对国外学前教育专家的教育技术思想的介绍、从评估角度出发思考学前教育信息化评价指标的构成、从教师能力的提高角度思考信息化建设重点等都是近年来学前教育的信息技术问题的关注内容。

实践层面,幼儿教育领域教育技术应用在稳步推进。早在 1969 年美国的芝麻工作室(Sesame Street workshop)就制作了芝麻街系列节目,成为利用媒体对学龄前儿童教育的典范(Robert W·Morrow,2005),2008 年芝麻街工作室又推出了旨在教师培训儿童担当社会责任的全球儿童教育项目《PAN-WAPA》,也取得了不俗的成绩。我国城市的大部分幼儿园已经初步具备了一定的信息化环境,许多优质幼儿园拥有了自己的触摸屏电脑设备和学校网站;"园园通工程"、"家校合作平台"等也成为幼儿园建设的重点;许多地区电子课本开发工作也是从幼儿阶段展开的。在具体的幼儿教学实践中,如儿童礼仪课程、幼儿音乐课程等,也有许多教师应用了教育技术,并取得了较好的学习

---

① Segers E, Verhoeven L., "Multimedia support of early literacy learning", *Computers & Education*. 2002, 3.

② 何克抗:《儿童思维发展新论和语文教育的深化改革——对皮亚杰"儿童认知发展阶段论"的质疑》,载《教育研究》2004 年第 1 期。

③ 余胜泉、张洪锐:《课堂网络教学环境对学生视力的影响研究》,载《电化教育研究》2012 年第 7 期。

④ McManis L D, Gunnewig S B., "Finding the education in educational technology with early learners", *Young Children*, 2012, 67 (3).

效果，许多研究表明在幼儿教学中应用教育技术不但提高了幼儿的学习成绩，还促进幼儿的自主学习。另一方面，多元主体的加入也为教育技术实践注入了动力，从 2001 年起，IBM 公司就与我国教育部合作，通过"小小探索者"（Kid Smart）项目，为 600 多所学前教育机构的信息化建设提供帮助；在移动平台上，今天也有一些程序开发公司面向幼儿学习开发了许多第三方应用程序 APP，诸如"我是一只暴龙"、"叫叫逛超市"、"悟空识字"等，这些 APP 应用都有很多的下载和使用。

虽然取得了一定成绩，但当前幼儿阶段教育技术应用研究仍处于初级阶段，还存在一些问题。

在政策上，信息化发展的专门指导文件《教育信息化十年发展规划（2011—2020 年）》中并没有明确提到幼儿教育问题，此外，尽管相关政策提出了幼儿教师应学习现代教育技术，然而对相关政策的落实却缺少针对性的说明：幼儿教师的教育技术能力要求与中小学教师的是否存在不同？如果有，那么为什么存在这种不同？怎样明确幼儿教师的教育技术能力要求？有什么样的方式达到教育技术能力的要求？这些具体的问题要求研究者对围绕幼儿教育中的教育技术实践进行多角度的思考。然而当前这种研究还不够深入，在理论研究上，研究者队伍中知名学者不多，成果也较分散，缺少对该问题的系统总结；实践中也多是"摸着石头过河"式的尝试，缺少理论上基础性探讨和经验的理论升华。在诸多推动学前教育信息化的要素中，教师显然是最重要的因素之一，因此本研究拟以幼儿教师的教育技术能力发展为主题，以实践性知识的获得为脉络，对有关问题进行深入思考。

二、概念界定

要进一步明确研究的主题，还需要对主题涉及的核心概念进行说明，从而更好地明确本研究问题的范围。

1. 幼儿教师：本研究中所指的幼儿教师不包括职前阶段高师院校里学前教育专业的学生，而是在幼儿园中的工作人员。另一方面，由于历史原因，我国的学前教育发展极不均衡，有一些幼儿园的教师实际上是缺少职前教育和职后的相关培训的，他们或许在做着教师的工作却不具有教师的资格和能力，我们认为，对于这部分教师的问题首先是一个政策问题，问题的解决主要需要相关部门严格幼儿教师的资格认证及相应的准入和退出机制。虽然在农村幼儿园、一些薄弱的民办幼儿园这些资质不足的幼儿教师还存在，但可以预见，随着社会对学前教育的关注,随着大批学前教育专业的专科生、本科生甚至硕士进入到学前教育的教师队伍,随着对幼儿教师注册制度、职后再教育制度的完善,这部分教师的问题有望得到根本解决,由于这些教师的问题根本上不是一个教育问题,所以本研究关注的也不是这部分教师。最后,这里我们将本研究中的幼儿教师界定为:受过相应的教育和训练,具有专业资质,在幼儿园中对幼儿实施保育和教育的专业人员。从操作层面看,本研究关注的幼儿教师是具有教师资格证的幼儿教师。

2. 教育技术能力:教育技术能力是能力的一个下位概念,而能力又是一个与"知识"、"技能"、"素质"、"胜任力"等词语既有区别又有联系的一个基本概念,对能力的界定不同,就会有不同的能力的要素和不同的能力结构,也就有不同的能力发展方式,因此我们需要对能力进行更深入的分析,在本文第二章笔者围绕能力这一概念对教育技术能力进行了系统梳理。最终将教育技术能力界定为一个包括基础知识、理论性知识和实践性知识,以及教师多维行动的复合体。

3. 发展:教育技术能力发展是教师专业发展的组成部分,本研究中"发展"的含义也与一般教育研究里"教师专业发展"中的"发展"一词相似,是指教师个体内在的专业特性的提升。具体到本研究,这里的发展是指教师个体的教育技术能力由低到高,逐渐符合教师标准的过程。

应该指出的是,本研究的发展更强调的是一种教师本位的发展,① 它不同于一般的教师培训:从目的上看,它强调的是教师的内部价值而非工具价值,不仅仅追求技能提高以改善教学过程,而更是教师自身的价值体现,是一种更高意义上的自我实现;从发展动力上看,教师发展不仅仅是对外界压力的适应或服从,更是一种自我实现需求所推动的主动改变。②

---

① 宋广文、魏淑华:《论教师专业发展》,载《教育研究》2005 年第 7 期。
② 有研究者认为,"发展"这个概念表达的是一种"缺陷模式",其中暗含着这样的判断,即教师是有问题的,需要"被"发展的(陈向明,2013)。这种意义上的"教师发展"容易受工具理性驱使,把教学工作肢解为简单的活动构件,然后对这些构件进行分析,进而明确各部分可能需要的技术,并用相应的评价标准衡量教师对这些技术的掌握情况(卢乃桂,钟亚妮,2007),这样的"发展"忽视了教师发展的自主性、互动性、多样性等生态化的特征(王凯,2010),因此一些研究者主张使用"专业学习"表示这种内生性的教师专业成长。应该说以上对教师专业发展的这种批判性反思是有意义的,但仅从词义来看,"发展"不同于"培训",它本身就蕴含着由内而外生长的意思,因此本研究仍使用发展一词,但这里的"发展"强调的是一个动态的内生过程,而不仅仅是自上而下的推动的工程。参见陈向明:《从教师"专业发展"到教师"专业学习"》,载《教育发展研究》2013 年第 8 期;卢乃桂、钟亚妮:《教师专业发展理论基础的探讨》,载《教育研究》2007 年第 3 期;王凯:《教师学习:专业发展的替代性概念》,载《教育发展研究》2011 年第 2 期;杜海平:《外促与内生:教师专业学习范式的辩证》,载《教育研究》2012 年第 9 期等。

4. 实践性知识：不同的知识观下有不同的知识分类，我们在这里借鉴陈向明教授的"二分法"，将教师知识界定为理论性知识和实践性知识。[①] 这里教师的实践性知识是指教师拥有的一种个性化的、在实践中产生并表现在实践中的情境性知识。相应的，实践性知识生成就是指个体在行动中通过反思获得情境化的实践性知识的过程，它是实践性知识管理的重要环节，也是教师教育技术能力在表现层上发生变化的基础。

第二节 研究综述

信息化对于教育的推进作用已经成为人们的一种共识，但长期以来学前教育的信息化却较少引起人们关注，这一定程度上是缘于学前教育在教育研究领域中的边缘化。[②] 在考虑学前教育的相关问题时研究者倾向于参考中小学教师的情况来处理，国外的研究也往往将"k－12"作为一个整体来分析，很多时候并没有考虑"k"阶段的特殊性。近年来，随着各个国家对学前教育的重视，学前教育信息化问题也逐渐成为研究的热点，相应的幼儿教师的教育技术能力研究也逐渐成为人们关注的一个主题。

幼儿教师的教育技术能力是本研究直接关注的问题，研究的根本目的就是要理清对于幼儿教师这一特殊群体而言教育技术能力的内涵是什么？如何根据问题促进他们教育技术能力水平的提升？因此这里我们从内涵和提升策略这两个维度分别对已有研究进行分析，另一方面由于当前直接针对幼儿教师教育技术能力的研究数量相对较少，而其他一般意义上教师的研究其实也包含着对幼儿教师的分析，因此我们这两个维度的研究还要做针对一般教师的教育技术能力研究和专门针对幼儿教师的教育技术能力研究这两个层面的区分。

一、幼儿教师教育技术能力内涵的研究

教育技术能力的内涵主要回答教育技术能力是什么、它由哪些内容构成、内容的结构是怎样的等问题，梳理前人研究可以看到对这些问题不同的回答。

---

① 陈向明：《对教师实践性知识构成要素的探讨》，载《教育研究》2009 年第 10 期。
② 王吉：《学前教育信息化的现状与对策》，载《中国教育技术装备》2011 年 12 期。

（一）一般教师的教育技术能力的内涵研究

1. 国外研究情况

国外关于教育技术能力是什么的认识比较系统地反映在不同国家、组织颁发的教育技术能力相关标准中。标准是衡量人或事物的依据和准则，不同机构制定的标准，实际上就是该机构对教师的教育技术能力是什么的规范化的表示。

早在1998年美国国际教育技术协会ISTE就推出了一个学生教育技术能力标准NETS—S，从6个维度提出了14项指标，明确了对学生而言教育技术能力意味着基本操作与技术知识、社会伦理、学习工具、协作交流的工具、研究工具、解决问题的工具等六方面内容。① 2000年ISTE在对学生能力研究基础上又推出了国家教师教育技术标准（National Educational Technology Standards for Teachers，简称NETS—T），②该标准中，教师的教育技术能力被界定为在技术操作以及技术知识、设计学习环境、支持教学、支持评价、提高专业实践以及技术伦理等6个维度的23项内容。③ 在2008年新修订的NETS—T中又将维度缩减为6个，包括用技术促进学生学习、设计开发工具、成为数字化学习典范、成为数字化文化典范、专业发展提升领导。值得注意的是，这里的标准虽然主要是针对中小学教师的，但标准也明确指出这里的教师是K—12阶段的教师，这些要求也是针对幼儿教师的。

联合国教科文组织在亚太地区教育局在2005年提出了一个在教学与技术整合方面教师专业发展的区域性指导方针，其中对信息技术与教育整合的原则、技术在教育中的发展模式、教师教育整合信息技术的课程框架等问题进行了分析，特别对教师整合技术的能力标准进行了梳理，对应技术应用的几个阶段，该指导方针将技术能力标准概括为学习情境中整合工具、支持教和学、开发课程资源和学习资源以及整合信息技术促进教学革新等4个维度，4个维度

---

① 美国国际教育技术协会项目组：《美国国家教育技术标准———课程与技术整合》，北京：中央广播电视大学出版社，2003年版，第27页。
② ISTE在1998年就已经制订了学生教育技术能力标准NETS—S，其后在PT3的大背景下推出了教师标准NETS—T，并在2001年推出了管理者的教育技术标准NETS—A，三者共同构成了一个比较完整的教育技术能力发展体系，在2007年、2008年和2009年分别对NETS—S、NETS—T和NETS—A进行了修订。
③ 秦炜炜：《面向教师的美国国家教育技术标准新旧版对比研究》，载《开放教育研究》2009年3月。

下有16个具体指标。①

英国教育与就业部也推出了一个"ICT应用于学科教学的教师能力标准",② 该标准从有效的教学与评价以及学科教学中整合ICT所需的能力两个方面描绘了学科教师在教育技术上应具备的能力。有效的教学与评价部分主要说明在教学和评价环节教师应该掌握的与教学直接相关的能力,主要包括教师应知道何时使用技术、怎样有效使用技术、知道怎样选择工具、怎样组织资源等内容。而在学科教学中整合ICT部分则较为详细地阐明了学科教师应具备的关于技术的知识、能力等各方面的要求,具体包括信息技术的知识、对信息技术的理解和必要的对信息技术工具的使用等维度的内容,又可以细化为9个具体指标,可以看作直接与教育技术能力相关的一些标准要求。

日本文部省在2007年也颁布了本国的《教师使用ICT指导学习能力标准》,③ 分别从教学前准备、教学中应用、学生指导、信息伦理和学校事务管理等5个维度对小学教师和中小学教师的教育技术能力提出了要求。

依据这些有政策指导意味的文本,一些研究者也对教育技术能力的标准进行了针对性的改造。例如美国的北爱荷华大学（The University of Northern Iowa）就在ISTE的NETS—T的基础上,提出了适于本校的"职前教师教育技术能力结构",从技术设备操作、技术资源提升信息素养、技术资源提升学科教学等3个维度界定了职前教师的教育技术能力。④ 德克萨斯州大学奥斯汀分校也依据ISTE的标准把教育技术能力界定为基本技术操作、技术的个人应用、技术在教学中应用、社会伦理问题等多个领域。⑤

总结上述国家的情况,可以看到在一般的教师教育技术能力内涵的研究中主要体现了以下特点：（1）以标准界定教育技术能力的内涵。对教师教育技术能力包括哪些内容、这些内容间的结构关系这两个问题的系统回答往往是体现在比较有影响力的组织发布的标准中的,这样的教育技术能力界定会更深刻的

---

① UNESCO Asia and Pacific Regional Bureau for Education, Regional Guidelines on Teacher Development for Pedagogy. (http://unesdoc.unesco.org/images/0014/001405/140577e.pdf)

② 王炜、祝智庭：解析英国《ICT应用于学科教学的教师能力标准》,载《电化教育研究》2004年第12期。

③ 杨宁：《师范生教育技术能力发展：目标层次、影响因素与培养策略》,博士学位论文,东北师范大学,2013年。

④ Krueger, K., Hansen L., & Smaldino, S., "Preservice Teacher Technology Competencies: A model for preparing teachers of tomorrow to use technology. (2000)", *TechTrends*, (3): 47—50.

⑤ Teacher Technology Competency Committee Member Organizations, "Teacher Technology Competencies", http://www.edb.utexas.edu/education/assets/files/ltc/about/TTCompetencies.pdf.

影响相应的教育技术能力提升的行动，有更大的影响力。（2）教育技术能力描述往往采用活动分析的方法。在上述标准中，研究者把教育技术能力外化为在具体行动中教师的活动，通过明确教师在哪些活动中可以怎样应用教育技术来展示教育技术能力内涵。（3）对教师之间的能力差异较少区分。研究大多是关注教育技术在教学方面的应用，通过分析教学中的教育技术应用对教育技术能力是什么进行界定。

2. 国内研究情况

在早期的研究中，教师的教育技术能力往往是一个基本概念，较少有研究者继续对教育技术能力的构成、构成要素间的关系等进行具体的区分。随着人们认识的提高，许多学者开始对教育技术能力进行更深入的分析，以2004年教育部颁发的有广泛影响的"教育技术能力标准"为界，从研究时间来看，可以大致将这部分研究归为三类。

（1）个别化的教育技术能力内涵分析

这部分研究主要是"教育技术能力标准"颁布之前，由个别研究者独立进行的，研究的主要思路是对教育技术能力构成的要素进行分析，也有研究者通过对教育技术能力行为的描述来界定教育技术能力的构成。

例如，刘世清和冯伯森认为，师范院校教育技术能力培养历程分为三个阶段：第一阶段是对媒体使用能力的培养，第二阶段是媒体及媒体的教学应用能力的培养，第三阶段则强调现代教育技术与信息技术能力的培养，而新时期教育技术能力培养主要包括三个方面内容：现代教育理念、教学设计和信息技术在教学中的应用。① 在这里刘世清等虽然讨论的是教育技术能力的培养内容，但也反映了在人们对教育技术能力的构成经历了从媒体使用能力、教学应用能力到信息整合能力的转换，而最后这里界定的教育技术能力主要是信息整合能力，这包括理念、教学设计、教学应用等。但对于教育理念包括什么、教学设计具体是什么等内容则没有进一步分析。冯奕竸和李艺的一项研究也对教育技术能力培养划分为三个阶段，并将教育技术能力的内在结构分为6个部分，包括媒体使用能力、获取评价信息能力、信息加工能力、设计课件能力、自主学习和协作学习能力以及运用教育技术的意识等，② 但该研究同样没有对这六部分内容的逻辑进行详细的说明。这种分析主要是基于对教师应用教育技术行为

---

① 刘世清、冯伯森：《高师学生现代教育技术与信息技术能力培养的探索与实践》，载《电化教育研究》2000年第9期。
② 冯奕竸、李艺：《从记忆知识到创新能力的跃迁——师范生教育技术能力训练研究与实践》，载《电化教育研究》2003年第11期。

的分析，大致体现了一种对活动分析的思路。

在2002年的一项关于中小学教师教育技术能力的调查中，研究者将教育技术能力操作化为教师的教育技术知识、教育技术外部条件、教育技术使用（媒体选择与应用）等，而且该研究对教师和校长进行了访谈，并总结一线教师的意见将教育技术能力细化为包括教育技术理论知识、教育技术处理问题的方法原则、使用教育技术思想指导教学、运用教学设计、选择教学策略教学媒体、选择运用评价学习资源、设计编制教学软件、利用教学软件、维护教学软件、维修媒体、管理教学媒体、运用网络12项具体的内容。① 张一春等在探讨高校教师教育技术能力标准时，在借鉴国外标准基础上，将教师的教育技术能力界定为与教师相关的技术、资源、教学活动和教师的自我发展等4个维度10个层次的内容，② 这些早期的研究开始从不同的角度对教育技术能力的构成要素进行了分析，并试图建立一个结构化的能力认识。

由于相关的分析缺少政策支持，规模和影响往往不大，尽管如此，这些研究往往也经历了认真的论证和广泛的调查，而且标准中对能力构成的分析已经指出了许多能力要素，并进行了要素维度的划分，许多研究也开始采用活动分析的方法，通过规定能力活动界定教育技术能力。

（2）教育技术能力标准框架下的能力内涵分析

虽然研究者按自己的理解对教育技术能力的内涵进行规定性的界定也能自圆其说，但如果长期缺乏一个对教育技术能力内涵的共同理解，研究者在讨论教育技术能力时可能会散乱而缺乏对话的基础。而基础教育课程改革以及教师专业发展等时代背景也要求人们进一步明确什么是教育技术能力，进而探索好的教育技术能力的培育方案。因此，研究教育技术能力的内涵，建立教育技术能力标准成为一项重要的任务。

2004年教育部推出了一个面向我国中小学教师的教育技术能力标准，标准研制专家在借鉴西方发达国家相关标准的基础上，总结了我国的教育技术能力标准，最后形成了一个符合我国实践的中小学教师教育技术能力标准体系（后文简称"教育技术能力标准"），并在2004年由教育部正式颁布。该标准采用了"4（14）N"的架构，从"意识与态度""知识与技能""应用与创新"以及"社会责任"等4个维度，建构起14个评价的一级指标，并对各一级指

---

① 王钢、朱京曦、刘莉、乌美娜：《我国中小学教师教育技术能力的调查与分析》，载《中国电化教育》2002年第3期。

② 张一春等：《高校教师教育技术能力标准的模型建构之研究》，载《中国电化教育》2004年第5期。

标给出了"N"个具体的绩效指标。① 该标准内容全面科学，而且得到了政府部门在政策层面和行动上的大力支持，在 2005 年教育部颁布的《全国中小学教师教育技术能力建设计划》中明确指出该国家层面的对中小学教师的教育技术培训要依据"标准"来制定培训大纲，开发培训资源，而其后何克抗教授、祝智庭教授分别主编的中小学教师教育技术能力培训教材也都是按照这个标准来编制的。② 随着国家层面培训活动的开展，标准很快成为教师教育技术能力的样本，虽然标准是面向中小学教师的，但许多关于职前教师、大学教师教育技术能力的研究也采用了标准所述的框架，这种"4（14）N"的结构成为一种共识。

其后许多研究都遵循了这个"教育技术能力标准"的架构。例如第四军医大学的陈云虹博士就根据部队院校的特点，对军队院校教师的教育技术能力结构进行了分析，并采用层次结构的形式描述了军校教师这一特殊群体的教育技术能力结构，将军校教师的教育技术能力分为 6 个层次，最底层是态度和意识、第二层是信息化战争意识、第三层理论基础、第四层是应用能力、第五层是创新能力、第六层是社会责任感，这里对教育技术能力的界定显然也只是原来 4 个维度的拓展。③ 屈洁从教育信息化的角度，在借鉴"标准"的基础上将高校教师的教育技术能力概括为教育技术意识、教育技术基本知识、基本媒体能力、综合应用等 4 个方面的内容，而且在各个层面明确了一些不同于中小学教师的要求。④ "高校教师信息素养现状与高校教师教育技术能力框架"课题组针对高校教师的工作特点，研制了一个包括意识与责任、知识与技能、设计与实施、教学评价、科研与创新等 5 个维度的高校教师的教育技术能力标准，该标准有 17 个二级指标，54 个三级指标。该标准根据高校教师教学特点对教育技术能力进行了分析，特别将科研与创新作为教育技术能力的重要组成，强调高校教师的教育技术能力应该包括：关注新技术和方法并应用其改进教学、借助技术手段开展广泛的学术研究合作与交流以及利用教育技术提高科研项目的管理水平和研究团队的工作效率等内容。⑤ 尽管这些研究都结合不同教师群体工作特点对教育技术能力是什么进行了情境化的梳理，但整体来看都是在

---

① 何克抗：《关于〈中小学教师教育技术能力标准〉》，载《电化教育研究》2005 年第 4 期。
② 沈书生：《教师教育技术能力培训项目设计研究》，博士学位论文，南京师范大学，2008 年。
③ 陈云虹：《军队院校教师教育技术能力标准研究》，博士学位论文，第四军医大学，2009 年。
④ 屈洁：《高师院校教师教育技术能力建设研究》，硕士学位论文，华东师范大学，2008 年。
⑤ 马宁、陈庚、刘俊生等：《〈国家高校教师教育技术能力指南〉的研究》，载《远程教育杂志》2011 年第 6 期。

"教育技术能力标准"框架下进行的,同样具有要素分析的特点。

(3) 教育技术能力标准框架外的能力内涵研究

虽然这 4 个维度能力内涵的界定影响很大,但也有研究者认为,能力是一种胜任力,是完成某事的条件,所以能力标准中不应包括社会责任、伦理等内容,同时强调教育技术能力标准的内容不应一成不变,而应随着理论和技术的发展以及教学的需要不断做出调整,并试图对原来的四维能力结构进行重新整理。① 还有研究者认为教育技术能力是一种特殊的能力,不同于其他的教师专业技能,教育技术能力与表达能力、讲授技能、板书技能等不是并列的能力,而是一种更上位的能力,教育技术能力会渗透到其他各项能力中,影响其他技能发挥作用,这个判断赋予教育技术能力更高的地位,② 但这里对教育技术能力的界定呈现出一种整体性,而没有拆分为意识态度、知识技能等要素。

此外,也出现了一些动态的从能力形成角度分析教育技术能力的研究。早期对教育技术能力的分析受美国 NETS 系列标准及我国的《中小学教师教育技术能力标准》影响较大,研究者倾向于将能力分为意识、知识等若干一级指标,进而确定一级指标下二级指标以及更具体的指标表现等。虽然不同的研究者可能有不同的分析维度,但整体上看大都是对能力的静态结构进行分析。近年来,在这个问题上出现了一些新的思路。李美凤从个体的教育技术能力形成发展出发,将教育技术能力视为外在的显性的教育技术知识转化为内在的隐性的知识的过程。③ 齐媛在分析教学设计能力的时候没有直接将"能力"作为一个无需讨论的概念,而是将其内涵进行了多维的分析,并强调能力是一定情境下对知识、技能、态度、动机等的综合运用,因此提出能力框架应该由相关知识和技能两部分组成,其中知识是能力发展的基础,技能是从知识掌握到能力形成的中间环节,并从知识和技能两个层面对教学设计能力的主要内容进行了分析。④ 杨宁在对师范生教育技术能力问题进行研究时,也提出了一个新的认识教育技术能力的思路,她认为教师在教育技术能力发展过程中经历了一个从技术的学习者到技术的教导者、协作者最后成为技术领导者的过程,在每个阶段对应着不同的教育技术能力,例如,教师作为一个技术的学习者时,教师的

---

① 朱书慧:《2002—2012 年我国"教育技术能力"研究回顾》,载《继续教育研究》2013 年第 8 期。

② 李美凤:《波兰尼知识理论与中小学教师教育技术能力培养——一种基于反思的教育技术能力形成与发展策略体系》,载《南京晓庄学院学报》2007 年第 3 期。

③ 同上。

④ 齐媛:《信息技术环境下中小学教师教学设计能力研究》,博士学位论文,东北师范大学,2009。

任务是学习使用新的技术，这时对应的教育技术能力是教师的技术学习能力，而教师掌握技术愿意在教学中使用技术以提高教学效率时，教师的任务是将技术整合到教学过程中，对应的教育技术能力是技术的整合力。① 这样，杨宁将教育技术能力重新划分为技术学习力、整合力、创新力和领导力等四阶段的结构。

在对实践影响最大的政策文本层面，以往对能力内涵4个维度的界定也在发生变化。教育部组织专家团队制定并在2014年颁布了专门的指导文件《中小学教师信息技术应用能力标准（试行）》（后文简称"信息技术应用能力标准"）。围绕这一指导文件，又相继印发了《中小学教师信息技术应用能力培训课程标准（试行）》以及《中小学教师信息技术应用能力测评指南（讨论稿）》等两个辅助性文件，这一系列文件从发展目标、学习内容以及评价三个环节在政策层面对教师的信息技术应用能力（教育技术能力）进行了界说。在"信息技术应用能力标准"中研究者依照教师工作中的具体应用把信息技术应用能力分为"技术素养"、"计划与准备"、"组织与管理"、"评估与诊断"、"学习与发展"等5个维度，并按照教师应用信息技术的目的从优化课堂和转变学生学习方式这两个方面进行了横向的区分。② 这个标准中对教育技术能力的界定就没有采用原有的要素分析框架，而是通过教师活动的描述来界定的。

（二）专门化的幼儿教师教育技术能力的内涵界定

相对于一般教师教育技术能力研究成果的丰富，专门针对幼儿教师教育技术能力的研究数量较少，具体到本研究涉及的幼儿教师教育技术能力，相关研究就更少了。这在一定程度上是因为部分研究者对幼儿是否应该使用技术心存疑虑。有研究者认为过早使用电脑有害于孩子的健康、会影响孩子创造力和社会文化方面的发展。③ 但越来越多的研究者还是认为以计算机为代表的信息技术是儿童学习中的有益工具。许多实证性的研究证明了教育技术对于幼儿学习的价值。④ 但这些研究往往是从幼儿知识学习角度分析教育技术价值的，并不

---

① 杨宁：《师范生教育技术能力发展：目标，影响因素与培养策略》，博士学位论文，东北师范大学，2013。

② 张屹、刘美娟、周平红等：《中小学教师信息技术应用能力的现状评估——基于《中小学教师信息技术应用能力标准（试行）》的分析》，载《中国电化教育》2014年第8期。

③ Cordes, C., & Miller, E., "Fools gold: A critical look at computers in childhood. Alliance for Childhood", http://www.allianceforchildhood.net/projects/computers/computers_reports.htm.

④ Alliance for Childhood (2004), "Tech tonic: Towards a new literacy of technology. Alliance for Education". Available (http://www.allianceforchildhood.net/projects/computers/index.htm)

包括幼儿教师全部的教育技术实践，这里潜在的对幼儿教师教育技术能力的要求与中小学教师区别不大。

我国学者对幼儿教师教育技术能力研究也呈现出同样的趋势，在研究内容方面，许多研究者都是从信息技术角度界定的，而且立足点往往落到了具体技术在教学中的应用上，较少关注教育技术在专业发展、家校合作等方面的应用。刘珍芳较早的对幼儿教师这个群体的信息素养进行了现状调查，① 但她界定的主题是教师的信息素养，而这里调查所涉及的幼儿教师能力的内容主要体现在课件设计制作方面。此后，毕新霞，李新峰，② 黄海萍③等不同研究者也对不同类型的幼儿教师的信息素养现状进行了研究，但这些研究者的立足点同样是幼儿教师的信息素养，并都是将信息素养定位在了幼儿园课堂教学中使用的课件设计制作方面。王瑾等使用文献法、访谈法等研究方法幼儿教师的职业准入标准中的信息技术维度的标准进行了界定，但是其提出的信息技术标准共包括文字输入、浏览网页、制作课件、搜集文字图像信息、编辑文章、认识计算机名称、评价改进和参与态度等八项内容，界定的核心也是教学中的部分基本技能。④ 总之，这些研究大都是在比较狭窄意义上考虑技术与幼儿教师的关系的，往往使用"信息技术"这个术语而非意义更广的教育技术，而且相关能力的内容多体现为应用于幼儿教学课堂中的制作课件等，大部分研究中幼儿教师的教育技术能力与中小学教师的教育技术能力在结构、内容上都没有什么差别。

近年来，也有部分学者关注到了幼儿教师信息技术能力要求上的不同，罗月念在对"幼儿园教师专业标准"的基础上思考了信息技术与幼儿教师的关系，间接的对幼儿教师的信息技术能力进行了分析，这里的信息技术就包括了比较多的与家长、社区合作、与教师专业发展中的应用。⑤ 但这种针对幼儿教师工作特点进行教育技术能力内涵分析的研究相对较少，而且大多只是简单地列举教育技术的应用，没有对内容进行系统梳理，也没有对幼儿教师教育技术

---

① 刘珍芳：《幼儿教师信息素养现状调查与分析》，载《现代教育技术》2010年第11期。
② 毕春霞、李新锋：《农村幼儿教师信息素养现状调查与分析——以"国培计划"培训学员为例》，载《郧阳师范高等专科学校学报》2012年第2期。
③ 黄海萍：《幼儿教师信息技术能力现状调查及对策》，载《中国教育技术装备》2013年第36期。
④ 王瑾、肖力青：《幼儿园教师职业准入信息技术标准研究》，载《新课程研究（下旬刊）》2014年第4期。
⑤ 罗月念：《信息技术视阈下教育部〈幼儿园教师专业标准〉内涵解读》，载《软件导刊（教育技术）》2012年第7期。

能力内容之间的结构进行分析。

二、幼儿教师教育技术能力提升策略的研究

研究教师教育技术能力的根本目的是提高这种能力，在这方面国内外进行了较多的实践探索。

（一）一般教师的教育技术能力提升策略研究

1. 国外的情况

分析国外关于提高教师教育技术能力的文献，可以看到两种不同的提高教师教育技术能力的思路，一种是项目推动的思路，一种是教师学习的思路。前者往往是由一个国家或组织机构制定项目，利用项目推动教师的教育技术能力提升，后者则强调教师或教师共同体在实践情境中学习的过程，通过情境化的学习提升其教育技术能力。

（1）项目推动的教育技术能力提升策略

信息技术的发展使其逐渐渗入各个领域，信息技术对教育的作用也越来越被人们认同，然而并非拥有了计算机、网络等信息化的教学设施就能够发挥信息技术的作用，在克林顿执政时期，美国政府就提出到 2000 年要将每个教室连接到信息高速公路上，要让每个适龄儿童都能上网，让每个成人都有条件进行终身学习，在这个认识的基础上，各级学校的信息化环境得到了很大提高，然而技术的发展并没有带来人们预想的在教育中的合理应用，美国技术评估办公室（Office of Technology Assessment）的一项题为"教师与技术：创造连接"（Teachers and Technology：Making the Connection）的报告指出尽管学校里已经有了技术条件，但仍有大量的教师表示不会在教学中应用信息技术，教师也缺乏足够的训练使其有效地将信息技术与自己的教学整合。①因此，教师的技术应用能力逐渐引起了政府的重视，人们认识到只有教师拥有教育技术能力，才可能使信息技术的价值从可能转为现实，因此许多国家和地区都将教育技术能力视为教师必须具备的一种能力，并开展了一系列推动教师教育技术能力的行动，这方面，许多学者对其进行了详细的梳理（详见表 1.1）。

---

① Office of Technology Assessment，"Teachers and technology：Making the connection"，http：//digital.library.unt.edu/ark：/67531/metadc39805/

幼儿教师教育技术能力发展：理论与实践

表 1.1 各国提升教师教育技术能力的典型项目[①]

国别	教师教育技术能力提升项目
美国	PT3 项目，（Preparing Tomorrow's Teachers to Use Technology）
英国	新机会基金（NOF）项目
德国	WebLOTSEN 小组教师培训
日本	国家、都道府县和学校的三级培训计划[②]；信息技术支援工程 JERIC[③]
韩国	强化教师信息应用能力计划[④]
新加坡	Master plan for ICT in Education
越南	A Master Plan for ICT in Education；An ICT Human Resource Program [⑤]

除表 1.1 所列的国家外，诸如挪威、瑞典、土耳其等国家都有专门的教师教育技术能力发展的行动，所有国家的教育信息化项目中都包括教师教育技术能力提高的内容，并通过针对性的项目或计划来推动教师教育技术能力的发展。

这些大多是以政府力量推动的以教师培训为主的项目，以资料较多影响较大的美国的教育技术能力发展项目为例，可以看到这种以项目推动为基础的教育技术能力发展的基本特点。

早在 1999 年，克林顿执政时期，美国政府就启动了 PT3 项目（Preparing Tomorrow's Teachers to Use Technology），致力于对职前教师进行培训，以提高未来教师使用技术的能力，截止到 2003 年项目已经为全美的 441 个教师教育机构提供了三亿多美元的资金支持。项目的目标是提高职前教师的技术应用能力，在该项目下各教师教育机构开展了多种形式的行动，这些行动包括促进大学教育学院教师的专业发展的项目、相关教师教育课程体系的建设项目、

---

① 本表部分参考了王卫军和马萌的研究成果，在两人的相关研究中还探讨了挪威、芬兰、波兰、香港地区等多个国家和地区的教育技术能力发展项目，但其中部分并不是典型的面向教师的教育技术能力培训项目，而是对学生的信息技术技能的教学改革项目，因此这里只是选取了部分典型国家的发展项目。对相关项目信息如未标注则来源于：王卫军：《教师信息化教学能力发展研究》，博士学位论文，西北师范大学，2009；马萌：《面向教师需求的教师及时培训模式研究》，博士学位论文，东北师范大学，2011。

② 王保中、黄松爱：《日本基础教育信息化：当前的举措与成果》，载《外国教育研究》2006 年第 5 期。

③ 李文英：《日本教育信息化发展及对我国的启示》，载《外国教育研究》2003 年第 2 期。

④ 崔英玉、孙启林、陶莹：《韩国基础教育信息化政策研究》，载《中国电化教育》2011 年第 6 期。

⑤ Peeraer, J., & Van Petegem, P., "Information and communication technology in teacher education in Vietnam: from policy to practice", *Educational Research for Policy and Practice*，2012，11（2）。

第一章 绪论

教师资格认证政策的规划项目以及在线的职前教师培训项目等多种形式，从培训者、培训教材、培训环境等多方面来提高未来教师的技术能力。许多教师教育机构也在项目支持下做了许多促进教师教育技术能力发展的实践：从组建促进教师发展的计算机实验室，到设计开发基于网络的学习材料，再到开发有效进行技术整合的视频案例，PT3项目取得了比较好的效果，[①] 成为教育技术能力发展的一个典范。

在布什执政时期，美国政府也非常重视技术对于教育的推进作用。虽然PT3项目的资金支持到2003年就停止了，但对教师信息技术能力培养的实践仍在继续。布什政府在2002年通过了"不让一个孩子掉队"法案，法案特别强调了教育的质量问题，要求学生参加并通过高质量的标准化考试，高质量的教学一定要高质量的教师，因此法案对教师的资格问题也进行了明确的规定。围绕该法案，美国教育部颁发了题为"走向美国教育的新黄金时代：网络、法律和当今的学生如何变革着对教育的期待"[②] 的国家教育技术行动计划（A National Education Technology Plan，2004，简称：NETP2004），行动计划的结尾部分是一个题为"未来就是现在"的行动步骤和建议，该建议指出要从"加强领导、创新预算、改进教师培训、支持数字化学习和虚拟学校、鼓励使用宽带、使用数字化内容、建设统一的数据系统"等七个方面落实这个国家教育技术行动计划。在其中改进教师培训的部分，该行动计划建议各州政府、学区和各学校要有意识的提高初任教师使用技术的意识，保证每个教师有机会参加网络课程的学习，通过评价、绩效认定和提供技术资源等方式提升教师教育的质量和一致性，保证每个教师明确如何应用数据个性化自己的教学。

分析PT3和NETP2004，可以看到项目推动阶段教育技术能力发展的主要包括政府出资、整体规划、集体行动、培训为主等特点。

早期的以PT3为代表的教师技术能力发展项目往往是一种培训式的信息技术教育，项目面向的是特定的学习人员，为这些学习者按照预定的标准设计学习内容和学习活动，在一定时间内完成学习内容和学习活动，最后通过预定的考核或评价。总的说来，这是一种外在于教师工作的专题学习。这种培训式的教育技术能力发展模式还普遍存在于面向职前教师的教育实践中，而且逐渐

---

① Thomas Brush, "Introduction to the Special Issue on Preparing Tomorrow's Teachers to Use Technology (PT3)", *Educational Technology Research and Development*, Vol. 51, No. 1, 2003, pp. 39-40.

② National Educational Technology Plan 2004, "Toward A New Golden Age in American Education: How the Internet, the Law and Today's Students Are Revolutionizing Expectations", http://ed.gov/about/offices/list/os/technology/plan/2004/plan.pdf

成为一种专门的课程体系。而当前在职教师的教育技术能力发展方面，逐渐呈现出一种由培训向学习转换的趋势。

（2）教师学习为主的教师教育技术能力提升策略

深入分析上述各国教育技术能力发展项目，我们看到这些项目都是世纪初开始的一种阶段性举措，往往缺少后续的追踪研究，例如在谷歌上搜索上述英国新机会基金项目（检索"NOF"或"New Opportunity Fund"）、德国WebLOTSEN小组教师培训（检索词"WebLOTSEN"）等，已经很难找到相关的研究报道了，而美国的PT3项目到2003年就已经停止项目的资金支持了，这种项目的消失并非各国政府开始不关注教师的技术问题，而是职前教师的信息技术教育已经课程化、标准化，而职后教师大部分已经具有了基本的技能，发展的重点往往在于教师自主的学习。

事实上，NETP2004计划在关注内容上就已经开始强调了教育领导、数字化学习、虚拟学校、数据系统等与教师学习有关的领域。奥巴马政府同样高度重视教育问题，在2009年国会报告上，奥巴马就提出到2020年要将美国大学的入学比率从当时的39%提升到60%；要缩小教育成就的差距，特别是由于种族、收入等造成的差距。[①] 与这种目标配套，奥巴马政府在2009年底推出了"力争上游"计划，并将优质教师和校长的招聘、培养、奖励以及留任作为"力争上游"计划的关键领域之一。为响应政府的这种教育变革计划，美国教育部适时推出了新的国家教育技术行动计划（A National Education Technology Plan，2010，简称：NETP2010），这个新的行动计划题为"革新美国教育：技术助力学习"（Transforming American Education：Learning Powered by Technology）。然而，在这个行动计划中教师的教育技术能力已经不再是一个需要单独学习的目的，而是成为一种提高教育者的能力的手段。利用各种技术，教师可以创造一种互联的教学模式（connected teaching model），在这种新的教学模式中教师能够使用各种数据、内容、资源，帮助他去创建、管理评价相关的学习活动，而这里的"教"也不再是一个教师个体的独立行为，而是一个团队组织的活动，教师与他的学生、学生的同伴、学校的助教老师以及世界各地的学科专家等多元的主体共同组成一个在线的学习共同体，这个共同体的所有成员都可以为学生以及感兴趣的家长提供课后的学习支持。而这里教师的专业发展也不再是一个片段的培训过程，而成为一种贯穿于其教学过程中的

---

① National Educational Technology Plan 2010，"Transforming American Education，Learning Powered by Technology"，http：//www.ed.gov/sites/default/files/NETP—2010-exec-summary.pdf

专业学习和专业成长过程。

整体来看，对在职教师的教育技术能力发展方面，逐渐呈现出一种由培训向学习转换的趋势，在 NETP2010 中可以看到，"技术助力学习"中的技术不仅仅是助力学生的学习，同样是对教师学习的一种关照，在这个行动计划中没有明确的对教师的培训提出要求，但这并不是说教师一定已经达到了技术标准的要求无需继续发展，只是意味着能力提升方式的变化，教师教育技术能力的发展不再是完全依赖组织化的培训，而是更强调教师在实践中的自我学习，这使一种技术支持的在行动中的学习，有着明显的"做中学"的意味。

2. 国内的情况

思考教师教育技术能力的提升策略的前提是对能力现状的分析。在这个问题上国内学者进行了较多的研究。整体来看，众多研究至少有两点共同之处。首先在教育技术能力主体方面，研究越来越细化。研究者分别对职前教师、免费师范生、农村教师、职业院校教师、高校教师等不同群体的教育技术能力现状进行了分析。其次，研究方法上，多以调查问卷为数据搜集的工具。研究者大多是通过发放调查问卷收集研究对象的教育技术能力状况的，而问卷的编制也有较多相似之处，大都是在"教育技术能力标准"的框架下设计的问题。

因为对教育技术能力状况的研究关注到了不同的教师群体，所以对教师教育技术能力提升策略的分析也有较强的针对性，这些研究大致可以分为两大类：对职前教师或师范生的教育技术能力提高的研究、对职后或在职教师教育技术能力提高的研究。

（1）师范生的教育技术能力提升的策略研究

对于师范生教育技术能力的提高的研究比较集中于相关课程的教学上。《现代教育技术》公共课的教学成为研究者关注的焦点。

《现代教育技术》公共课是当前师范生教育技术能力培养的主要途径，而《中小学教师教育技术能力标准》也成为课程实施的重要依据，依照"标准"对课程与教学进行改革成为许多学者关注的内容。张炳林和杨改学对师范生《现代教育技术》公共课教学中的问题进行了梳理，并根据"能力标准"提出《现代教育技术》公共课在内容上应该包括"教育技术概论"、"媒体理论与实践"、"课件制作"等七个模块，并主张以模块化的思想规范课程的内容。[①]李兆君同样以"能力标准"为依据，对沈阳师范大学《现代教育技术》公共课的

---

① 张炳林、杨改学：《对高等师范院校〈现代教育技术〉公共课的思考——基于 CETS 的公共课内容规范探究》，载《现代远距离教育》2007 年第 6 期。

实践形式进行了改革，强调课程内容上要以教学系统设计和教学资源的设计、开发为核心，吸收最新的研究成果，内容形式突破纸质资源的单一形式，建设电子资源、网络资源；在教学形式上注意网络与课堂的混合；评价方法上关注多元的评价等。① 何文茜等则依据"能力"标准对《现代教育技术》公共课实践教学体系的内容与实施方式进行了探索。②

除了依据 2005 年教育部颁发的标准外，在《现代教育技术》公共课的实施中，研究者也非常注意引入新的技术和新的教学模式。张筱兰等提出要建设网络课程、光盘教材和文字教材相结合的立体化教材，并以此为基础建构新的教学模式。③ 疏凤芳、赵呈领等则在公共课的教学中利用 qq 群组建了网络学习的共同体，并对 qq 群的交互行为进行了分析。④ 梁伟焱则在公共课的教学中组建了基于 Moodle 的课程平台，并在教学中使用课程平台，围绕平台进行专题讨论、作业汇报等。⑤ 黄磊等在公共课的教学中使用了多种免费的网络服务，并基于这些服务设计实施了混合学习模式，并取得了较好的效果。⑥ 在《现代教育技术》公共课的教学模式上，研究者也对混合式教学、WebQuest、任务驱动、支架式教学等进行了多元化的探索，并积累了一定的经验。⑦

经过多年的实践探索和经验总结，目前在《现代教育技术》公共课的实施中，我们已经积累了比较丰富的经验，对于教师教育技术能力的培养起到了基础性作用。但如果仅仅是借助课程的培训和教学，缺少实践环境中的反思，教育技术能力很难得到全面的提高。杨宁的调查发现，师范生的基本信息素养、

---

① 李兆君：《现代教育技术公共课教学改革的实践研究》，载《中国电化教育》2009 年第 5 期。

② 何文茜、王凤：《基于〈标准〉的现代教育技术公共课实践教学体系思考》，载《现代教育技术》2009 年第 2 期。

③ 张筱兰、邢郁：《立体化教材支持下的课堂教学模式建构与实践——以师范生〈现代教育技术〉公共课为例》，载《现代教育技术》2011 年第 8 期。

④ 疏凤芳、赵呈领、万力勇等：《基于 QQ 群的网络课堂交互特性研究》，载《现代教育技术》2012 年第 7 期。

⑤ 梁伟焱：《基于 Moodle 的现代教育技术教学实践与效果分析》，载《中国教育技术装备》2012 年第 18 期。

⑥ 黄磊、杨九民、李文昊：《基于免费网络服务的高校混合式学习模式构建——以"现代教育技术"课程为例》，载《电化教育研究》2011 年第 8 期。

⑦ 这部分研究有很多，比较典型的包括：赖晓云、焦中明：《网络环境下混合式教学的探索与实施——高校"现代教育技术"公共课教学改革案例》，载《远程教育杂志》2007 年第 5 期；姜忠元：《高师现代教育技术公共课中实施混合式学习的教学模式研究》，硕士学位论文，辽宁师范大学，2011 年；刘玉梅：《基于交互式学习环境的研究性教学实践研究》，硕士学位论文，华中师范大学，2011 年；吕爱杰：《学习支架在教学中的应用研究》，硕士学位论文，南京师范大学，2007 年等。

在教学中应用技术的能力、将技术融入学科教学设计的能力等还都比较薄弱。① 对于这些问题，除了继续探索新的课程教学模式外，还需要一些不同于一般课程教学的发展思路。近年来一些学者考虑通过视频创设情境、提供示范样例并促进学生的反思②，还有学者提出构建基于工作过程的培养模式，通过真实情境中应用技术，并对结果进行评价、反思，改进提高师范生的教育技术能力。③这些都是师范生教育技术能力发展的有益形式。

（2）职后教师教育技术能力提升的策略研究

对于职后的教师培养，较多的行动也集中在各级政府组织的培训上。为了使在职教师达到"能力标准"的要求，教育部在2005年启动了"全国中小学教师教育技术能力建设计划项目"，这是一次国家组织的、强制性的全员参与的培训，④在培训过程中，管理部门逐步完善了各级培训大纲，对培训目标、培训内容以及培训中的教学方法等都进行了一定总结，其后通过国家、省市地方组织了多种培训。2006年教育部师范教育司对"英特尔未来教育"项目与"中小学教师教育技术能力建设计划"相衔接问题专门发文通知，从政策层面保证了教师教育技术能力培训的各类项目的协调，保证了培训效益。⑤ 2013年教育部又颁发了"教育部关于实施全国中小学教师信息技术应用能力提升工程的意见"，决定要实施全国中小学教师信息技术应用能力提升工程，决定到2017年底完成全国1000多万中小学（含幼儿园）教师的新一轮提升培训，虽然该次培训题为"信息技术应用能力培训"，但从培训目标上看是要"提升教师信息技术应用能力、学科教学能力和专业自主发展能力……推动每个教师在课堂教学和日常工作中有效应用信息技术，促进信息技术与教育教学融合取得

---

① 杨宁：《师范生教育技术能力发展：目标层次、影响因素与培养策略》，博士学位论文，东北师范大学，2013年。
② 曹熙斌：《基于视频案例的师范生教育技术能力培养策略研究》，载《中国电化教育》2013年第10期。
③ 刘珍芳：《基于工作过程导向的师范生教育技术能力培养模式研究》，载《电化教育研究》2010年第11期。
④ 何克抗：《正确理解"中小学教师教育技术能力培训"的目的、意义及内涵》，载《中国电化教育》2006年11月。
⑤ 教育部：《关于"英特尔未来教育"项目与"中小学教师教育技术能力建设计划"相衔接问题的通知》，http://www.moe.gov.cn/publicfiles/business/htmlfiles/moe/s3317/201001/xxgk_81757.html，访问时间：2014年5月。

新突破",① 与上一轮的教育技术能力培训有明显的连续性。

关于教师教育技术能力培训,研究者在学理上也进行了许多探讨,对于教育技术能力培训的目标、内容、策略、评价等各个环节都有比较充分的讨论。何克抗教授通过对教育技术能力培训与信息技术培训的比较明确了教师教育技术能力培训的内涵,教师的教育技术能力是属于教育学学科的,旨在提升教师教育技术素养,强调教师在技术支持环境下进行教学设计和实施教学活动的一种培训,在培训内容的组织上强调围绕教学设计和教学实施的各环节展开。② 贾居坚借鉴教学设计原理对影响教师教育技术能力培训的要素进行了分析,并以混合学习思想为指导对相关培训的策略进行了分析。③ 沈书生在实践的基础上对教师教育技术能力培训项目进行了系统分析,将培训过程中教师的活动概括为"理解、创建、分享、评估",并对这四个要素的设计进行了讨论。④ 张生在参与教师的教育技术能力培训的过程注意到了实施中形成性评价的缺失,构建了一个混合式培训模式下的评价模型,并基于这个评价模型开发出一套形成性评价平台,从评价角度对教师教育技术能力培训提供了技术支持。⑤

虽然对教师教育技术能力的培训已经全面开展,国家、省市等各级培训工作都取得了一定效果,但这种外力主导的以培训促发展的方式也有一些难以克服的问题。周效章在参与河南周口教师教育技术能力培训的过程中,总结了这种培训方式存在的一些问题:缺乏情感分享、学员兴趣不高、后续跟踪支持不足、缺乏促进群体共同发展的机制,这些都不利于教师教育技术能力的发展,因此提出了创建网络学习共同体的构想。⑥ 马萌在其博士论文中提出了面向教师需求的教师及时培训模式,该模式也突出强调了以课下交流、案例教学、课

---

① 虽然文件文本使用的是"教师信息技术应用能力",但从内容上来看该工程强调的是"教师的信息技术应用能力、学科教学能力和专业自主发展能力",其中教学应用一定是要以教学设计为中心的,而专业自主发展等也不是简单的技术操作就能胜任的,因此该工程具有鲜明的教育技术色彩。文件参见:教育部:《关于实施全国中小学教师信息技术应用能力提升工程的意见》,http://www.moe.gov.cn/publicfiles/business/htmlfiles/moe/s7748/201311/xxgk_159042.html,访问时间:2014 年 5 月。
② 何克抗:《正确理解"中小学教师教育技术能力培训"的目的、意义及内涵》,载《中国电化教育》2006 年 11 期。
③ 贾居坚:《中小学教师教育技术能力培训教学策略研究》,载《中国电化教育》2011 年第 3 期。
④ 沈书生:《教师教育技术能力培训项目设计研究》,博士学位论文,南京师范大学,2008 年。
⑤ 张生:《混合式学习环境下基于学习活动的形成性评价的理论与实践》,博士学位论文,东北师范大学,2008 年。
⑥ 周效章:《中小学教师教育技术能力培训:基于网络学习共同体的实践》,载《现代教育技术》2010 年第 6 期。

后反思等依靠教师自身力量促进教师教育技术能力发展的举措。[①] 这些新的举措都表现出一种从外部对教师培训到内部的教师学习的发展思路上的转换，但整体来看，这种关注教师在共同体内学习的研究还相对不多。

（二）专门化的幼儿教师教育技术能力提升策略研究

由于较少有研究对幼儿教师教育技术能力内容的特殊性进行分析，所以在对专门针对幼儿教师教育技术能力提高的研究上也就更少人关注了。类似于教育技术能力内涵的研究，为数不多的提升策略大都是从提升幼儿教师信息素养这个角度进行分析的：刘丽珍在对幼儿教师信息素养基本状况调查的基础上思考了为提高幼儿教师信息素养进行培训的内容、形式等问题；[②] 孟红艳等立足河北省的实践，对幼儿教师信息技术培训中的问题进行了调查，并对相应的培训策略进行了思考。[③] 这些研究关注的内容主要是教学中应用信息技术，而具体的提升策略主要是培训的方法。也有学者思考了创设环境提高幼儿教师教育技术能力的问题，王琳也对幼儿教师的信息素养进行了一定考察，并提出了信息化校园文化建设、搭建网络社区等提升信息化教学能力的策略，[④] 但这种非培训的研究较少，而且大多是一种理论构想，缺乏实践案例。

三、幼儿教师专业发展的研究

幼儿教师的教育技术能力发展是幼儿教师专业发展的一个子集，对幼儿教师发展的相关研究构成了幼儿教师教育技术能力发展的背景和基础。我们认为，幼儿教师专业发展的特点应该能投射到幼儿教师教育技术能力发展中，如果两者存在差异，那么有可能意味着研究的可能空间。因此，这里我们从幼儿教师专业发展角度对相关研究情况进行一定整理。

幼儿教师专业发展问题已经成为我国学前教育研究的一个热点。笔者采用

[①] 马萌：《面向教师需求的教师及时培训模式研究》，博士学位论文，东北师范大学，2011年。
[②] 刘珍芳：《幼儿教师信息素养培养模式研究》，载《中国电化教育》2011年第5期。
[③] 孟红艳、孔祥会、钱玲：《幼儿教师信息技术培训问题及对策研究——基于河北省幼儿教师信息技术技能的现状调查》，载《河北大学成人教育学院学报》2011年第1期。
[④] 王琳：《幼儿教师信息化教学能力的提升策略》，载《教育导刊（下半月）》2014年第10期。

内容分析法对近年来学前教育研究的代表性文献的关键词及词频进行了统计,①为保证分析文献的相关性和权威性,我们选择了《学前教育研究》这个杂志作为文本分析的抽样框,对2010年到2013年间该期刊上发表的所有文章进行了检索。②利用知网检索共找到相关文献835篇,去除明显与研究无关的编辑部的"投稿须知"、教育机构介绍等文献,最后得到分析样本699篇。

将2010—2013年这四年间的699篇相关文献的题录数据预处理后(主要是将同意的关键词合并),提取关键词,并统计关键词出现的频次,通过词频可以看到近年来学前教育研究的热点。其中频次在6次以上的关键词共有36个,如表1.2所示:

表1.2 2010—2013 表1.1 学前教育研究的高频关键词

幼儿教师(65);幼儿园(59);专业发展(24);幼儿园课程(23);农村学前教育(20);学前儿童(20);学前教育专业(16);游戏(15);幼儿园管理(14);教育公平(14);专业成长(12);幼儿园教学(11);家庭教育(11);早期阅读(10);图画书(10);流动儿童(10);入学准备(9);语言教育(9);教师教育(9);音乐教育(9);政府职责(9);园本课程(8);教育管理(7);教育质量(7);政府责任(7);教育政策(7);教育资源(7);园本教研(6);环境教育(6);数学教育(6);处境不利儿童(6);心理理论(6);幼小衔接(6);政府主导(6);幼儿园质量(6);艺术教育(6)

上述高频关键词一定程度上反映了近年来学前教育研究中人们关注的焦点,其中幼儿教师(出现65次)、专业发展(出现24次)、专业成长(12次)成为最突出的一组关键词。梳理与国外学前教育相关的文献,同样能够看到研究者和政策制定者对幼儿教师的关注。从逻辑上看,幼儿教师问题的这种突出是合理的,好的学前教育需要好的教师,因此关注幼儿教师专业发展是提高学前教育质量的必然要求。另一方面,当前幼儿教师是教师队伍中最薄弱的环节:以美国为例,幼儿教育机构中具有学士及以上学位的教师仅占19%,③与之相对的是,在2007—2008年美国的中小学教师中有学士学位的占47.4%,

---

① 文章的关键词是文章内容的核心和浓缩,如果某词在一类研究中反复出现,那么该词就往往是这一研究领域的焦点,因此,通过提取近年来代表性文章的高频关键词可以直观的看到我国学前教育的主要兴趣点。参见李军:《基于词频分析法的国内教育技术学研究热点的研究》,载《现代情报》2010年第8期。

② 《学前教育研究》是专门研究学前教育问题的权威期刊,创刊较早,刊载的文章比较有代表性,研究主题有一定引领性,因此以该刊物刊载的文章为总样本能够涵盖学前教育研究的前沿水平。选择2010—2013这个时间段,主要是因为2010年《规划纲要》颁布以来学前教育的研究有了新的发展,在整体的研究数量上、研究主题上与以往有一定差别,因此这一时间段的文献不但时间上比较晚近而且主题上也有较好的代表性。

③ 许倩倩:《美国幼儿教师专业发展培训质量保障机制—以康涅狄格州为例》,载《外国教育研究》2013年第7期。

第一章 绪论

硕士学位的有43.1%,而硕士以上学位的有7.3%。① 幼儿教师队伍的薄弱又严重影响了幼儿教师专业化的进程,因此,关注幼儿教师专业发展成为各国发展学前教育的普遍选择。分析这些关于幼儿教师专业发展的文献,可以看到幼儿教师专业发展的标准和专业发展的途径是研究者关注较多的两个领域。

(一)幼儿教师专业发展的标准研究

教师专业的发展经历了由教师专业化向教师专业发展的转变,当前研究者大多倾向于将教师专业发展视为一个教师由新手向专家转变的过程,② 如果把教师专业发展看作这样的转变,那么一个基本的问题就是教师要成为什么样子?也就是要明确发展包括哪些方面的内容,这个问题在不同的幼儿教师专业的标准中得到了清楚的界定。

早在1929年,全美早教协会(National Association for the Education of Young Children,NAEYC)的前身全美保教协会(National Association for Nursery Education)就组织制订了《幼儿教育的最低要求》,③进入20世纪80年代后,受科技竞争、经济发展等因素的影响,许多不同的组织推出了一系列幼儿教师的专业标准,如:NAEYC在1985年颁布了《副学士学位授予机构幼儿教育项目指南》,希望该指南能成为培养幼儿教师院校的标准,并通过对幼儿教师培养院校的规范保证幼儿教师的质量;其后在1996年、2001—2003年、2009年4次修订了这个标准,2009年修订后的标准定名为《幼儿教师专业准备标准》,并将标准的内容扩展为6个部分;④ 全国教学专业标准委员会(National Board for Professional Teaching Standards,NBPTS)也在1990年推出了其制定的《3—8岁幼儿教师高级专业标准》并在2000、2012年分别对标准进行了修订,标准对优秀幼儿教师的意识、知识、技能等要求进行了分析。⑤ 此外,还有一些非营利性组织提供了不同内容的标准和相应的认证,如

---

① NAEYC,"Critical Facts about the Early Childhood Workforce",http://www.naeyc.org/policy/advocacy/ECWorkforceFacts#Educators,访问时间:2014年9月。
② 王鉴、徐立波:《教师专业发展的内涵与途径——以实践性知识为核心》,载《华中师范大学学报(人文社会科学版)》2008年第3期。
③ 王亚凤:《美国幼儿教师专业标准研究》,硕士学位论文,华东师范大学,2011年。
④ NAEYC,"Standards for Early Childhood Professional Preparation",http://www.naeyc.org/files/naeyc/files/2009%20Professional%20Prep%20stdsRevised%204_12.pdf,访问时间:2014年5月。
⑤ NBPTS,"Early Childhood Generalist, 3rd Edition.",http://boardcertifiedteachers.org/sites/default/files/EC-GEN.pdf,访问时间:2014年5月。

蒙台梭利教师教育认证委员会（Montessori Accreditation Council for Teacher Education，MACTE）推出的蒙台梭利幼儿园认证中就包含了幼儿园的园长标准和教师能力标准，并将这些能力视为蒙台梭利幼儿园认证的必备指标。① 英国儿童工作者发展委员会也在2008年颁布了《学前专业教师身份标准》（Early Years Professional Status Standards），并在2012年对标准内容进行了修订，标准从教学和职业道德两个大的方面对学前专业教师应具有的属性做了明确规定。② 近年来，我国的许多学者对这些标准进行了多方位的译介及分析：朱宗顺、邵小佩分别对NAEYC的幼儿教师专业准备标准的内容进行了比较详细的译介；易凌云、王淑君等学者也分别对NBPTS的优秀幼儿教师标准进行了梳理及中国化的解读；洪明等对蒙台梭利幼儿教师认证进行了介绍；胡恒波、王邦勇等也从不同视角介绍了英国早期教育专业教师的认证标准；而王亚凤、崔丽娜、沙爽等的硕士学位论文都曾详细介绍过NAEYC的标准。③ 这些研究对于分析我国幼儿教师的专业发展都有一定的借鉴价值。

　　在我国，幼儿教师标准也经历了一个精细化、具体化的历程，逐渐从一个粗略的界定变为一个具体的教师专业发展的指南。早在1970年，教育部颁布的《城市幼儿园工作条例》中就分别对教养员和保育员提出了基本要求，其后的许多文件也都对幼儿教师的任职条件做了规定，④受国际上教师专业发展标准化的趋势推动，我国教育部也在2012年推出了我国的《幼儿园教师专业标准》。"标准"从专业理念与师德、专业知识、专业能力等3个维度，14个领域提出了对幼儿教师的62条基本要求，为幼儿教师的专业发展提供了一个基本的规范和准则。其后，许多学者对"标准"进行了全方位的阐释，例如：虞永平以专业化理论、质量理论为基础，分析了我国《幼儿园教师专业标准》的理论基础；⑤ 作为标准制定的主要参与者，庞丽娟也就标准的背景、指导思想

---

① MACTE，"MACTE Guide to Accreditation"，http：//www.macte.org/images/Updated_Guide_to_Accreditation_1-20-15_.pdf，访问时间：2014年11月。
② 胡恒波：《英国早期教育教师标准的价值取向与改革趋势》，载《外国教育研究》2014年第8期。
③ 这些典型的研究包括：朱宗顺：《美国幼儿教师教育标准及启示》，载《教师教育研究》2006年第4期；邵小佩：《美国幼儿教师专业准备标准述评》，载《学前教育研究》2012年第1期；洪明、高展鹏：《蒙台梭利教师教育认证协会的标准与程序及其启示》，载《学前教育研究》2014年第4期；易凌云：《美国优秀幼儿教师专业标准及其启示》，载《学前教育研究》2008年第10期；王淑君：《美国优秀幼儿教师专业标准对幼儿教师角色定位的启示》，载《学前教育研究》2012年第9期。
④ 彭兵：《我国幼儿教师专业发展政策回顾与展望》，载《学前教育研究》2012年第5期。
⑤ 虞永平：《〈幼儿园教师专业标准〉的专业化理论基础》，载《学前教育研究》2012年第7期。

和特点等对"标准"进行了解读①;李季湄就"标准"中"幼儿为本、师德为本、能力为重、终身学习"等理念②、刘占兰对标准中专业能力维度的各项具体内容都曾经进行过深入的阐释。③

除了明确教师规范的《幼儿园教师专业标准外》,在2011年我国教育部还颁发了《教师教育课程标准》,其中课程目标界定为信念与责任、知识与能力和教育实践与体验3个大的目标领域,这与《幼儿园教师专业标准》的结构有明显的对应关系,实际上也反映了对幼儿教师的能力要求。此外,也有一些研究者关注到了我国幼儿教师的区域差异,结合地方情况编制了区域性的幼儿教师标准。④

虽然各国教师专业标准与教师资格并不等同,存在与教师资格相分离的教师专业标准⑤,但专业标准所具有的专业准入、专业规范和专业发展功能,以及更深层次的专业唤醒功能还是深刻影响了各国的幼儿教师的教育实践⑥。幼儿教师专业标准明确了什么样的教师是合格的幼儿教师,实际上也就是对幼儿教师培训机构的规范,专业标准中对幼儿教师的专业行为概括实际上就是对幼儿教师专业培养内容的规范。

(二) 幼儿教师专业发展的形式研究

如果说相关标准的制定为幼儿教师专业发展明确了方向和内容,那么还有一个重要的问题就是发展的形式,也就是促进幼儿教师专业发展的策略和方法,在这方面国内外研究也呈现出一些共同的特点。

1. 关注不同阶段幼儿教师专业发展的差异性

国内外的许多研究和实践都没有把幼儿教师视为一个无差别的整体,在强调他们专业发展共性的基础上,往往对幼儿教师进行了更精细的分类。

美国对于幼儿教师的培养主要包括职前教育、入职培训和在职教育三个阶

---

① 庞丽娟:《〈幼儿园教师专业标准〉的研制背景、指导思想与基本特点》,载《学前教育研究》2012年第7期。
② 李季湄、夏如波:《〈幼儿园教师专业标准〉的基本理念》,载《学前教育研究》2012年第8期。
③ 刘占兰:《幼儿园教师的专业能力》,载《学前教育研究》2012年第11期。
④ 彭兵、邱安娜、陆楚生:《区域性幼儿教师专业标准的探索与思考——以武汉市幼儿教师专业标准的编制为例》,载《学前教育研究》2011年第3期。
⑤ 施克灿:《国际教师专业标准的三种模式及启示》,载《比较教育研究》2004年第12期。
⑥ 秦金亮:《〈幼儿园教师专业标准〉的功能定位—兼谈幼儿园教师专业觉醒》,载《学前教育研究》2012年第8期。

段，其中，职前培养主要是系统培养职前教师的普通知识、教育知识及实践能力；入职培训主要是帮助初入职的幼儿教师获得正式的教师资格证；而其职后教育一般也有专门的培训机构或社区大学等社会教育机构合作实施，保证幼儿教师在获得教师资格证后仍有机会获得系统学习。① 在幼儿教师专业发展问题上，各阶段幼儿教师的关注重点也不一样，在职前教育阶段，美国的幼儿教师培养机构非常重视课程的开发，在其幼儿教师教育课程内容中非常关注儿童差异和多元文化的影响，同时课程体系还非常强调职前教师的实践能力，对实践类课程、实习环节都有较高的要求。② 在入职教育和职后教育阶段，美国主要通过认证制度对培训机构的资质进行了较好的把控，通过专业的培训机构促进幼儿教师的专业发展。例如 NAEYC 就设置了比较完备的认证体系，通过对培养早教教师的副学士培养项目的认证（ECADA）和对更高级的早教教师的学士学位及研究生课程的认证（NCATE），保证了负责幼儿教师在入职教育阶段和职后教育阶段学习的培训机构的质量。③

英国的幼儿教师培养同样包括三个阶段，在职前教育阶段分为面向高中生的学士学位课程和面向本科生的研究生认证课程（Postgraduate Certificate in Education，PGCE），④ 课程实施中同样非常强调实践环节，例如 4 年制学士学位课程中至少要包括 32 周的教学实践，而对有工作经验的研究生认证课程也要至少安排 24 周的教学实践。⑤ 英国对入职阶段幼儿教师的专业发展也格外重视，它的"入职与发展档案"制度（Career Entry and Development Profile，CEDP）颇具特色，通过为新入职教师建立发展档案记录新手教师的成长过程这种形式，很好地调动了新手教师和职前导师的积极性，起到了较好的效果。⑥ 在职后教育方面，英国政府同样采取了以规范职后教育的教学机构保证职后教育质量的做法，为保证职后教师通过《学前专业教师身份标准》的认证，英国政府指定了 8 家教学机构为教师提供专门化的培训服务，而这些培训

---

① 王晓岚、丁邦平：《美国学前教育师资培养的方式、特点及其启示》，载《学前教育研究》2010 年第 10 期。

② 苟顺明：《新世纪美国学前教师教育课程改革透视》，载《外国教育研究》2013 年第 7 期。

③ NAEYC, "Early Childhood Associate Degree Accreditation", http://www.naeyc.org/ecada/，访问时间：2014 年 11 月。

④ 曹能秀、王艳玲、田静、清水益治：《近十年来美英日三国学前教师教育改革初探》，载《外国中小学教育》2013 年第 7 期。

⑤ Department for Education, "Initial teacher training criteria", http://media.education.gov.uk/assets/files/pdf/i/itt%20criteria%202012.pdf，访问时间：2014 年 7 月。

⑥ 宋红娟：《英国"入职与发展档案"制度对我国幼儿教师专业发展的启示》，载《学前教育研究》2007 年第 5 期。

机构都要接受年度质量审核。①

我国幼儿教师专业发展的研究也将幼儿教师分为职前阶段和职后阶段。

关于职前阶段幼儿教师教育的研究主要集中在课程改革中，主要是就学前教育专业的课程内容及课程的实施等问题进行的探讨，研究的两个焦点是"教师专业标准"和实践性能力。高闰青基于"专业标准"指出，高师院校学前教育专业要以学生发展为本、以实践取向为指导、以终身学习为目标，科学设置专业课程，从而提高教育质量；② 韩妍容等通过对"专业标准"中幼儿教师能力要求的分析，提出要通过专业教法课程的落实保证幼儿教师能力培养，同样强调了实践环节教学的重要；③ 徐丽玲也以"专业标准"为参照，讨论了能力训练与知识融合、实践教学能力训练等问题，并提出加强课程实践取向，教学做合一的构想。④ 尽管关注重点有所不同，但许多研究都明显地体现出"专业标准"的指导作用，许多对学前教育专业课程设置的依据是"专业标准"强调的教师的知识、能力和教师的意识；此外诸多研究都强调了实践教学的重要性，在设计的课程体系中体现出实践教学环节的重视，这些特征与国外的研究情况有比较明显的一致性。

除了这些整体意义上的课程体系研究外，也有许多学者从学科角度对职前阶段幼儿师资培养的具体课程的设计与实施进行了探索。陈恩清对声乐教育课程、⑤ 张华对体育课程、⑥ 解华对美术课程⑦都提出了切合实际的改革思路。

近年来，我国一些学者也开始关注到入职阶段的幼儿教师发展的特殊性。张立新等对初任阶段的重要性进行了分析，并提出要关注初任幼儿教师发展的建议，⑧ 路晨对初任幼儿教师入职教育的现状进行了分析，并提出要根据初任

---

① 曹能秀、王艳玲、田静、清水益治：《近十年来美英日三国学前教师教育改革初探》，载《外国中小学教育》2013 年第 7 期。

② 高闰青：《高师院校学前教育专业课程设置改革研究——基于〈幼儿园教师专业标准〉》，载《课程·教材·教法》2013 年第 7 期。

③ 韩妍容、张晓梅：《〈幼儿园教师专业标准〉与幼儿教师专业能力培养》，载《教育探索》2014 年第 7 期。

④ 徐丽玲：《幼儿教师专业能力培养的体系构建与实施策略——基于〈幼儿园教师专业标准〉的思考》，湖南师范大学教育科学学报，2013 年第 12 期。

⑤ 陈恩清：《专业化视角下幼儿教师职前声乐教育现状及其改革探索》，载《学前教育研究》2010 年第 9 期。

⑥ 张华：《提高学前教育专业学生对体育课兴趣的有效途径》，载《学前教育研究》2011 年第 3 期。

⑦ 解华：《学前教育专业美术课程建设策略》，载《学前教育研究》2013 年第 9 期。

⑧ 张立新、凌春媛：《关注初任幼儿教师专业发展问题》，载《现代中小学教育》2013 年第 11 期。

幼儿教师的需求，设计丰富的入职教育内容和形式，并完善评价制度和政策保障体制等建议。① 但总体来看，我国对入职阶段幼儿教师专业发展的关注不多，对幼儿教师发展的讨论多是从职前教育（学前教育专业师范生）和职后教育（幼儿教师）这两个阶段展开的。

2. 重视幼儿教师专业发展中的园本学习

如前所述，当前对于职前幼儿教师专业发展的关注重点在于相关课程的设计和实施，而对职后阶段幼儿教师专业发展的研究比较突出的是专业发展的方式，很多研究者关注用什么样的方法来促进幼儿教师的发展。由于是职后的幼儿教师都有比较繁重的工作任务，很难拿出专门的时间进行系统学习，此外客观来看缺少有资质的培训机构对幼儿教师进行系统培训，因此幼儿教师缺少展开系统培训的环境和条件，② 因此专业发展的主要方式是园本的、基于教师实践共同体的教师学习。

教师实践共同体强调的教师个体平等参与形成一个群体、群体成员以共同愿景为导向、通过协商会话解决教育实践问题、提升个体的教育智慧，③ 因此幼儿教师的反思、实践、教师之间的合作、幼儿教师的叙事、案例研究等成为职后阶段幼儿教师专业发展研究文献的主要关键词。金艳用思辨的方法论证了幼儿园应该促使教师形成一定的自主发展能力，并特别强调了幼儿园要着重培养教师的团队合作意识和能力，鼓励教师形成反思的职业习惯；④ 秦元东通过对教师之间互相评课这一常见实践形式的思考，分析了评课活动的可能氛围，并结合案例对评课中教师间的合作、评课后的反思等问题进行了思考；⑤ 严仲连分析了案例分析能够将理论与实践联系在一起的特点，提出通过案例分析促进幼儿教师成长的思路。⑥

在诸多讨论中，教育技术往往成为促进职后幼儿教师专业发展的一种助力。李少梅和王慧围绕案例资源的开发讨论了制作幼儿教师视频教学案例的过

---

① 路晨：《幼儿园初任教师入职教育的现实困境与出路探寻》，载《河北师范大学学报（教科版）》2014 年第 1 期。

② 李艳荣：《基于专业发展的幼儿教师职后培训研究》，硕士学位论文，西南大学，2008 年。

③ 张平、朱鹏：《教师实践共同体：教师专业发展的新视角》，载《教师教育研究》2009 年第 2 期。

④ 金艳：《幼儿园有效提升教师专业发展能力的途径与策略》，载《学前教育研究》2010 年第 9 期。

⑤ 秦元东：《幼儿教师在对话、反思与评价中不断成长——通过评课促进幼儿教师专业化成长的一种尝试》，载《学前教育研究》2005 年第 5 期。

⑥ 严仲连：《案例分析与幼儿教师的成长》，载《内蒙古师范大学学报（教育科学版）》2004 年第 2 期。

程及案例应用的一般方法;①吴宇在介绍教育叙事研究的基础上,思考了通过教师的教育叙事促进幼儿教师专业发展的可能,并提到了基于博客的叙事;②姚伟等也把博客视为教师叙事的平台和教师知识管理的途径,分析了幼儿教师使用博客促进专业发展的流程和价值。③

除了在专业发展方法上突出教师的学习之外,对于职后教师专业发展的研究还有一个比较突出的特点:许多研究是针对特定幼儿教师的,表现出对不同幼儿教师群体差异性的关注。王杰通过对甘肃省十多个县市下的农村幼儿教师问卷调查和访谈分析了农村幼儿教师专业成长中的优势和问题,并提出包括建立骨干教师培训网络、开展园本培训、开展园际交流等多种形式的职后教师培训策略。④蔡淑兰则就少数民族地区幼儿教师的特点进行了分析,指出少数民族幼儿教师专业发展中面临多元文化对抗与冲突的问题,进而提出要通过文化自觉提升少数民族地区幼儿教师专业精神和专业能力。⑤张云亮等通过对5省农村教师的调查发现农村教师有较强的专业发展的需求,而喜欢的发展形式是专家指导、外出观摩以及较少求诸于外的听课评课、园所交流等。⑥李姗泽等通过对一个男幼儿教师的深度访谈,提出男幼儿教师发展的途径是自我反思和关键事件决策。⑦这些对特定类型幼儿教师的关注一定程度上反映了研究者对教育公平的关注。农村幼儿教师、少数民族幼儿教师往往在专业能力上处于比较弱势的地位,而他们的专业发展对于提高薄弱地区的教育又有直接作用,因此研究者自然会将视线投到这些特殊群体中;另一方面,这种关注也反映了不同群体的幼儿教师有不同的特点,对一般幼儿教师的研究结论往往不能照搬到这些幼儿教师的专业发展中,需要给予特殊的关注。

---

① 李少梅、王慧:《基于幼儿教师培训的视频教学案例课程资源的应用研究》,载《中国电化教育》2013年第10期。

② 吴宇:《以教育叙事研究为切点促进幼儿教师专业发展》,载《黑龙江教育学院学报》2012年第9期。

③ 姚伟、李永霞:《发挥博客的评价功能,促进幼儿教师自主发展》,载《学前教育研究》2009年第9期。

④ 王杰:《贫困地区农村幼儿教师专业成长的现状、问题及对策——以甘肃农村幼儿教师为例》,载《学前教育研究》2009年第1期。

⑤ 蔡淑兰:《文化自觉——少数民族幼儿教师专业成长的内在需要》,载《内蒙古师范大学学报(教育科学版)》2014年第4期。

⑥ 张云亮、汪德明、时莉等:《农村幼儿教师培训的现状、评价及其需求》,载《学前教育研究》2012年第1期。

⑦ 李姗泽、史晓波:《男幼儿教师在困境中的自我专业发展》,载《学前教育研究》2008年第2期。

四、相关研究的启示与本研究的可能空间

上述相关研究已经对本研究要讨论的幼儿教师教育技术能力的内涵、发展中的一些基础性问题进行了探讨，对本研究有重要的启示，同时我们也注意到在幼儿教师教育技术能力方面仍有一些问题有待我们解决。

（一）幼儿教师教育技术能力的特殊性问题

不同教师群体会有不同的教育技术行为，相应就该有不同的教育技术能力要求。已有的研究对师范生、中小学教师、高校教师等群体的教育技术能力都有比较密集的关注，此外，在教育公平的背景下，对农村教师、边远地区教师的研究也逐渐成为热点。然而，对于幼儿教师的关注则相对较少。

不仅理论上如此，在政策层面和实践层面幼儿教师在教育技术能力研究中的缺席现象也比较明显。在政策层面2004年教育部颁发的"中小学教师教育技术能力标准"并没有提及幼儿园教师，而在2014年教育部推出的"中小学教师信息技术应用能力标准"中，也强调幼儿园教师可以参照进行，却没有考虑两种不同类型教师的差异。而在实践中，政府部门组织的培训也往往是将幼儿教师与中小学教师集中到一起，并以中小学教师为主安排进行。然而，幼儿教育工作的特殊性使得幼儿教师与中小学教师有不同的教育技术应用方式，因此应该有不同的教育技术能力要求，这就需要我们对幼儿教师这一群体的教育技术能力问题进行个性化的研究，进一步明确幼儿教师有怎样的教育技术应用，幼儿教师需要哪些教育技术能力。

（二）能力内涵确定的方式问题

要回答上述"幼儿教师需要哪些教育技术能力"的问题，首先要思考界定教育技术能力的方法。在教育技术能力内涵的研究上，当前我国研究者的认识主要受国家在2004颁布的"教育技术能力标准"和2014年颁布的"信息技术应用能力标准"的影响。虽然这两个标准关涉的都是教师教育技术能力的相关问题，却在教育技术能力的内容、能力的结构上有很大不同，而这种差异实际上也体现在国外的一些关于教育技术能力标准的文本中。这种差异一方面反映了教育技术和信息技术应用这两个基本概念在外延上的不一致，但也体现了在确定教育技术能力内涵时方法的不同。那么各个标准是如何确定教育技术能力内涵的呢？不同的界定方式有什么样的优势与问题呢？明确这些问题，有利于

我们选择合适的思路来思考幼儿教师的教育技术能力问题。

(三) 幼儿教师教育技术能力发展的策略问题

幼儿教师专业的研究综述表明，有效的专业发展模式往往是针对特定教师群体的，采用特定方法的，也已经形成了一些有效的模式。但具体到幼儿教师教育技术能力发展方面，研究的深度还略显不足，相关研究往往借用中小学教师教育技术能力发展研究的成果，而且在能力提升策略上还大多将视角定位于培训上。

教育技术能力是教师专业能力的一类，它的发展也与教师专业发展一样有多种模式，已有研究比较集中地将发展模式定位于"培训"，有着鲜明的目标导向的特点，通过"教育技术培训"、"教师培训"、"培训"等常见的研究文献中的关键词，可以看到发展模式上有明显的以外力推动的培训为主的特点，虽然"校本培训"、"行动研究"等也会出现在许多相关研究中，但这些研究数量不多，而且研究也比较缺少系统性，一定程度上反映了许多研究未能在一个统一的框架内对这些以内部学习为特点的教育技术能力发展问题进行思考。因此我们应该更系统地思考特定类型幼儿教师教育技术能力发展的模式、策略和方法。

第三节　问题确定

一、研究目标与内容

确定了研究的主题后，还需要进一步对问题进行分析。围绕实践性知识管理与幼儿教育中教师的教育技术能力发展的问题，本研究拟定了以下研究目标展开讨论：

目标1：说明幼儿教师教育技术能力的内涵

要提高幼儿教师的教育技术能力，首先需要对幼儿教师教育技术能力这一核心命题进行准确的界定：幼儿教师的教育技术能力是什么？

围绕这个问题，还可以继续追问：现有的研究中，一般教育技术能力的结构、要素是怎样的？幼儿教师的教育技术能力有什么特殊之处？幼儿教师的能力有哪些要素。幼儿教师教育技术能力各要素间的结构是怎样的？能体现出幼儿教师教育技术能力差异性的能力结构是怎样的？

围绕"目标1",研究将对教育技术能力的本质、构成等进行系统梳理,并结合幼儿教师工作分析幼儿教师教育技术能力的内涵。这部分研究主要包括以下内容:

(1) 对教育技术能力的再认识。

通过梳理智力、胜任力以及教育技术能力研究的相关文献,把握当前研究者在能力研究上的倾向,并借此明确本研究思考幼儿教师教育技术能力时应该采用的基本思路。

(2) 建立符合现实的幼儿教师教育技术能力结构模型。

借鉴相关领域能力研究的取向,我们采用德尔菲法邀请熟悉幼儿教育实践、熟悉幼儿教育中教育技术应用的相关人士组成了咨询的专家团,通过多轮次咨询整理专家意见,借用最"本土化"的语言对幼儿教师的教育技术能力内容进行分析,邀请熟悉教育技术专业的学生对这些咨询得到的教育技术能力内容按照复杂度、难度赋分,根据能力内容的赋分采用聚类分析的方法,将能力归类,继续分享这些类别化的能力内容呈现怎样的特点,并在此基础上建构一个针对幼儿教师的教育技术能力的结构模型。此外,还要从理论上进一步明确教育技术能力模型的内容,因此这里我们根据教育技术的相关理论对能力结构模型进行更深入的分析。

(3) 提出适合幼儿教师的教育技术能力内容的基本认识框架。

当前还没有一个专门面向幼儿教师的教育技术能力标准,在相关实践中,人们往往借用已有的面向中小学教师的《中小学教师教育技术能力标准》以及《中小学信息技术应用能力标准》来作为幼儿教师教育技术能力的指南。因此,这里要参照幼儿教师的能力结构模型对已有标准进行分析,并根据能力结构模型提出一个能够表征幼儿教师教育技术能力的结构体系。

目标2:分析幼儿教师教育技术能力的现状

对幼儿教师教育技术能力内涵的重新界定必定会带来对能力现状新的认识,而幼儿教师教育技术能力的现状又是发展其能力的前提,因此,研究需要对幼儿教师教育技术能力的现状进行分析,也就是要追问:幼儿教师教育技术能力怎么样?

该目标主要包括以下问题:确定幼儿教师教育技术能力现状的工具问题。在对幼儿教师的教育技术能力现状研究时主要应用了问卷分析法,这种方法应用的整体情况怎样?方法本身有哪些不足?如何改进?根据我们拟定的幼儿教师教育技术能力标准,采用不同的方法考察当前幼儿教师教育技术能力基本状况,会看到什么新的问题?

为解决这部分问题,研究主要包括这样的内容:

（1）对调查问卷这一工具的反思。

当前已有许多研究探索教师的教育技术能力现状，其中最常见的研究工具是调查问卷，然而通过问卷来评估教师能力发展状况可能存在方法上的不足。这里我们研究了相关问卷的时间分布、问卷指向对象分布等情况，并对常见问卷中的问题项进行了内容分析，判断问卷这种调查工具的整体使用情况。分析发现问卷适合判断教育技术能力模型中的表现层和本体层中的理论性知识部分，而往往无法调查能力结构中的实践性知识要素。这从方法论上确定了本研究应该使用多种方法分析幼儿教师教育技术能力问题。

（2）用更综合的研究方法分析当前幼儿教师教育技术能力现状。

最后研究通过问卷调查、关键事件分析和个案观察的方法对幼儿教师教育技术能力的现状进行系统的梳理，对幼儿教师教育技术能力方面存在的问题进行了调研，调研发现幼儿教师教育技术能力的根本问题在于实践性知识的不足。

根据这种能力现状的分析，同时结合"目标1"对教育技术能力结构的认识，研究将对教师的教育技术能力发展方式进行思考，进而分析可能的教育技术能力发展策略。

目标3：构建并验证以实践性知识生成为基础的幼儿教师教育技术能力的发展模式。

发现实践性知识是教育技术能力的问题后，研究接着要解决的就是怎么做的问题。

围绕这部分问题，研究主要从幼儿教师教育技术能力发展模式构建、行动路线拟定以及发展模式的应用与评价三个方面展开。

研究采用了内容分析法找出当前能够促进实践性知识生成的主要方式，并采用德尔菲法判断了这些方式的重要性与可行性，最后我们选择了专家认为与实践性知识生成关系最密切的"案例研究"和"教师叙事研究"这两种方式，并结合教师行动构建了一个能够推动幼儿教师教育技术能力发展的模式，基于该发展模式，我们设计了在个案幼儿园推进的行动步骤。根据设计的行动步骤，并结合参与行动幼儿园的具体情况，对案例分析、叙事反思以及教师行动中的动力机制问题进行了一定的理论思考；最后对应用能力发展模式的效果进行了评价，对模式应用中的问题进行了思考。

二、研究的重点和难点

1. 研究重点

本研究的重点在于构建一整套以实践性知识生成为基础的推进幼儿教师教

育技术能力发展的模式，研究一方面要保证模式的有效性，另一方面还要保证模型的系统性。为达到有效性这一目标，笔者将通过全面的文献梳理找出实践性知识生成相关策略并梳理具体措施之后的理论依据，并采用德尔菲法对专家比较认同的策略进行整合，同时还将与个案幼儿园合作，通过具体的行动对理论上的策略进行检验；为达到系统性这一目标，笔者将按照目标、过程、评价这个框架，对本研究设计研究过程中的具体行动进行系统的整理。

2. 研究难点

研究难点主要体现在两个方面：

(1) 核心概念的界定问题

教育技术能力是本研究的核心概念，但又是一个不无歧义的概念。围绕教育技术能力这一概念，有很多相关的讨论，我国也已经有两个针对中小学教师的教育技术能力标准，但是这与幼儿教育实践中的教育技术能力仍有区别。为全面分析幼儿教师教育技术能力的内涵，明确研究主题，研究将广泛收集各学科对能力的研究状况，明确能力研究的旨趣，并利用直接与幼儿教育中的教育技术能力相关的理论者和实践者的意见，探索适合幼儿教师的教育技术能力要素。

(2) 行动研究的合作对象的选择及配合问题

幼儿教师教育技术能力发展模式的有效性需要到实践中检验，而理论的总结也要来源于实践，因此研究中的实践环节非常重要。由于本研究立足于实践性知识生成，所以要对其他可能影响教育技术能力表现的幼儿园的软硬件、幼儿教师的理论知识等背景做限定性的处理，因此并非所有幼儿园都适合本研究，另一方面实践性知识的生成本质上是教师主体的主动选择，因此研究需要幼儿教师的自发配合，这需要研究者与幼儿园、幼儿教师建立起较好的关系，需要参与行动的教师对研究主题有一定的共识。

三、研究意义

本研究在建构幼儿教师教育技术能力结构模型的基础上，对幼儿教师教育技术能力的现状进行了分析，并提出一种基于实践性知识生成的促进能力发展的模式，研究具有一定的理论价值和实践意义。

1. 理论价值

当前对于教育技术能力的研究在一些基础性问题上尚存在模糊的地方，例如当前影响较大的在2004年制定的《中小学教师教育技术能力标准》采取了怎样的设计理路，而2014年推出的《中小学教师信息技术应用能力标准》与前标准是一种怎样的关系？两个标准在方法论上有怎样的区别？能力构成中普遍存在的态度要素到底是什么？理清这些问题是教育技术学理论体系的一项基础性工作。本研究将在理论层面对教育技术能力及各构成要素进行详细分析，这将扩展我们对于教育技术能力的认识。

另一方面，当前对教师的教育技术能力发展的关注也缺少基于幼儿教师特点的分析，本研究构建的面向幼儿教师的教育技术能力模型有助于人们理解这类教师群体教育技术能力的特殊性。

此外，本研究构建了一个通过实践性知识生成促进其教育技术能力发展的一般模式，这种模式同样适用于更广义的教师专业发展，会为其他目标的教师专业发展提供一定启示。

2. 实践价值

幼儿教师的特殊性使得幼儿教师的教育技术能力不同于中小学教师，本研究针对幼儿教师的教育技术能力内容进行了分析，并构建了一个针对性的能力模型，这种探索能够为评价幼儿教师教育技术能力提供一定的依据；此外，实践性知识的生成促进能力发展不仅是教育技术能力提高的途径，也是其他教师能力提升的途径，因此本研究提出的教育技术能力的发展模式可能成为幼儿教师持续、自主发展的一个样例。最后，研究在分析教育技术能力发展模式时将遵循设计研究的范式，对于幼儿园教师的专业发展也会有一定的作用。

第四节 研究思路和研究方法

一、研究思路

本研究以幼儿教师教育技术能力的内涵和发展为主题，在分析教育技术能力的含义、结构、特点的基础上，以实践性知识生成为切入点，探索一种不同于培训模式的幼儿教师教育技术能力的发展模式。研究将通过幼儿园中的设计研究、分析案例研究、教师叙事、实践共同体的行动、教师行动的动力等常见的问题，并构建一种促进幼儿教师教育技术能力发展的模式，深化我们对幼儿教师教育技术能力发展的认识。研究的基本路线如图 1.1 所示。

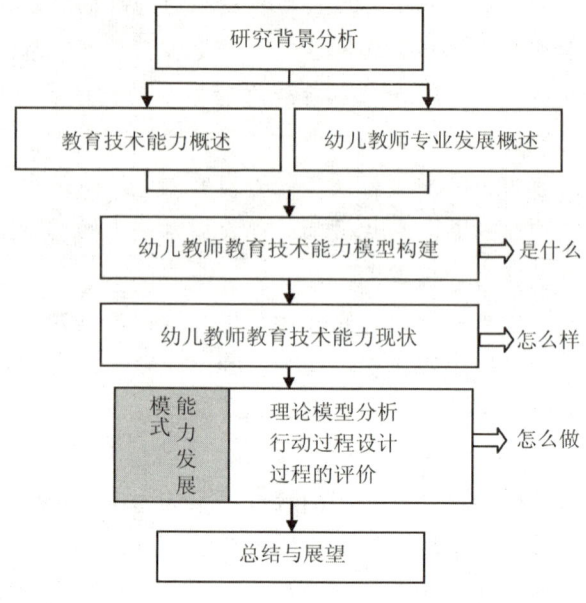

图 1.1　研究行动路线图

二、研究方法

沿着上述研究思路，本研究在方法论上遵循了历史与逻辑的统一原则。我们认为，对幼儿教师教育技术能力的研究应该筑基于以往中小学教师教育技术能力研究成果上，但另一方面也应关注它的独特性，而对幼儿教师教育技术能力内容、结构的分析应该符合逻辑。相应设计的教育技术能力发展模式要借鉴以往研究者关于教师专业发展的研究成果，同时研究也要保证模式内部操作流程整体的合理性和逻辑性。根据具体的研究目标和研究内容，我们在理论研究部分采用了文献研究、内容分析、调查研究和准实验设计等基本研究方式，在实践性的能力发展模式应用部分采取了设计研究的范式。在具体的数据采集中，本研究也使用了问卷调查、访谈、德尔菲法、关键事件分析等多种方法。① 其中比较主要的研究方法包括：

文献研究：文献研究法主要指搜集、整理文献，并通过对文献的阅读分析

---

① 在这里，我们对一般意义上的研究方法做了研究范式、研究方式和研究方法等三个层次的区分，并对本研究涉及的宏观的范式层次和中观的研究方式层次的典型方法进行说明。这种研究方法层次上的划分参见：王洪才：《教育研究的基本方法论》，载《北京师范大学学报（社会科学版）》2006 年第 6 期。

形成对事实的科学认识的一种研究方法,因为文献研究法能够超越时空限制,省时省力,受外界影响较小等优点,因此它是教育研究中应用最广泛的研究方法之一。

在本研究的研究背景及研究综述部分,我们主要采用文献研究的方法对问题进行整理。围绕研究主题,笔者对相关的中外文文献进行检索、整理、阅读、分析,通过相关文献的梳理明确了幼儿教师教育技术能力研究的必要性。同时分析了幼儿教师一般专业发展的内涵和模式,并以此作为本研究的背景。

内容分析:内容分析法是一种对研究对象的内容进行深入分析,透过现象看本质的科学方法,经过百余年的发展,当前内容分析法主要有解读式内容分析、实验式内容分析以及计算机辅助内容分析等多种类型。[①] 无论何种类型,其实质都是对明显的传播内容进行客观、系统的分析解释,这种分析往往采用一种量化的方式进行,它是对思辨性质较重的文献研究法的有益补充。

本研究综述部分我们采用了内容分析的方法对已有研究的整体情况进行定量的描述,此外在对问卷调查工具的方法论反思部分也使用了内容分析的方法。通过对已有研究从发布时间、研究关注主题等类目进行内容分析可以从整体上把握研究的现状,为后续研究建立框架性理论基础。

研究中为确定幼儿教师教育技术能力状况时采用的关键事件分析本质上也是一种内容分析。研究对教师自述的印象深刻的教育技术活动这一明显的传播内容进行客观分析,从活动描述的整体分布、关键事件中教育技术的应用指向等维度进行了定量的研究,并对不同指向的关键事件进行了定性的分析。

调查研究:调查研究是指运用科学的方法,系统直接地收集有关社会现象的真实情况,并对所得资料进行整理、分析,科学阐明社会状况及变动规律的认识活动,它是社会研究中的一种主要方式。[②] 从资料收集方法上看,调查可以采用无结构访谈、座谈会、自填问卷或结构式访谈等。

本研究在幼儿教师教育技术能力内涵确定部分使用了开放式调查问卷工具,在能力现状部分和能力发展模式效果评价部分也应用了调查问卷、访谈等方法获取数据,这些收集数据的方法在本质上都属于调查研究这种方式。

设计研究:设计研究又称基于设计的研究(Design-Based-Research)是近年来在教育技术学研究中被广泛讨论的一种研究范式,它旨在通过研究者与实践者在现实世界情境中开展协作,通过迭代的分析、设计、开发和实施过程,

---

[①] 邱均平、邹菲:《关于内容分析法的研究》,载《中国图书馆学报》2004年第2期。
[②] 王忠武:《论现代社会调查研究的三维规范体系》,载《社会科学》2013年第4期。

得出情境敏感的设计原理和理论。相较一般实证研究，设计研究比较关注具体情境下问题的解决，而相较人们熟悉的行动研究，设计研究又更关注理论的提升，因此被认为是位于"巴斯德象限"的一种新的研究范式。[①]

本研究在对以往实践性知识生成路径分析的基础上，构建了一个以教师叙事研究和案例研究为主题，结合教师行动的教育技术能力发展模式，在模式的应用及检验部分采用了设计研究的思路。本研究沿着教师行动、教师反思的行动路线，探索推动幼儿教师教育技术能力提高的教师教育模式，并试着将理论的构想应用到实际的幼儿园教师的活动中，并根据实际应用中出现的问题修改理论框架，在多次迭代中形成有理论价值的一般理论模型，并对相关理论问题进行思辨。

个案研究：严格地说，个案研究是从样本进行的区分，它既非研究范式、也不是独立的研究方式。从定义来看，个案研究是通过对某一方面的一个或几个典型或案例进行深入全面考察，由此来描述概括和解释个案所代表事物的一般特征和规则，虽然考察的对象是范围较小的个别案例，但个案研究同样有科学解释的功能，通过对典型个案的全面考察，也能达到对某种类型现象的因果关系的说明和解释。[②]

本研究选择了两所典型的幼儿园，并采用嵌套个案的研究的设计，对幼儿园里的多个教师进行观察、访谈等。在课堂活动观察中，笔者将以教师在幼儿园活动中教育技术应用的表现、问题、效果等为目标，直接从幼儿园教师的各项活动中搜集教育技术应用情况的信息，进而分析幼儿教师教育技术能力的状况。此外，笔者还采用关键事件分析的方法，请幼儿教师陈述关键事件，通过对所陈述文本进行分析，探索教师行动背后的逻辑。

---

① 王佑镁：《教育设计研究：是什么与不是什么》，载《中国电化教育》2010 年第 9 期。
② 陆益龙：《定性社会研究方法》，商务印书馆 2011 年版，第 98 页。

第二章 幼儿教师教育技术能力内涵的确定

要促进幼儿教师教育技术能力发展，首先要明确幼儿教师教育技术能力的内涵，明确幼儿教师的教育技术能力包含哪些具体的内容，内容之间呈现怎样的结构。教育技术学界关于教育技术能力内涵分析的思路比较集中地反映在两个政策性的文本中，对两个文本进行整理，审视文本中对教育技术能力的界定的方式，有助于我们明确当前人们分析教育技术能力的视角，进而确定我们进行幼儿教师教育技术能力内涵分析时可以采用的方法。

第一节 我国主要教育技术能力界定的演变及其对能力内涵确定的方法启示

在研究综述部分，我们介绍了"教育技术能力标准"和"信息技术应用能力标准"的基本内容。这两个标准都是国家主导的政策性标准，标准研制的队伍实力强，标准制定过程严谨，影响力大，引领了我国教育技术能力理论和实践的方向，属于主要的教育技术能力的界定。然而，从两个标准的标准研制团队、标准研发背景看，从两个标准内部所涉对象、核心内容看，"信息技术应用能力标准"一定意义上就是过去"教育技术能力标准"的发展。那么为什么要抛开已经运行了多年的"教育技术能力标准"重新拟定一套"信息技术应用能力标准"呢？有研究者指出，新的"信息技术应用能力标准"制定是源于先前制定的"教育技术能力标准""没有从更宏观的视角，从经济模式和社会发展的角度思考教育发展目标和规划"[①]，但这种粗略的"今是而昨非"的判断

[①] 张屹、刘美娟、周平红等：《中小学教师信息技术应用能力的现状评估——基于〈中小学教师信息技术应用能力标准（试行）〉的分析》，载《中国电化教育》2014年第8期。

稍显简单。我们认为比较这两个主要的政策性标准，有利于我们把握当前界定教育技术能力内涵的主要方法，并明确不同教育技术能力界定中的优势和问题，从而有利于我们更全面地把握教育技术能力的内涵。

一、主要教育技术能力界定演变的逻辑

从"教育技术能力标准"到"信息技术应用能力标准"的演变其实意味着新标准有一些旧标准不具备的优点，而这些优点可能就是原标准的不足之处，而原标准能够指导我国教师教育技术能力发展工作十年，也说明标准本身是有其优势的，在新老代替的过程中可能会失去旧标准的优势。因此我们希望通过梳理新旧标准演变的逻辑，进而透视两个标准背后的对教育技术能力分析在方法论上的差异。

（一）从要素分析到活动分析

虽然"教育技术能力标准"体系的构建是在参考国外其他相关标准基础上广泛调研辅以思辨的结果，但该标准的整体思路仍呈现出明显的要素分析的痕迹。要素分析法是把刻画事物性质状态的一组变量缩减成能反映这一组变量之间内在联系和能起主导作用的少数几个共同性变量的统计方法，① "教育技术能力标准"体系一定意义上就是研究者按照一定构想，从教育技术能力涉及到的诸多变量中提取出态度意识、知识技能、应用创新和社会责任等四个公因素，并以这四个因素来解释个体应用教育技术促进教学的效果差异。这种思考的逻辑与心理学家自斯皮尔曼开始的对智力结构的诸多理论探索有很大的相似之处，从"教育技术能力标准"的"4+N"的结构形态与智力研究中经典的弗农的认知结构模型、凯罗的认知能力三阶段模型等在拓扑结构上的一致性就能看出这种相似性。②

---

① 莫雷：《能力结构研究的基本方法与方法论问题》，载《心理学报》1988年第3期。
② 英国心理学家弗农（P. E. Vernon）认为智力的最高层是一般因素（G因素）；第二层分为言语和教育因素群（Verbal－educational）、机械和操作因素群（Kinesthetic－motor），下面又有若干小因素群，最后为特殊因素，因此智力是一个由一般能力（G因素）开头的树状结构。无独有偶，凯罗（J. B. Carrol）也在对以往智力要素分析的典型数据再分析的基础上提出了他的认知能力三阶层模型，在这个模型中处于最上层的是一般的G因素，处于中间一层的是8个广泛性能力因素（broad ability），包括流体智力、晶体智力、记忆能力、视知觉、听知觉、提取能力、加工速度和认知速度等，各广泛性能力因素下面又包含着更具体的适于一定领域的能力（narrow ability），该模型也呈现出一种树状结构，而"教育技术标准"中的教育技术能力结构在拓扑上也是一种树状结构，这一定程度反映了其方法论的一致性。

第二章　幼儿教师教育技术能力内涵的确定

这种基于要素分析得到的教育技术能力结构固然清楚直观，但教师的教育技术能力与心理学研究中的智力是不同的，因为智力很大程度上是个人的一种天赋特征，其构成变量相对客观，因此可以用实验的方法分别对智力构成的各要素进行测量，[①] 而教育技术能力主要是后天习得并在实践中表现出的一些特征，因此其构成要素的分析也表现出更多的主观性。

而"信息技术应用能力标准"则主要秉承了一种活动分析的思路，活动分析强调"能力只有在分析具体活动的基础上才能被揭露出来"，[②] 主张要从个体的活动中探寻能力表现进而发现能力表现背后的能力内容及结构。虽然在心理学研究中这种活动分析法过于依赖经验，也无法保证所确定能力结构的完整性，更难以确定能力结构的因素组合符合实际，但"信息技术应用能力标准"并不是要建立一个完整的信息技术能力结构模型，也没有试图寻找行动背后有什么样的能力要素，只是以教师工作为主线，以行为描述的方式展示一个具有信息技术应用能力的教师在活动中应该能做到什么，因此，标准制定中应用这种活动分析的方法更少方法论上的异议。新的"信息技术应用能力标准"依照教师工作中的具体应用把"信息技术应用能力"分为"技术素养"、"计划与准备"、"组织与管理"、"评估与诊断"、"学习与发展"等五个维度，并按照教师应用信息技术的目的从优化课堂和转变学生学习方式这两个方面进行了横向上的区分。[③] 其中"计划与准备"、"组织与管理"和"评估与诊断"等维度内容就是典型的活动分析的结果，在对这些维度内容进一步说明时，标准也采用了大量的"了解"、"理解"、"掌握"等表现教师活动的词语，整体体现了明显的行为目标的特征。

通过考察教师工作中信息技术应用的具体表现，制定出明确的可以观察、便于测量的行为目标，能够有效地控制围绕目标开展的培训过程，使整个培训按照预先设计的计划进行。而且，这种基于工作考察的能力标准体系能够为客观评价提供依据，虽然可能刻板，不能完全反应教师学习的动态性，但这种目标体系的内在逻辑性和确定性恰恰是大规模的"工程化"培训所需要的，因此这种能力界定的演变实际上也反映了追求能力发展的需要。

[①] 事实上心理学研究中智力的构成要素也并非完全客观的，变量选择的客观性问题也始终得不到解决，研究者只能凭主观经验确定变量的数量与内容，因此各类要素分析缺乏坚实的基础，难以摆脱主观随意性。参见莫雷：《论能力结构研究的基本方法的变革》，载《心理科学通讯》1989年第2期。

[②] 莫雷：《能力结构研究的基本方法与方法论问题》，载《心理学报》1988年第3期。

[③] 张屹、刘美娟、周平红等：《中小学教师信息技术应用能力的现状评估——基于〈中小学教师信息技术应用能力标准（试行）〉的分析》，载《中国电化教育》2014年第8期。

(二) 从关注结构到重视发展

从构词上看,"教育信息技术能力"实际上是原有的"教育技术能力"加上了"信息"这个定语,这一方面是过去"教育技术"改名为"教育信息技术"专业改名这一思路的延续。① 但更深意义上看,这种转化实际上体现了人们对教育技术能力认识的细化,是为了通过大规模培训提升能力而对教育技术能力进行的分解。

在"教育技术能力标准"体系中,教师的教育技术能力实际上包括"意识与态度"、"知识和技能"、"应用与创新"以及"社会责任"等四个方面的结构要素。这种四维的界定至少有两点优势:首先,它比较准确而全面的描绘出了个体教育技术能力的基本组成,当人们认为某个个体有某种能力的时候,显然这个人应该有能力的意识(觉得自己能胜任此事,类似于心理研究中的自我效能感)、有与该能力相关的知识和技能、要在实践中创造性地应用这种技能,同时还要有伦理维度的责任感,因此,这种四维的结构也是符合人们对"能力"这个上位概念的一般认识的。其次,理论上可以依据能力的构成分别对各结构要素进行测验以及培训②。因此,对教育技术能力的这种四维划分很快得到了研究者的认同,在后续的许多关于教育技术能力的研究中都沿用了这种能力框架。

但是如果从能力形成的角度对问题进行分析则很容易看到,"教育技术能力标准"中的能力的四个维度是存在较大差异的。其中,"知识与技能"是能力结构中比较显性的组成,是最容易通过培训获得的,而"态度与意识"、"创新性的应用"则很难通过培训得到。教育技术能力构成要素的这种获得上的差异在评价环节体现的尤其明显:教学设计能力、技术环境下的教学活动组织能力以及对学生的指导能力是教育技术能力核心,对于这些能力的考察却很难进行。"教育技术能力标准"制定的核心专家何克抗教授也曾强调"教师的教育技术能力只有在其组织教学和指导教学的过程中才能体现出来,对于这样只有在实践中才能表现出来的能力,通过一纸考卷是不能客观反映教师实际具备的

---

① 在 2011 年教育部曾拟将教育技术学专业改名为教育信息技术,这引发了许多学者的探讨,由于信息技术在民间有较高的辨识度,而且是当前教育技术实践中的主要技术形式,因此也有一些赞成改名的学者。

② 笔者曾对发布在网络上的关于教育技术能力的调查问卷的内容进行分析,大部分旨在测量教师教育技术能力的问卷都是按照"意识与态度"、"知识与技能"、"应用与创新"以及"社会责任"这四个维度来设计题目的。这部分内容详见本文第三章第一节关于问卷调查内容的分析部分。

能力及其达到的水平的,对于教师教育技术能力的评价需要具有创新精神的探索"①,为此,在在围绕标准的培训实践中评价环节一般采用过程评价与结果评价相结合的方式,培训中的平时作业、交流讨论等一般占全程评价分数的30%,而其他70%的测评分数则来自于对基础知识和基本概念的测评,此外还需要利用人工智能、虚拟现实等相关技术开发教育技术能力自动测评系统。对这个问题,研究者进行了多方面的探讨,但由于不同能力维度的内在差异,实践中还是很难对完整的教育技术能力进行测评。这容易使围绕教育技术能力标准的培训和考核有名实不符的遗憾,即使接受了相关培训、通过了专门组织的测评后的教师在实践中也很难说真正具有了教育技术能力。

另一方面,强调四个维度能力全面发展的培训在实践中很容易失去重心,关注很难把握的态度与意识培养时、关注稍显抽象的教学设计能力环节时,往往就忽视了对基本信息技术知识和技能的把握,使得教育技术培训成为理论课的大讲堂,这容易使作为维系先进理念和实践的媒介的"技术"价值不能彰显,使得教师发展、教育技术能力发展的理念"要么停留于理想化的畅想,要么体现为说教式的信条",不能触及"教师成为技术熟练者"这一问题本身。②

在"信息技术应用能力标准"体系中,对于能力内容则倾向于具体的操作。新的标准中没有明确提到教学设计能力、信息技术与课程整合能力等隐性的、难以操作化的能力要求,在能力的构成上都是用即便是教师能力体系中的"技术素养",也被操作化为"了解多媒体教学环境,熟练操作常用设备;掌握互联网、移动设备及其他新技术的操作、了解与教学相关的通用软件"等具体的信息技术应用。

当然,新的"信息技术应用能力标准"中对教师信息技术应用能力的界定实际上是对原有教育技术能力内容的缩减,这里的能力只是教育技术能力中比较显性的一部分,因此也不能称为"教育技术能力"了;但是去掉了难以操作化的部分后,这些与具体应用结合起来的部分更容易通过培训得以提升,也更容易进行客观的测评,因此也更适合从国家层面组织"工程化"的培训。因此,新标准虽然不具有结构上的完整性,但却利于组织大规模的培训。

---

① 朱文英:《一个专业化标准任重道远的实践——何克抗教授谈〈标准〉》,载《教育信息化》2005年第9期。
② 王帅:《教师成为技术熟练者的影响因素及应对策略研究》,载《中国电化教育》2014年第8期。

（三）从关注"教"到重视"学"

"教育技术能力标准"的研发始于课程改革之际，因此在标准上也有一些对学习者发挥主体作用的内容，例如在应用与创新环节就包括"为学生提供各种运用技术进行实践的机会"，能"利用技术与学生就学习进行交流"等内容，但总体来说针对学生学习方面的内容不多。以"教学人员的教育技术能力标准"为例，标准中的教育技术能力包括4个一级指标，14个二级指标，而二级指标下有具体42条关于二级指标的具体说明，其中仅有6点具体说明是涉及学生学习方式或学生发挥主体作用的，除上述体现在应用创新这个维度中的2条外，只有社会责任这个维度中有3点内容强调了学生的作用，这3点内容包括"学生在学习资源的利用上享有均等的机会；学生均能利用学习资源得到良好发展；促进学生正确地使用学习资源"等。

从一定意义上说，过去的"教育技术能力标准"主要是从教师"教"的角度对相关的能力进行论述的，近年来随着课程改革的推进，学生的主体作用越来越受到教育者的关注，而教育技术在学生的学习方式转变上的作用也越来越引起人们的重视，学生利用各种学习资源和学习工具，在泛在的网络环境展开自主学习、合作学习、探究学习，促进自身发展已经成为教育技术实践的重要形式，而教师显然应该具备支持学生开展这类学习的能力。

新的"信息技术应用能力标准"对学生的作用进行了更多的强调，在新的标准中，除了在纵向上根据教师的工作将信息技术能力界定为"技术素养"、"计划与准备"、"组织与管理"、"评估与诊断"、"学习与发展"等五个维度外，还在横向上将教师应用信息技术的工作分为"优化教"和"转变学"两个维度，并指出应用信息技术进行讲解、启发、示范、指导、评价等教学活动所具有的能力为基本能力，而应用信息技术支持学生开展自主、合作、探究等学习活动所应具有的能力为发展性能力要求。可见在新的标准中"转变学"成为"优化教"基础上更高一级的发展目标。

表面上看，反映的是焦点从"教"到"教"和"学"的转换，但更深意义上可以看到新标准对时代的关切，课程改革的推进使得学生的中心地位成为一种共识，相应的"教育技术能力标准"也应该反映这种共识。

二、两个主要教育技术能力界定思路的优势与问题

在对两个主要教育技术能力界定的相关标准的比较中，可以看到最根本的

变化还是标准研制思路的变化,两个标准中对教育技术能力界定时分别采用了要素分析和活动分析这两种思路,通过两个标准的比较也能够看到两种思路的优势与问题。

(一) 要素分析思路的优势与问题

1. 要素分析确定教育技术能力的优势

"教育技术能力标准"主要是采用要素分析的思路得到的,而心理学领域一些对智力的研究也生动地体现了要素分析的思路,透过这些研究能够更清楚地看到这种分析思路的价值。

(1) 要素分析在心理学领域的应用

要素分析是心理学领域研究智力的一种常见方式,许多心理学研究者认为,智力是由许多要素组成的"化合物",而探索这些要素的组成方式就是这些心理研究的一个核心议题。许多不同的学者对于智力的构成要素及要素的组成结构进行了不同角度的分析,形成了不同的智力模型。事实上,早期实践中对智力测量的一个基本假设就是智力是由一些基本因素构成,通过要素分析能够看到这些因素的结构,获得智力的内核①。

较早对智力的结构进行分析的是英国心理学家斯皮尔曼(Charles Spearman),他认为人的智力包括两方面的因素,一类是一般因素(general factor),简称G因素;还有一类是特殊因素(specific factor),简称S因素,这两类因素共同参与人类的智力活动。G因素在所有的智力活动中都要产生作用,因此如果某个个体的G因素多就可以说明这个人比较聪明。但除了G因素外,S因素也会在一些特定的智力活动中发生作用,某个体虽然智力测验分数不高(G因素低),但也同样有可能很好地完成某项智力活动,这是因为S因素在其中产生了作用。斯皮尔曼进一步探索了实践中存在算数能力、语言能力等五类特殊因素。虽然斯这个先驱性的智力二因素理论比较简单,但它促进了学界对于智力的进一步研究,其后许多心理学家都对智力的要素及结构进行了探索。②

美国心理学家瑟斯顿(Thurstone)从多次的测验中概括发现智力包括七种基本因素,这7种基本因素包括:言语理解能力、语词运用能力、计算能

---

① 蒋京川、叶浩生:《智力是什么?——智力观的回溯与前瞻》,载《国外社会科学》2006年第2期。
② 王亚南、刘昌:《斯皮尔曼:从智力二因素论的创立到方法论上的突破》,载《南京师大学报(社会科学版)》2011年第6期。

力、空间知觉、记忆力、知觉速度、推理能力等，而这7种因素又存在一定的正相关，从中可以找到一般的因素。

美国心理学家吉尔福特（Guilford）虽然否认存在智力的一般因素，但他同样强调智力的结构性并试图发现智力的结构。在对智力活动进行要素分析的基础上，吉尔福特发现智力活动的本质是一个操作一定内容进而得到产品的过程，例如记忆单词的活动就是记忆（操作）符号（内容）形成认知单元（产品）的过程。因此他将智力活动分为操作、内容和产品3个维度，其中操作维度包括认知、记忆、发散思维、聚合思维和评价等5个因素，内容维度包括图形、符号、语义和行为等4个因素，而产品维度主要包括单元、类别、关系、系统、转换和蕴含等6个因素，每个"操作——内容——产品"的组合就构成了一种心理能力，这三维因素的不同组合就可以得到多种不同的智力类型，这种多维结构理论能够清晰地解释各类智力活动，成为智力结构研究中的一个典范。

（2）要素分析的优势

透过心理学研究中各种使用要素分析方法建立起的智力模型，可以看到要素分析的思路主要体现了一种演绎的思维方式，首先确定能力的核心要素，进而分析核心要素下的内容。在"教育技术能力标准"的制定中研究者往往也是先确定若干能力的维度，然后采用调查、德尔菲法等具体操作方法明确各个维度下的内容，这种思路能够保证逻辑的清楚。具体来说，使用这种结构化的分析方法形成的标准有许多内在的优势。

首先，要素分析的结构化。斯皮尔曼、瑟斯顿和吉尔福特的工作思路都是找出与智力相关的因素并将这些因素结构化。这种结构化的呈现方式能够清晰地展示智力所包含的内容。同样的，在"教育技术能力标准"中也体现了这种结构化的优势，"4（14）N"的架构，能够比较清楚地将教育技术能力结构展现出来。

其次，要素分析得到结构的可迁移性。利用要素分析方法进行研究，最后得到的是一个各种因素组合的结构，而结构往往具有内在的稳定性，因此可以迁移到不同类型的人群中。例如，每个个体的智力结构都可以用G因素和S因素来概括，而各类教师的教育技术能力也大抵都包括"意识与态度"、"知识与技能"、"应用与创新"以及"伦理"等4个因素，都可以从这4个方面界定，所以人们可以很便利地用这种结构分析不同群体的智力或教育技术能力等。

最后，要素分析的结构化符合人们的认知期许。按照认知主义心理学的观点，人们的认识本质就是形成一种认知的结构或图式，因此会更喜欢结构化形式表征的内容，这也一定程度上解释了为什么心理学中斯皮尔曼两因素、教育技术能力的四维度受众较多。

2. 要素分析确定教育技术能力的问题

虽然有诸多优点，但将能力概括为若干核心要素，并探索要素下具体内容的方式也有一些问题。因此在"信息技术能力标准"中就没有使用这种要素分析的思路。概而言之，这里的问题主要体现在：（1）不关注具体行动，去情境化。要素分析往往是用思辨、文献分析、相关研究比较等方法确定了要讨论问题的核心指标后，再在这个框架下分析可能有哪些低级的指标，进而通过一定判断这些低级指标的重要性，这个过程往往是不直接涉及实践情境的。（2）不关注发展等。以"教育技术能力标准"为例，为保证结构完整，就需要将意识与态度、创造性应用等与比较显性的基础知识和技能并列起来，但是在能力发展中，这些不同类型的指标往往需要不同的发展逻辑，因此实施过程中往往容易顾此失彼。上述问题又恰恰是活动分析的优势，因此我们可以借助结合"信息技术能力应用标准"及其他领域的相关研究来思考活动分析的优势，进而更进一步理解要素分析的问题。

（二）活动分析思路的优势与问题

1. 活动分析确定教育技术能力的优势

"信息技术应用能力标准"主要是采用活动分析的思路得到的，而管理学领域对胜任力的许多研究也生动地体现了活动分析的思路，透过这两类研究能够看到活动分析思路的优势与问题。

（1）活动分析在管理学领域的应用

能力也是管理学领域研究的重要内容，管理领域中往往使用胜任力一词表示相关的研究主题，而管理领域对胜任力的研究则体现出明显的活动分析的特定。

麦克利兰是在为美国选拔对外情报官的实践中发现一般的对某个智力要素的测验不能预测情报官的成绩，他指出应该从已经成功的情报官身上去发现优秀情报官应该有怎样的特征。通过对实际工作中表现优秀的情报官的访谈，麦克利兰发现这个特定岗位上的优秀人员有三种核心特征：跨文化的人际敏感性、积极的心态、快速进入地方政治网络，于是他开始围绕这些特征为美国政府选拔优秀情报官。在麦克利兰的指导下，博亚茨（Richard Boyatzis）在1982年对高效的经理的胜任特征进行了总结，并归纳出19项与经理相关的胜任力,并提出7项胜任经理的门槛性的胜任力;1993年小莱尔·M.斯潘塞和西格尼·M.斯潘塞(Lyle M. Spencer, Jr. & Signe M. Spencer)又提出了专业技术人员、销售人员、社区服务人员、管理人员和企业家等5个通用的胜任力模型。我国学者也对胜任力理论进行了引介,时勘等研究者分别对国内企业高管、家族企业高层管理者的胜任特征模型进行了构建,彭剑锋等研究者对一般员工素质模型进行了构建。①

虽然诸多研究关注的群体不同,但这里胜任力研究的基本思路是一致的,就是用活动分析的思路从具体实践中找出关键的能力表现,从这些胜任力的相关研究中能够看到活动分析思路的一些特点。

在研究内容上,胜任力研究关注的是不同主体的具体行动。胜任力研究的基本思路是对绩优组和一般组样本的具体工作行为以及行为背后的背景、主体的思路、行为效果等进行分析,并通过比较不同组别成员行为的差异找出使绩优组成员表现优异的原因,而这些原因则被认为是胜任能力的具体体现。可见,这里的胜任力不是抽象的能力,也不是一般的知识或技能,而是具体的工作场域中的行动。

在研究方法上,胜任力研究虽然也采用问卷调查、量表测验等,但应用最广泛的方法是行为事件访谈法(BEI,Behavioral Event Interview)。行为事件访谈是一种开放式的行为回顾及探查技术,其一般操作流程是请访谈对象叙述其在具体工作中经历的自认为最成功或最失败的事件各3—4项,通过当事人的详细描述,把握行为主体面对特定问题时的感受、思路、行动以及结果。受访者对一个完整行为事件描述时,通常会借助STAR工具进行,描述应该包括行为事件的情境(S)、任务(Task)、行动(Action)以及结果(Result),研究者对这些行为事件的访谈材料进行编码,通过访谈话语长度、胜任行为出现位置、等级、频次等进行编码量化,将胜任特征分为若干等级,从而得出一般胜任能力的特征。

(2)活动分析的优势

透过管理学研究中对胜任力的各种分析,可以看到活动分析的思路主要体现了一种归纳的思维方式,首先收集各种活动类型,进而排列、组合各种类型对各种活动进行分类。通过其在管理领域的应用,可以看到活动分析方法有其内在的优势。

首先,面向实践,关注具体行动。活动分析关注的内容是特定对象的具体

---

① 王建民、杨木春:《胜任力研究的历史演进与总体走向》,载《改革》2012年第12期。

活动，它是直接指向实践的。例如，胜任力本质上是高效工作者在具体行动中表现出的能力特征，它是与个体行动绩效有关的一组因素，这些因素又非常依赖具体的任务，同样的"信息技术应用能力标准"设计的也是教师的活动，其中的"计划与准备"、"组织与管理"、"评估与诊断"、"学习与发展"等维度的内容都是对中小学教师活动的描述。

其次，重视活动的情境。活动分析以特定对象在具体情境下的行为为分析内容，因此分析中活动情境是重要的内容。例如，胜任力就并非一般的适于各种情境的天分，而是个体在某个特定情境下表现出的一种特质。自麦克利兰的开创性研究起，对胜任力的研究就是针对特定情境、面向特定群体的。同样的"信息技术应用能力标准"也是面向中小学教师实践情境的。

最后，利于能力发展。活动分析看到的往往是具体的行动，因此往往有助于有针对性地促进行为改善。例如胜任力研究在研究目标上，就非常关注行动的改善。心理学的智力研究中的要素分析流派，研究者比较关注智力的本质、智力的机制等理论问题，因此关于智力活动基本规律和系统认识的智力基础理论发展迅速，而应用这些智力基础理论的智力开发研究则要远远落后于理论。[①] 不同于智力研究，胜任力的研究之初就是面向实践的，麦克利兰是为了选拔优秀的外事服务人员才去分析成功的外事人员的胜任特征的，而其后的诸多研究也都是针对具体岗位进行面向行动的研究的。而基于某胜任模型的招聘、面试、培训等构成了胜任力研究的一大部分，这一定程度上反映了胜任力研究的行动性。分析"信息技术应用能力标准"同样能够看到这种对教师行动的关注，标准整体是对教师应用信息技术的行为进行的描述，有着明显的对实践关怀的意味。根据活动分析得到的特定群体在特定情境下应该进行的活动，可以直接围绕这些活动组织教学，能够快速地促进这些能力的发展。

2. 活动分析确定教育技术能力的问题

同样，虽然活动分析有诸多优点，但是在确定特定教师群体的教育技术能力时，将具体情境下的行动作为分析内容，最后得到行动中体现出的能力的思路也有一定的问题。概而言之，这里的问题主要表现为：（1）能力分析的非结构化。最后分析得到的能力标准往往是一系列零散的教师活动，不利于人们的把握，虽然最后也可以按一定标准对活动分类，但这种分类往往有较强的主观性。（2）分析结果的情境依赖，由于分析的对象是具体某一类教师的活动，因此分析的结果往往很难扩展到另一类教师群体中，例如在"信息技术能力标

---

① 钟建军：《智力开发的基本理念与实践》，载《心理科学进展》2006年第2期。

准"中具体将这种能力界定为"技术素养"、"计划与准备"、"组织与管理"、"评估与诊断"、"学习与发展"等5个维度的内容,然而就幼儿教师而言除了一般意义上的技术素养,这里的计划准备、组织管理等内容与他的教育技术实践相去甚远。而这些问题往往是要素分析的优势。(3)分析过程的复杂。因为分析的内容是具体情境下的活动,所以相关分析需要大量的观察和调研,这往往是个人较难独立完成的。

三、以往教育技术能力界定对研究幼儿教师教育技术能力的启示

心理学领域许多对智力的结构化的研究中采用的要素分析思路、管理学领域对胜任力的情境性的探索中体现出的活动分析思路,在两个主要的教育技术能力界定中都有所体现。而这两种思路对于进一步认识幼儿教师的教育技术能力问题也有重要的启示作用。

(一) 关注教育技术能力的具体表现

不同时代有不同的技术,相应的教师的教育技术能力也应有不同的内容。仅从比较狭隘的意义上看,教育技术是技术手段在教育中的应用,[①] 而技术又是社会生产中非常活跃的因素,特别是人类进入信息社会后,新的技术不断涌现,这也使得教育技术不断出现新的内容,相应的教育技术能力的表现也在不断发生变化。上世纪80年代,教育技术能力在开发、应用维度可能包括"拍片子"、"录带子"、"放片子"等基于电视媒体的内容,进入90年代就要加上"做课件"等基于多媒体计算机的内容,而到了21世纪"网络课程"、"MOODLE"、"移动平台"、"慕课"等又次第成为教育技术研究领域的新宠,相应的能力也成为教育技术能力的主要表现。可见,教育技术能力的具体内容是复杂多变的,当然变化的媒体背后也有比较稳定的理论,如何将这些关于学习资源、学习过程的理论与富于时代性的媒体实践结合起来是发展教师教育技术能力的一个重要问题。

---

① 一般认为技术包括"硬技术"和"软技术",前者包括与工具、媒体相关的操作与使用,关注的是物化形态的技术,后者包括基于理论的设计等,是一种智能形态的技术。具体到教育技术,对教学媒体的开发、应用、管理等是传统的教育技术研究领域,是上个世纪80年代"电教是姓电还是姓教"的讨论中的"电教"中姓"电"的部分,笔者认为,这是一种狭义上的对教育技术的认识。

（二）考虑不同教师能力要求的差异

不同类型的教师有不同的工作情境，在技术应用上就不同的要求。教育技术能力是对教师能力的一种抽象，对教师能力的构成我们可以做多种不同维度的要素分析，如教学组织能力、教学监控能力、课程开发能力等，每个要素对应着教师教育工作的一方面活动，而技术又是弥散在教师的活动中的，因此教育技术能力也会体现在各个教师能力的构成结构中：教师利用课堂信息处理系统分析学生的学习情况是教师教学监控的体现，同时也反应了教师的教育技术能力；教师在教材文本的基础上开发课件是其课程开发能力的体现，但课件制作本身又是教育技术能力的反应。由此可见，教育技术能力是渗透在整个教师职业活动中的，它的表现形态是多种多样的。

教育技术能力的主体是教师，而教师的构成又是多种多样的。有研究者明确指出，教师是教师培训的一个核心要素，是一个由多种属性、多种类别构成的变量，从背景来看教师群体有自然变量、时间变量、文化资本变量、社会资本变量、文化资本变量等区分，从发展来看教师群体有等级化的职称变量、层级化的荣誉变量、科层化的职务变量等不同，又可以从环境上对其做学段、年级、学科等角度的区分，这种环境的区分还表现在空间组织上，甚至是行政区划上；①当人们从学段上分别讨论幼儿教师、小学教师、中学教师、大学教师、职业院校教师时，当人们对农村教师、薄弱学校教师等进行进一步区分时，实际上这些研究者就是承认了教师这个统一称呼背后的不统一性，而这些基于某项个别特征的分类其实就意味着每一类别的教师教育技术能力要求是不同的。

不同的教师、不同的教学目标和教学内容自然带来不同的教育情境，需要不同的教育技术能力，因此对教育技术能力的研究应更细化、更具体，这同样要求结合幼儿教师的教育情境分析教育技术能力的构成。

（三）探索幼儿教师教育技术能力结构

2004年教育部颁布了"教育技术能力标准"，对"意识与态度"、"知识与技能"、"应用与创新"以及"社会责任"等进行了"4"个维度的划分，并在这4个维度下确立了"14"个评价的一级指标。这种标准化的教育技术能力界定在实践层面对于整体、全面提高教师的教育技术能力来说是必要的。然而，

---

① 朱旭东、宋佳：《教师培训核心要素的"对象变量"群》，载《教师教育研究》2014年第1期。

这个结构又并非全无问题，综述中我们已经提到一些研究者改造这种能力结构的一些建议。例如朱书慧提出能力标准中不应包括社会责任、伦理等内容；① 李美凤从个体的教育技术能力形成发展出发，提出教育技术能力是一个动态转化过程的思路。② 在对已有两个对教育技术能力"主要"界定背后的思考方式进行分析的基础上，我们希望能将两种思考方式结合起来，用一种结构化的方式呈现教师的教育技术能力的构成，而这个结构中又应该包含幼儿教师的具体活动。

因此，我们一方面要将教育技术能力与教师的日常生活联系起来，透过教师的具体教学行为把握教育技术问题。另一方面还要进行理论抽象，并通过理论抽象建构可能的能力的模型。探索一种结构化呈现同时又具有对幼儿教师具体工作情境考察的幼儿教师教育技术能力表达方式。

第二节 幼儿教师教育技术能力内容确定与能力模型建构

在分析幼儿教师教育技术能力问题时，我们很难直接借用已有的主要针对中小学教师的"教育技术标准"或"信息技术应用能力标准"。对于"教育技术能力标准"而言，虽然它的结构化和可迁移的优势使我们完全可以把幼儿教师的教育技术能力定义为"意识与态度""知识与技能""应用与创新"以及"社会责任"，获得理论上的结构化，但这却同样沿袭了该标准的结构清楚却内容不明确，而且存在不利于各项能力发展的问题。对于"信息技术应用能力标准"而言，它面向实践的特征虽然有利于对应用能力进行针对性的指导，但这里的行动并不符合幼儿教师的工作情境，而且标准中对信息技术应用行为的描述实际上也并非教育技术能力的全部，幼儿教师的信息技术应用显然不单单是完全围绕教学的课前准备、课中的组织管理以及课后的评价。

因此，我们认为在分析幼儿教师教育技术能力问题时既要关注教育技术的情境，关注教师的教育技术实践活动，又要注意能力的结构化，用稳定的结构表征幼儿教师的能力。这里，我们希望用借鉴活动分析的思路探索幼儿教师的教育实践中有哪些反映教育技术能力的活动，进而分析这些活动又有怎样的内在结构。

---

① 朱书慧：《2002—2012 年我国"教育技术能力"研究回顾》，载《继续教育研究》2013 年第 8 期。

② 李美凤：《波兰尼知识理论与中小学教师教育技术能力培养——一种基于反思的教育技术能力形成与发展策略体系》，载《南京晓庄学院学报》2007 年第 3 期。

第二章 幼儿教师教育技术能力内涵的确定

一、教育技术能力活动确定的方法与过程

明确幼儿教师教育技术能力的内涵主要是解决幼儿教师教育技术能力是什么的问题,为此要探讨教育技术能力的内容包括哪些,这些内容之间有怎样的关系这两个具体问题。如前所述,在探讨教育技术能力内容上,活动分析法是一个关注情境、利于发展的方法,但一般的活动分析需要大量观察和调研,操作成本高,而本研究的目的并不是要建立一个非常完整的能力内容的总体描述,只是希望抓住主要的教育技术能力,并探索能力内容内在的关系和结构,因此我们这里使用了一种更简捷的方法对该问题进行分析。

为明确幼儿教师教育技术能力的主要内容,研究首先采用了德尔菲法对幼儿教师教育技术能力的具体活动进行分析。我们选择了21位熟悉幼儿教育又熟悉教育技术的专家组成咨询专家团队,进行了3个轮次的意见咨询。因为对能力包括内容的分析主要是借鉴活动分析的思路,对幼儿教师的教育技术实践的总结,因此专家的选择既要考虑专家的实践背景又希望专家有一定理论能力,从而可以综合考虑多方意见,最后我们邀请到5位幼儿园园长(专家类型A),9位幼儿园的骨干教师(专家类型B),和7位在高校从事教育技术学相关教学科研工作,同时又关注幼儿教育实践的研究者(专家类型C)[①]。在咨询的第一轮,我们向21位专家发放了一个开放式问题的调查问卷(附录1),请专家列举在幼儿教育的实践中常见的幼儿教师的教育技术活动,获得专家认为的教育技术能力活动的基本内容。第二轮主要采取了访谈的方法,邀请了7名专家对第一轮整理后的能力活动进行分析汇总,得到一个相对比较系统的属于幼儿教师的能力构成集,第三轮主要邀请5位有较强实践背景的专家对能力构成的重要性进行判定。

(一)第一轮次专家问卷咨询及结果分析

第一轮的研究采取了现场发放并回收咨询问卷(附录1)的方式,请专家列举4—5个专家认为在幼儿教育中比较关键的、能体现教师教育技术能力的活动表现,由于我们与相关专家均有联系,所以调查得到了专家的普遍配合,有的专家甚至列举了多个能力内容,最后得到专家的反馈意见如表2.1所示。

---

① 7位研究者选择的是从事教育教学研究的教师,这些教师对教育技术和幼儿教育均有一定的认识,其中有4位参加过与幼儿教育相关的课题。有3位虽然没有相关研究,但因为自己孩子的关系对幼儿园中的教育技术实践有比较直接的认识。

表 2.1　第一轮专家问卷意见整理表

专家序号	专家意见（81 条）	专家类型
1	设计班级的主页；开发优秀的教育技术课件；懂得应用技术与家长交流；通过网络进行合作教研	A
2	熟练使用计算机（PPT，word）；熟练使用校讯通；能用照相机、摄像机等设备；用好教育软件	A
3	好的教育理念；利用计算机技术布置教室环境；利用网络找图片、音乐；能够做课件，用课件；用技术更好地和家长沟通	A
4	用教育技术的手段丰富教学过程；活跃课堂氛围；用技术与家长联系；用教育技术展示班园的风采	A
5	用技术跟同事、家长沟通交流；用教育技术丰富课堂活动；教育信息化知识；会应用维修计算机	A
6	能够使用互联网找资料；用照相机、摄像机留记录；用 word，ppt；用教育技术提高教学	B
7	第一要会做课件；二要用好课件；用微信、QQ 跟家长联系；经常到网上看点学习的东西	B
8	找图片、音乐、儿歌、动画等资源；合适的时候组织学生看动画片；网上查资料；说明白教育技术知识	B
9	了解制作多媒体课件，ppt；应用教育技术提高教学质量；用技术激发孩子积极性；维修电脑	B
10	下载歌曲、舞曲视频；用现代教育技术工具交流；管理班级主页；使用电脑，做课件	B
11	有教育技术理念；掌握技术、计算机操作；能找到好的音乐、舞蹈、动画；用教育技术提高教学效果	B
12	上网查资料；用照相机、打印机、扫描、摄像；选好动画片，合适的时候放动画片；用 word	B
13	网上下载 mp3；网上查资料；用白板上课；给家长发微信	B
14	使用计算机；用网络下资料；给孩子照相录像；用教育技术优化课堂	B
15	喜欢学习教育技术；能够做课件；选幼儿适合看的动画片；在 qq 群组织家长讨论	C
16	有教育技术意识；懂教育技术操作；有扎实的理论知识；系统的应用技术；有艺术水平	C
17	能够意识到在学前教育中应用教育技术的必要性；能够不断学会新技术、新理论；能够根据幼儿的特点设计信息化教学方案；利用技术手段提高自身水平	C
18	认识到信息化是未来幼儿园发展的必然趋势；了解教育技术的基本知识；掌握教育技术的基本技能；能够结合幼儿园实际设计、开发、应用课件；懂得使用信息技术与家长沟通合作	C

第二章 幼儿教师教育技术能力内涵的确定

续表

19	了解教育技术的基本知识；掌握基本技能；能够根据幼儿的发展水平选择合适的技术手段；确信信息技术的价值；会选择使用合适的工具与家长联系	C
20	对教育技术有信心；有基础性的理论知识，系统理论、教学理论等；能够主动学习新技术；关键体现在设计和组织教学上；能够制作符合幼儿特点的课件	C
21	懂得教育技术知识；根据孩子的需要选择好的教育技术；根据家长需要选择技术；熟悉网络操作和网络知识等；系统设置教学环境和教学过程	C

通过表2.1可以看到，在专家们的回答中来自实践者（类型A、类型B）的回答和理论者（类型C）的描述存在比较明显的差异。理论者倾向于根据"教育技术能力标准"中的语言或标准中的框架来描述自己认为的教育技术能力活动，往往比较系统地从能力意识和态度、知识技能等角度论述，而实践者更关注具体的应用。

（二）第二轮次专家访谈咨询及结果分析

由于初步整理的专家的意见反馈中专家的表述比较随意，在得到的91个对幼儿教师的教育技术能力活动的描述中有许多内容完全重复的选项，这需要进行合并处理，因此我们组织了第二轮次的专家咨询。因为本轮的核心目的是从零散的描述中整理出其中的整体内容，需要一定的理论概括能力，因此本轮的咨询专家7人，都是"C类型"的在高校工作的研究者，研究主要采取了集体审议的方式，专家集体对第一轮反馈结果审议，并对内容重复的回答项合并，对于表达不完整的描述补充完整，意义完全不明确的删除。但为了避免受高校研究者已有知识的影响，保证来自实践群体的意见得到充分反映，在整理中我们基本保留了第一轮咨询中专家使用的词语。对于不能达成统一意见是否合并的能力活动表述，我们选择了单独保留相应的活动描述，尽量减少赋予原有描述过多的意义阐释。这样会在一个相对稳定的框架内分析幼儿教育汇总教育技术能力的内容（表2.2）。

表2.2 第二轮专家问卷意见整理表

整理后的专家意见	类似意见描述
n1：设计班级主页	用教育技术展示班园的风采；管理班级主页
n2：开发优秀的教育技术课件	第一要会做课件；能够做课件、用课件；了解制作多媒体课件；使用电脑做课件

59

续表

整理后的专家意见	类似意见描述
n3：应用技术与家长交流	熟练使用校讯通；用技术更好地和家长沟通；用技术与家长联系；用技术跟同事、家长沟通交流；用微信、QQ跟家长联系；给家长发微信；懂得使用信息技术与家长沟通合作；会选择使用合适的工具与家长联系；用现代教育技术工具交流
n4：通过网络进行合作教研	经常到网上看点学习的东西；网上查资料
n5：懂教育技术操作	熟练使用计算机（PPT，word）；会应用维修计算机；掌握技术，计算机操作；使用计算机；用好教育软件；用word，ppt；用好课件；用word
n6：能用照相机、摄像机等设备	用照相机、摄像机留记录；用照相机、打印机、扫描、摄像；给孩子照相录像
n7：掌握基础性理论知识：系统理论、教学理论等	艺术水平
n8：系统设置教学环境和教学过程	系统地应用技术
n9：熟悉网络操作和网络知识等	利用网络找图片；能够使用互联网找资料；找图片、音乐、儿歌、动画等资源；网上查资料；下载歌曲、舞曲视频；网上下载mp3；能找到好的音乐、舞蹈、动画
n10：用教育技术提高教学	应用教育技术提高教学质量；教育技术活跃课堂气氛；合适的时候组织学生看动画片；用技术激发孩子积极性；用教育技术提高教学效果；选好动画片；能够根据幼儿的年龄特点设计合适的信息化教学方案；能够根据幼儿的发展水平选择合适的技术手段；能够结合幼儿园实际设计、开发、应用课件；能够制作符合幼儿特点的课件；根据孩子的需要选择好的教育技术；关键体现在设计和组织教学上；根据幼儿的发展水平选择合适的技术手段
n11：说得出教育技术知识	懂得教育技术的基本知识；有扎实的理论知识；简单了解教育技术的基本知识
n12：教育技术理念	认识到信息化是未来幼儿园发展的必然趋势；有教育技术意识；能够意识到在学前教育中应用教育技术的必要性；确信信息技术的价值；对教育技术有信心；好的教育理念
n13：用白板上课	

（三）第三轮次专家访谈咨询及结果分析

第三轮的专家咨询主要是就第二轮整理后的教育技术能力内容的重要性进行赋分，研究中我们邀请了 5 名有较丰富幼儿园实践经验的专家（类型 A），请专家分别结合个人工作经验判断哪些活动描述项是比较重要的教育技术能力内容。并对整理后的选项按重要程度赋分，其中 1 分表示极不重要，5 分表示极为重要，最后留下平均分在 3 分以上的描述项，专家对于表 2.2 中整理出的大部分教育技术活动的重要性表示认同，但对于"n7：基本性理论知识，系统理论、教学理论"评价稍低（平均 3.2 分），对于其他能力活动项的重要性都给予了肯定。

由于保留了专家意见的原始描述，而且在第二轮专家咨询中没有要求专家按自己的理解对各教育技术活动解读，只是在确定的情况下进行问题项合并，所以最后我们看到的关于教育技术能力内容的概况并不具有系统性，例如"n5：懂教育技术操作"一定意义上包括了"n6：照相机、摄像机等内容"，但因为研究的目的是探索具体情境下的教育技术能力活动的内容，所以我们没有对此进行进一步的调整。

此外还可以看到，在这些描述中有的是非常明确的有指向性的综合性的行为表现，如"n3：与家长交流"、"n8：设置教学环境和过程"等，还有相对具体的技术或知识，如"n6 使用照相机"、"n13 用白板上课"等，有的则是相对抽象，如"n12：教育教育理念"，有的则略显宽泛，如"n7：基础性理论知识，系统理论，教学理论"。同样是幼儿教师教育技术能力的内容，怎样表征这种能力之间的差异呢？如何对这些具体的来自幼儿教师活动的教育技术能力表现内容分类呢？对此我们采用了聚类分析的方法。

二、教育技术能力内容的聚类分析及模型建构

利用德尔菲法获得的对幼儿教师活动中的教育技术能力内容描述较为散乱，因此需要分类整理，然而如果仅仅靠个别研究者采用理论思辨的方法对能力内容进行分类又难免主观，因此我们借用统计学中的聚类分析对这些能力表现进行整理。

（一）对能力内容性质的调查

聚类分析是在预先不知道欲划分类的情况下，根据信息相似度原则进行信

息集聚的一种方法。聚类的目的是使得属于同一类别的个体之间的差别尽可能地小，而不同类别上的个体意见的差别尽可能地大。① 要对一个数据集进行分类，首先要对数据对象的属性进行定量取值。为明确表2.2中概括的教育技术能力内容的属性，我们采用了问卷调查的方法，因为本研究的一个目的是考虑幼儿教师教育技术能力的发展，而能力提高的基础是涉及的知识，因此调查主要从各项教育技术能力内容的本身的复杂程度和该项能力发展的难易程度这两个维度进行数据的搜集。需要说明的是，能力内容涉及知识的复杂程度和能力发展的难易程度并不是一回事儿，前者主要指能力活动涉及知识的数量，而后者主要指能力活动涉及知识的性质。

要对不同教育技术能力活动涉及知识的属性进行赋值，需要对这些活动涉及的知识有比较直接的了解，因为表2.2中的各项内容主要涉及技术层面的操作，所以我们选择了教育技术学专业的学生作为调查的对象。

实践中，我们设计了一个"教育技术能力活动属性调查问卷"（附录2），发放给教育技术学专业大三的本科生。他们已经学习了教育技术专业的大部分课程，对于表2.2中的教育技术能力均有一定的认识，因此他们可以对涉及到的教育技术能力活动内容进行判断。因为研究的根本目的是幼儿教师教育技术能力的发展，所以研究选择了与能力发展相关的两个指标——能力活动涉及知识的复杂程度和能力掌握的难易程度进行分析。问卷采用了10级的赋分形式，如果受访者认为某能力内容项涉及到的知识非常多、非常复杂，那么他就在复杂度的一项中填10，如果涉及到较少、较简单的知识则填1，认为该项能力很难掌握就填10，容易掌握就填10。这种对能力活动的区分，这样便于更细致地区分不同能力项的性质。为使参与调查的学生明确这里复杂度和难易度的区别，在发放问卷前，研究者先对这里的复杂度和难易度进行了解释，强调了两者的区别。

研究中，我们发放了问卷40份，回收问卷40份，问卷回收率100%，问卷整体Crobachs系数α为0.807，有研究表明，问卷的信度α在0.7以上，问卷就基本可以接受，因此调查结果是可信的。通过对40名学生对各能力活动内容复杂度和掌握难易度的赋值导入SPSS16.0后的分析，可以测得不同能力内容项在难度和复杂度两个维度的总得分、均值以及标准差（表2.3），并以此作为下一步聚类分析的依据。

---

① ［美］韩家炜等著：《数据挖掘：概念与技术》（第三版），范明、孟小峰译，机械工业出版社2012年版，第122页。

表 2.3　教育技术能力构成内容属性调查分析表

	题目编号	和	均值	标准差
对能力构成内容复杂度的统计	n1	203	5.07	.764
	n2	196	4.90	.632
	n3	93	2.32	.616
	n4	143	3.57	.747
	n5	129	3.22	.947
	n6	52	1.30	.564
	n7	304	7.60	.632
	n8	326	8.15	.622
	n9	194	4.85	.662
	n10	341	8.53	.784
	n11	231	5.78	.480
	n12	218	5.45	.986
	n13	100	2.50	.906
对能力构成内容难度的统计	n1	240	6.00	.506
	n2	202	5.05	.450
	n3	70	1.75	.630
	n4	250	6.25	.494
	n5	125	3.13	.686
	n6	52	1.30	.564
	n7	169	4.23	.423
	n8	284	7.10	.955
	n9	105	2.62	.667
	n10	125	7.25	.543
	n11	171	4.28	.506
	n12	260	6.50	1.086
	n13	81	2.03	.768

　　因为研究的最终目的是对这些能力构成内容进行聚类,因此这里我们继续将统计得到的数据导入 SPSS,以这里能力构成内容项的复杂度、难度中的和值和标准差属性为自变量,对能力构成内容进行聚类分析,这里的和值与平均值一样代表了答题者对该问题的认识的集中性,而标准差则反映了大家对问题认识的离散型。

　　聚类是将一组对象,按照它们之间的相似程度分为若干组,其中相似的对象构成一组，使得组内数据对象有较高的相似度，而不同组中的数据对象不相似。由于没有外在干预，所以可以保证得到的分类是根据这里能力构成内容的复杂度和难度决定的。本研究中，我们将表2.3中的数据导入SPSS，选择SPSS中分类里的系统聚类，按照复杂度和掌握难易度的总分和标准差为分类变量，对能力内容进行分类，设定分类最小为2、最大为4，研究采用系统聚类分析中组间连接的聚类方法对能力构成内容进行分类，最后得到分类树状图如下（图2.1）。

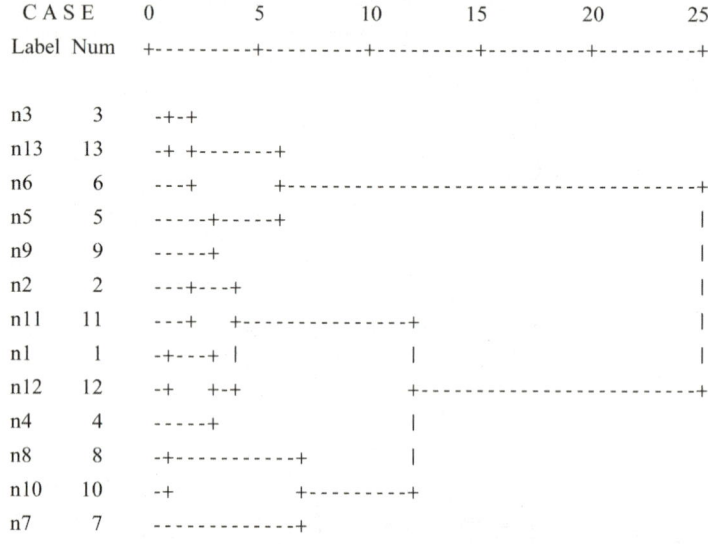

图 2.1　能力构成内容聚类分析树状图

在这个分类中，如果将能力内容分为四类，那么n3、n5、n6、n9、n13等能力内容构成了第一类，而n1、n2、n4、n11、n12构成了第二类，n8和n10构成了第三类，此外还有n7单独构成一类。具体结果如表2.4所示：

表 2.4　教育技术能力内容分类汇总表

第一类	n3：懂得应用技术与家长交流；n5：懂教育技术操作；n6：能用照相机、摄像机等设备；n9：熟悉网络操作和网络知识等；n13：用白板上课
第二类	n1：设计班级主页；n2：开发优秀的教育技术课件；n4：通过网络进行合作教研；n11：说得出教育技术知识；n12：教育技术理念
第三类	n8：设计教学环境和教学过程；n10：用教育技术提高教学
第四类	n7：掌握基础性理论知识：系统理论、教学理论等；

通过表2.4可以看到，最后获得的教育技术能力内容大部分是外在的活动描述。第一类主要是幼儿教育中对技术的简单技能操作，这类中的使用"技术

与家长交流"、"使用照相机"等是非常具有幼儿教育特色的教育技术应用,虽然在中小学教师的教育技术能力构成中可能并不是主要内容,但却是幼儿教师经常实践的教育技术形式。这一类能力内容不需要复杂的知识,而且相对比较容易获得,因此可以概括为基本知识支持的行为。第二类中包括的大部分是比较综合性的操作,涉及到教育技术的基本知识和基本技能的综合应用。其中比较特殊的是"教育技术理念(n12)"这个能力内容项,因为理念本质上是一种意识或态度,理论上看它与其他选项是不同类的,进一步考察在表2.3中对能力构成内容属性的调查,可以看到这一项的内容在能力内容的复杂度和获得的难易度上均有较高的标准差,说明受访学生对这个问题的认识比较分散,所以我们对其意义暂不考虑。所以第二类能力内容整体可以概括为比较复杂,需要比较多知识支持的操作。第三类中"布置教学环境(n8)"、"提高教学(n10)"往往涉及知识较多,而且把握这种能力的难度也比较大,可以概括为需要复杂知识支持的能力行为。而第四类"基础性的理论知识(n7)"是比较特殊的一类能力内容,它涉及的内容往往是多学科的,严格地说并不是教育技术学科的内容,因此属于基础层的教育技术能力。

(二) 教育技术能力模型的构建

德尔菲法搜集相关信息的方法本质上也是一种活动分析,是咨询专家组对幼儿教师教育技术能力内容的观察和经验,由此得到的是一系列比较零散的幼儿教师的教育技术能力内容,通过聚类分析后,可以看到这些能力是有其内在结构的。那么应如何呈现这种结构呢?怎样表征这里不同类别活动背后需要的简单知识和复杂知识呢?如何更全面地概括这里的教育技术能力的活动内容呢?如何体现出第二类能力内容中表现出的幼儿教育的特点呢?围绕这里教育技术能力内容的分类,我们初步建立了一个能够解释这种分类的教育技术能力模型(图2.2)。

这个模型从支持能力形成与表现的角度将教育技术能力分为基础层、本体层和表现层三个层次,这三个层次形成了一个树状结构。

其中基础层主要是与教育技术能力获得有关的基础理论和基础知识,主要包括系统理论、传播理论、教学理论、学习理论等,严格地说它们并不是教育技术能力的内容,但这些理论是教育技术能力发生发展的土壤和根基。本体层是教育技术能力的基本构成,是支持幼儿教师教育技术能力表现的知识。从内容上看,这部分内容主要包括教学媒体知识和教学设计知识,从内容形态上看,这两种知识又可以分为理论性的知识和实践性知识两大类,当一个教师有了这两个维度下的知识后,我们可以认为他具有了教育技术能力,有了表现活

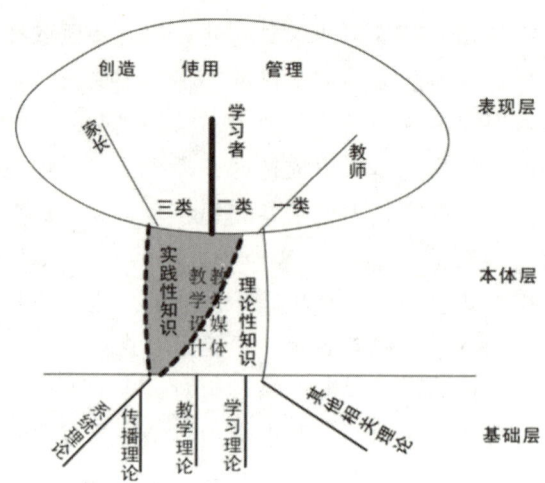

图 2.2　幼儿教师教育技术能力树状模型图

动分析中诸多教育技术能力内容的可能。实际的教育活动中，教师教育技术能力总是要通过具体的教育技术应用表现出来，这主要指教师应用本体层的知识来改进他与学生、其他相关者（主要是家长）以及自己的互动的过程，这构成了表现层的内容。能力表现层按照具体内容看，又包括在前面聚类分析中得到的三类教育技术的能力内容，其中第一类教育技术能力活动更依托于相对清晰简单的理论性知识，从内容上看主要是依靠媒体知识；第三类更要靠相对复杂的实践性知识，其中含有较多的教学设计方面的内容，而第二类位于两者中间。

从心理学上看，能力是一种个性特征，它一定程度上是先天、可遗传的一种特质，但就教师教育而言，教师能力的研究需要抛开遗传、禀赋等人们无法控制的因素，而选择人们可以设计、可以控制并促进能力发展的思路来分析教师能力，因此，在这个模型中没有包括诸如性格、情绪等不易控制的内容，而是将教师的教育技术能力界定为在教师通过学习获得的知识，以及基于这种知识的与教育活动中诸要素的互动活动。当然这里的知识并非完全客观的、印刷在书本里的原则、规律、模型等，而是一种个体建构出来的动态的知识。

第三节　幼儿教师教育技术能力模型的理论分析

在研究中，我们使用德尔菲方法搜集能力内容数据，使用聚类分析的方法分析数据，减少主观判断的影响，从而保证了模型的效度和信度，然而一个理

第二章 幼儿教师教育技术能力内涵的确定

论模型的可靠同样体现在模型对已有理论的契合上，如果模型符合一般的理论，那么这个模型就更有可能是可靠的，模型中的基础层、本体层的依据是什么？表现层内容为什么按这样的方式描述？我们需要分别对模型基础层、本体层和表现层的内容进行一定的理论阐释。

一、教育技术能力模型的基础层内容

位于树状模型根部的是教育技术能力的基础层，这一层是教育技术能力形成的基础，主要包括系统理论、传播理论、教学理论、学习理论以及其他相关理论。

在该层中，教学理论、学习理论、系统理论和传播理论往往也被认为是教育技术学科的理论基础，①就个体教师而言，通过学习这些理论，个体的教师可能获得与教学设计知识、教学媒体知识等教育技术能力本体有关的内容，甚至可以说，要更好地理解教学设计知识和媒体知识，就必须对这些相关基础理论有所把握。正因如此，教学理论、学习理论、系统理论以及传播理论的相关内容往往被认为是能力发展的基础而成为许多师范生教育技术公共课教材的组成部分，并在许多教育技术的相关培训中也有涉及。

此外，诸如哲学、艺术以及心理学的其他分支学科以及其他相关知识的发展也可能帮助教师形成教育技术能力。例如，经过相关艺术课程学习的学习者所设计、开发的媒体资源可能更美观，而经过了哲学的学习可能会更容易把握教学的系统观，但整体来看这些内容对于教育技术学科而言并没有持续的影响，对个体的影响也缺少一些必然性，因此，它们虽不具有学科意义上的理论基础地位，但由于其在实践中对个体教育技术能力发展的影响，在上图中我们也使用了"其他相关理论"来表示这些未体现在一般教育技术培训中但可能会影响教师教育技术能力形成的理论。

在这里个体教师教育技术能力的基础与教育技术学科的理论基础汇合起来，并在一定意义上起到了相互印证的作用。

---

① 也有学者认为传播理论对教育技术学并没有持续性的影响，只是一个将系统理论引入教育技术研究的中介，因此传播理论并不是教育技术学的理论基础。但就个体而言，通过学习传播理论，理解传播模型显然也会对个体形成教学媒体的系统观、把握教学设计思想等有直接的启迪作用，有助于促进个体教育技术能力的形成，因此从能力形成看，传播理论与系统理论、教学理论、学习理论以及其他相关理论一起构成了教育技术能力发展的基础，并共同出现在许多经典的教育技术公共课教材中。参见郑旭东、陈文竹：《教育技术历史研究的意义与价值——从传播学作为教育技术的理论基础说开去》，载《现代远程教育研究》2012年第4期。

二、教育技术能力模型的本体层内容

位于树状模型中间的是个体教师教育技术能力的本体层，该层是教师教育技术能力的核心组成。因为知识是能力发展的基础和资源，能力是在知识掌握、建构、内化和运用的过程中获得并体现的，从某种程度上可以说，能力是内化了的知识的综合体现，① 因此，这里"知识"构成了教育技术能力本体层的核心。从内容上看，这一层主要包括与教学设计、教学媒体相关的知识，而从这些知识的特征出发，又可以将这个本体层视为理论性知识和实践性知识两个部分。

（一）能力本体层的构成内容的确定

从能力本体内容上看，个体的教育技术能力主要由教学设计知识和教学媒体知识两大部分内容构成。

个体教师教育技术能力的知识与教育技术学科的知识体系是有一定对应关系的，教育技术学学科体系一定程度上代表了学术共同体对教育技术能力应该包含范畴的认识。何克抗教授认为教育技术学学科的知识体系主要包括理论部分和应用部分，前者是技术支持的面向教学过程和教育资源的理论体系，具体包括教学设计理论、远程教育理论、教育技术学、电化教育学、教学活动与教学模式理论、数字传媒理论、信息化教育理论等；后者是技术支持的面向教学过程和教育资源的实践活动中所涉及的方法、策略和操作层面的各种应用科学知识，主要包括基于网络的教育行政管理系统开发、校园网建设、教育信息化工程、多媒体课件的设计制作、录音与录像技术、摄影与构图、视频案例、网页制作等，② 这种分类实际上可以概括为偏重智能形态技术的教学设计知识体系和偏重物化形态的媒体技术知识体系。无独有偶，安涛和李艺教授在探讨教育技术学科理论体系时也把教学设计和教学媒体视为教育技术理论体系的现象范畴，其中教学媒体是物化形态的载体及应用这些载体的过程，而教学设计则是沟通抽象理论与具体实践的桥梁，是把一般的教育理论和心理理论的研究应用到教学中的中介，二者共同构成了教育技术学的现象范畴。③ 汪基德教授也

---

① 潘洪建：《当代知识观及其对基础教育改革的启示》，载《教育研究》2004年第6期。
② 何克抗：《中国特色教育技术理论的形成与发展》，载《北京大学教育评论》2013年第7期。
③ 安涛、李艺：《教育技术理论的范畴体系与核心问题》，载《现代远程教育研究》2014年第2期。

第二章 幼儿教师教育技术能力内涵的确定

认为现代教育思想、理论和现代教育技术是教育技术（电化教育）的两个基本要素，教育技术学的研究领域应该是现代教育媒体的研究与应用，而这里必然包含着系统方法的运用。① 这种学科层面的教育技术内涵分析对应到个体教师教育技术能力发展上，就得到了我们发展模型中本体层的内容，即包括教学设计知识和教学媒体知识两部分内容能力主干。

（二）本体层知识的形态分析

除了从内容上进行了教学设计知识和教学媒体知识两个维度的划分，我们还根据知识特点将教师的教育技术能力本体从理论性知识和实践性知识两个维度进行了界定。

学界对知识的分类有许多不同的看法，例如经济学家弗里茨·马克卢普按知识的效用将知识分为实用知识、学术知识、闲谈与消遣知识、精神知识、不需要的知识等五类；哲学家狄尔泰按照研究对象将知识分为自然科学知识和社会科学知识两大类；波兰尼按照知识的形态将其分为言传知识和缄默知识两类，不同标准下产生了形形色色的知识分类。② 对教师知识的分类也是多种多样的，从二分法到七分法有许多不同的认识，在诸多的分类中，实践性知识与理论性知识的划分由于考虑到了知识形态的不同，同时又兼顾了知识形成过程、作用方式的差异引起了许多教师教育研究者的青睐，这里我们也以此维度将构成教师教育技术能力的知识分为实践性知识与理论性知识两大类。③

1. 实践性知识内涵与特点

虽然许多学者围绕实践性知识这一概念进行了系列思考，但由于实践性知识是体现在教师个体在特定情境下的教育活动中的，因此研究者很难找到一个统一明确的定义。率先对教师的实践性知识进行研究的艾尔贝兹（Elbaz）认为，教师的实践性知识是教师以独特方式拥有的一种特殊知识，这种知识以特

---

① 汪基德：《中国教育技术学科几个问题的探讨》，载《教育研究》2006年第7期。
② 陈洪澜：《论知识分类的十大方式》，科学学研究2007年第1期。
③ 严格来说实践性知识和理论性知识并非同一知识观体系下的范畴，理论性知识秉承的是一种主客二分的传统体系，人和知识是两分的，所以可以说"人拥有知识"；而实践性知识试图超越这种主客两分的二元体系，是在人类行动的框架下解释知识的，在这里人是知识的参与者而不是独立于知识外的旁观者，而知识则是每个个体的建构，这在一定程度上体现了杜威的实用主义知识论。然而，实践中大部分学者是在对比意义上讨论这两种知识观下的知识的，而实践性知识的动态、缄默性与理论性知识的稳定、符号化又能形成一定比较意义，因此这里我们也混合使用了这两个话语体系下的知识范畴，用理论性知识和实践性知识两分的方法来描述教师教育技术能力本体的知识构成。参见陈向明、赵康：《从杜威的实用主义知识论看教师的实践性知识》，载《教育研究》2012年第4期。

定的实践环境和社会环境为特征,是经验化和个人化的,这类知识中包含许多关于学生、教学等经验,包含大量的教师习惯的教学技巧。① 日本学者梶田正已认为实践性知识是教师个体体验的经验化,表现为指导教师行动的个人的教学法则。② 加拿大学者马克斯·范梅南认为,实践性知识是一种"存在于实践行动中的,对他人身体化的关切以及存在于个人空间里,情绪和关系氛围中的知识"。③ 我国较早对教师实践性知识进行研究的陈向明教授认为教师的实践性知识是"教师通过对自己教育教学经验的反思和提炼所形成的对教育教学的认识"。④ 尽管表述各异,但通过这些代表性论述我们还是能够对实践性知识的一些特征达成共识。

首先,知识是个性化的。它主要是从教师个人实践中产生的,以教师的信念形式存在,实践中往往表现为教师自身的教学风格。从来源看,实践性知识是教师在理论学习基础上,在对个人教学体验反思基础上形成的;从存在形式看,实践性知识是一种综合性的知识,实践性知识往往无法说清是源于学科知识还是教学知识,往往以一种教师信念的方式存在——教师虽然说不清楚为什么以这样的方式处理问题,但就是觉得应该用这样的方式;从外在表现看,实践性知识往往表现为个体的教学风格。虽然有着这样的个性化特点,但教师的实践性知识并不完全是个人的,它具有一定的普适性并具有伦理上的规范性。⑤

其次,知识是实践性的。实践性知识的命名本身就反映了这类知识最核心的特征是实践性,它源于具体教育情境中的教育实践,最终又表现为一定情境下的教育实践,从来源到终点都体现出鲜明的实践特征。实践性知识的生成有两个主要路径,一是来自于理论知识的转化,二是源于个人经验的总结⑥,个人的经验总是在一定情境下对一定教育实践的经历和体验,而即便是理论知识转化也是结合以往教学情境中教学事件进行对比、思考,并在新的教学情境中

---

① 姜美玲、王赛凤:《理解教师实践性知识》,载《全球教育展望》2004 年第 11 期。
② 钟启泉:《为了"实践性知识"的创造》,载《全球教育展望》2005 年第 9 期。
③ 马克斯·范梅南:《教育敏感性和教师行动中的实践性知识》,载《北京大学教育评论》2008 年第 1 期。
④ 陈向明:《对教师实践性知识构成要素的探讨》,载《教育研究》2009 年第 10 期。
⑤ 同上。
⑥ 金忠明、李慧洁:《论教师实践性知识及其来源》,载《全球教育展望》2009 年第 2 期。该文认为实践性知识的来源有三,分别是理论知识转化、教学实践积累和教师培训。然而,教师培训实际上也要经历一个培训得到的理论知识转化或者培训观摩后获得个人经验的过程,因此笔者认为,从实践性知识的产生来看主要是理论性知识和个人经验总结这两种方式。

实践应用最终得以内化的。此外，教师的实践性知识最终是在教师的行动表现出来，它的指向也是针对一定情境的。因此，可以说实践性知识是源于实践且指向实践的。

在实践性知识这两点基本属性的基础上，还可以演绎出一些更深的理解，姜美玲就从实践性知识的个体性和实践性讨论了其缄默性、生成性、境遇性、整体性等衍生的特征。① 这里的缄默性是指实践性知识的存在方式是隐性的，从传递角度看实践性知识是不容易编码不容易传递的，很难用具体的公式、规则等表征；这里的生成性则主要强调了实践性知识的动态特征，每个人的实践性知识都是发展变化的，每一次的实践、反思都可能会对问题有新的感悟，改变旧有的认识；境遇性则反映了实践性知识对于情境的依赖，实践总是发生在情境中的，因此实践性知识的产生和表现均有赖于具体的情境；最后的整体性则说明实践性知识是个体与教学情境统一的结果，很难从实践中抽取出能够放之四海而皆准的规律，因此实践性知识根本上来看是一个方便人们分类、理解的理论抽象，因此在图中我们用虚线勾勒出实践性知识的边界，实际上这种边界是不明确的。

最后，实践性知识是存在共性和稳定性的。虽然实践性知识是个性化的、是具体情境下实践中表现出来的，但这并不是说实践性知识完全是无法比较的个人选择，也不完全是不可捉摸的"灵机一动"，否则，实践性知识的研究就没有价值。

实践性知识是个性化的，但它有一定的共性；它是依赖于情境变化的，但也有一些超越情境的稳定。首先，教师的实践性知识是一种规范性的知识，它有一种伦理上的"善"的规定性。教师的实践性知识有一种共同的道德诉求，无论怎样的实践性知识支持的教学活动都必然蕴含着一定的伦理规范和道德准则，这些规范和准则体现为教材中的伦理价值、教学中的道德关系等。② 实践性知识的这种伦理维度的规定性是统一的、稳定的。其次，实践性知识在内容和结构上是稳定的，陈向明认为实践性知识主要包括教师的教育信念、自我知识、人际知识、情境知识、策略知识、批判反思知识等，并将其结构总结为包含教师、情境、反思以及信念四个要素，并以这四个要素为端点的三棱锥结构。③ 最后，教师的实践性知识在生成方式上是有规律的。通过组建学习共同

---

① 姜美玲：《论教师实践性知识的本质属性和衍生特征》，载《教育理论与实践》2010年第7期。
② 同上。
③ 陈向明：《对教师实践性知识构成要素的探讨》，载《教育研究》2009年第10期。

体交流互动、对教学案例观摩学习、反思及教师叙事都是被许多实践证明了的比较有效的实践性知识发展方式。

2. 理论性知识内涵与特点

理论性知识主要是相对实践性知识而言的，它是共同的、不依赖实践情境的、可编码的规律性知识，常常表现为可按图索骥的教学规则或操作方法。

另一方面，理论性知识与实践性知识也并非截然分开的两类知识，两者之间也有一定的关系，实践性知识是一定程度上要以理论性知识为基础的，通过理论学习，教师掌握了一般的教育原则会为其行动中的反思指明方向；而理论性知识中的概念、命题等又会成为其个体行动、反思中的思维工具，因此在以上模式图中，理论性知识相对位于本体层的底部，对实践性知识有一定的支撑作用，但实践性知识又不是完全依托于理论性知识，它也从底部的基础层和外部的环境层汲取营养，使自身得到发展。

我们从内容和形态两个维度对教师的教育技术能力的本体层加以划分，将教育技术能力的本体层在内容上分为教学媒体知识和教学设计知识，在形态上分为理论性知识和实践性知识。虽然是从不同维度进行的划分，但两种分类也并非完全并列无关。教学媒体知识主要涉及物化的媒体，虽然也包括一些创新性的应用媒体的内容，但整体上其知识形态多表现为可编码的理论性知识；而教学设计知识是把一般的教育理论和心理理论的研究应用到教学中的中介，虽然包括一般的概念、规则、原理等理论性知识，但富有个性化的灵活设计、应用信息技术改进教学才是教学设计知识的终极表现，在其内容上也存在较多的可以意会而难于言传的实践性知识。所以在上述模式图中，教学媒体知识与理论性知识有较多交集而教学设计知识与阴影部分的实践性知识有更大的交集。

三、教育技术能力模型的表现层内容

位于树状模型顶端枝叶部的是个体教师教育技术能力的表现层，该层是教师教育技术能力的外在表现。虽然能力是教师内部的一种心理特征，但这种心理特征需要在具体的实践活动中表现出来，如果一个教师具有教学媒体和教学设计方面的知识，在他与教学环境的互动中一定会表现出相应的教学行动。

（一）能力表现层理论分析的思路

教育技术能力的行为表现有多种形式，仅仅从本体层教学媒体知识的外部反应来看，这种能力行为就很难枚举。虽然我们采用德尔菲法总结出三类 13

种幼儿教育实践中常见的教育技术活动,但显然还远不能概括各种情境性幼儿教师的实践。教师使用课件授课、用网络搜集教学资源、用通信工具与同行或学生或家长交流、录制课程视频、借助课堂信息处理系统分析处理信息等等具体实践,都是教育技术能力的行为表现,再要考虑教学设计能力的外部反应就更繁杂多样了。然而要系统化描述分析这些行为又需要对其进行归类,基于不同的标准会有不同的分类方式,会有不同的特点。

1. 根据教育技术定义确定能力类型

根据教育技术学的领域范畴将个体的教育技术能力表现划分为对学习过程和资源的创造、使用和管理等三个维度。这种能力行为界定从教育技术学的学科逻辑出发,内容全面,但是应用到实践中却也有一定问题。一方面不同能力主体在应用技术、展示教育技术能力时往往并非按学科逻辑展开而面面俱到,例如对一般中小学教师而言,教育技术的利用往往是主要环节,而对于管理则甚少接触;另一方面,理论描述中虽然可以用比较精炼的"创造"、"使用"和"管理"描述个体教育技术表现,但实践中这些范畴又充满了多样性:教师制作一个课程网站属于创造范畴能力体现,而教师搭建一个论坛与家长交流同样体现了创造范畴的能力,简单用学科的这几个范畴描述很容易忽视实践中具体的能力表现。但显然定义中的界定整体上包括了教育技术实践的范畴,在分析教育技术能力时可以用其作为一个分析的框架。

2. 根据幼儿教师的具体工作确定能力作用指向

教育部颁的"信息技术应用能力标准"中就是以教师的工作为主线结合教师具体工作进行分析的,该标准根据教师的具体活动把信息技术应用能力界定为计划与准备、组织与管理、评估与诊断等三个教学活动的部分,再加上教师的学习与发展和一个基本知识技能维度,并从这几个维度论述教师的信息技术能力表现。然而,这个"信息技术应用能力标准"的目的是"引领中小学教师在教育教学和专业发展"的,① 在对象上关注的中小学教师,而在能力应用范围则限定为教学和专业发展,对于其他的应用关注不多,如果试图涵盖一般老师的全部工作则同样面临实践中能力行为多样性的问题,很难系统地对教育技术能力行为进行总结。例如中小学教师信息技术主要应用是教学和专业发展,但对幼儿教师而言家校合作也是非常重要的教育实践活动,显然应用能力也应该在这样的活动中有所体现。

---

① 教育部:《中小学教师信息技术应用能力标准(试行)》,http://www.moe.gov.cn/ewebeditor/uploadfile/2014/06/12/20140612142024937.docx

3. 借鉴系统理论对整个教师教育活动的结构进行考察

为更系统地描述教师的教育技术能力表现,在能力模型的构建中我们可以借鉴教学结构理论的分析思路,对教师教育情境中的教育活动结构进行分析。

系统科学原理引入教育领域后,教育研究者用系统的观点考察教学活动,由此自然看到了系统中要素的关系,看到了教学结构。这类研究的典型思路是"结构——功能"的系统分析:分析教学过程的构成要素(基本成分),进而分析要素之间的相互联系和作用,通过结构调整实现系统特定的功能。因此,我们可以将教师的教育活动视为一个系统,分析系统中的各个要素,并考察教师与各要素互动的过程中涉及到的教育技术应用,从而得到其系统性的教育技术能力表现。

(二)能力表现层的具体内容

根据上述分析,我们认为教育技术能力的表现层应该结合教师的具体工作进行分析,而工作的多样化又要求我们确定一个分析的标准和维度,避免无条理地罗列教师应用教育技术的行为,为此我们希望根据教育活动中的各要素关系进行分析,以便对这三个维度的能力行为进行进一步的归类。

1. 教育技术能力行为的作用方向

因为"教学要素的分析是研究者根据对教学系统的认识所作的一种主观判断"[①],是研究者对构成教学的最小组分进行的一种抽象,所以围绕教学要素的组成,研究者意见并不统一:从包括"教师,学生和教材"的三要素说,到"教师、学生、教学内容和教学手段"的四要素说,到"教师、学生、教材、工具、方法"的五要素说,再到六要素、七要素、要素层次说[②]等,不同研究者给出了许多不同的见解。教育技术研究中比较受到认可的是教师、学生、教学内容和教学媒体四种要素的分类,何克抗教授在分析教学结构问题时指出"教学结构是……教学系统四个组成要素(教师、学生、教学内容和教学媒体)相互联系、相互作用的具体体现。"[③] 然而,这种四个要素的分析是针对教学系统的,如果将整个教师的教育活动看作比教学系统更上位的系统,那么这个教育活动系统内就不仅包括教师、学生、学习内容、媒体等教学子系统涉及的要素,还包括同事、学生家长、学科专家等其他相关者这一要素,其中学生家

---

① 李定仁、范兆雄:《教学要素与教学系统最优化》,载《教育科学》2003年第6期。
② 张楚廷:《教学要素层次论》,载《教育研究》2000年第6期。
③ 何克抗:《教学结构理论与教学深化改革(上)》,载《电化教育研究》2007年第7期。

长是一个尤为重要的组成,这是因为,在教育活动中,家长和教师总是同处于一定活动中的,家长与教师不仅是共同存在的而且还应是一种共生的关系。①教师与家长的交往活动能够沟通学生在家和在校两个时空上割裂的生活世界,而家长和教师交往中的磨合能够推动彼此教育观念和方法的更新,提升双方作为教育者的自觉。②因此在分析中我们着重突出了家长这一要素。

此外,在教育活动的系统中教学媒体和教学内容这两个要素是比较特殊的。

教学媒体的特殊性主要表现在两个方面。首先,媒体是教学结构诸要素中最活跃的因素,其发展变化是最迅速的。从幻灯投影,到电影电视,到多媒体电脑,到互联网络移动网络,不断有新的媒体技术应用到教育中,而新的媒体技术出现往往会改变教育的样态;其次,教学媒体往往不是独立存在的一种要素,而总是根据一定教学设计思想与教师、学生、教学内容等要素联系在一起的,弥散在整个教育情境中,而媒体要素与其他要素结合会呈现出不同的功能:在以教为主的教学设计中,教学媒体是教师教的教学工具,在以学为主的教学设计中它是学生学习的认知工具,同时它还是教学内容的表现工具。③也就是说教学媒体是与教学设计为一体的,而且是与教师、学生、教学内容等是融合的,而媒体和设计恰好是教育技术能力的主要内容。

教学内容也有两点特殊之处。首先,教学内容有一种依附性,教学内容总是依附于一定媒体的,教学内容最后总是表现为书本、课件、网络课程、教育视频等形式的教学媒体。因此,教育活动系统中的教学内容并不是有形的实体,而是由一定媒体包裹的媒体内容,是一种"技术性的过程与资源",这种与媒体结合的教学内容往往以一种分布式的形态存在于教育活动中,成为一种教育媒体环境。其次,教学内容的中介性,教师虽然要与教学内容发生交互,并对教学内容进行设计或进行媒体的呈现,但教师影响教学内容的根本目的是指向学生的,这里教学内容只是教师和学生之间的一个中间环节。

据此,我们可以得到一个教师的教育活动涉及诸种要素组成的结构图(图2.3),而教育技术活动往往表现为在这些要素的互动中出现的教育媒体环境和教育资源。

---

① 杨晓、李松涛:《基于共生理念的家校合作改革构想》,载《教育科学》2013年第5期。
② 黄河清、马恒懿:《家校合作价值论新探》,载《华东师范大学学报(教育科学版)》2011年第4期。
③ 余胜泉、陈玲:《论教学结构的实践意义——再答邱崇光先生》,载《电化教育研究》2005年第2期。

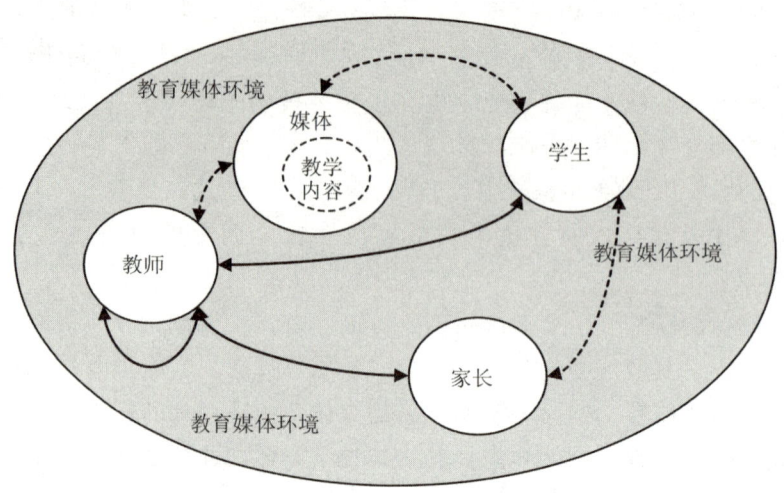

图 2.3　幼儿教师教育活动结构图

由图 2.3 可见，教育技术能力主要体现在教师的教育活动中，涉及教师、学生、教学媒体、教学内容、家长等相关者五个要素，实践中教师的教育技术能力就表现为他与诸要素之间的互动及其与自身的交互中。然而教学媒体要素实际上是弥散在整个教育活动环境中的，任何交互都是教育媒体支持下的互动，所以教师与教育媒体的交互是无处不在的，同时也是没有单独指向的，而教师与教学内容的交互最终也是指向学生的。因此，在教师的教育活动中，教育技术能力的表现行为从指向上看主要有三类，如图中粗线条所示：与自身交互中表现出的行为、与学生间的交互中表现出的行为以及与家长等其他利益相关者交互的行为。在教育部颁发的《幼儿园教师专业标准》中按照幼儿教师的工作内容对幼儿园教师提出了专业能力要求，其中包括环境的创设与利用、一日生活的组织与保育、游戏活动的支持与引导、教育活动的计划与实施、激励与评价、沟通与合作、反思与发展等 7 个方面，① 其实从作用对象上看，这方面能力是分别指向幼儿、教师自身和家长的，而这 7 个方面能力实践都可能会应用到教育技术能力，因此教育技术能力实际上也是指向这三方面主体的。

2. 教育技术能力表现的内容

除了上述作用方向的区分，在能力表现的行为上我们还可以根据教育技术的定义将教师的行为归类为创造、应用和管理等三种类型，这样教师的教育技术行为就是他对自身、学生、其他相关者（家长）在三个方向上的创造、应用

---

① 刘占兰：《幼儿园教师的专业能力》，载《学前教育研究》2012 年第 11 期。

和管理的互动行为。由此我们就初步得到了一个 3 个方向、3 类行为的 "3×3" 的教育技术能力表现结构（如表 2.5 所示），可以据此对幼儿教师的教育技术能力行为表现进行概括。

表 2.5 教育技术能力活动的内容与指向分类

	创造 1	使用 2	管理 3
教师 A	A.1 案例：教师创设个人学习网站，促进个人反思。	A.2 案例：教师使用博客进行教学反思。	A.3 案例：教师阅读、整理网站内容，管理个人知识。
学生 B	B.1 案例：教师创建专题学习网站，供学生课后学习。	B.2 案例：教师课堂上使用课件。	B.3 案例：教师分析比较多个课件，并选择合适的备用。
其他相关者 C	C.1 案例：教师搭建家校互动平台。	C.2 案例：教师使用家校通与家长交流。	C.3 案例：教师邀请家长加入讨论群。

教育技术定义中创设、使用和管理等范畴都是对教育技术实践的一种理论抽象，在实践中人们可能很难具体指明一项单一的实践形式，例如在相关资源与过程的创设中必然包含着使用的考量，而管理实际上是对教育技术领域的研究与实践进行计划、组织、协调和监督的过程，从内容上来看包括项目管理、人员管理、资源管理、管理规划等①，也内在地包含着使用、设计等因素，因此这些能力表现也并非毫无联系。然而，能力模型中的表现层能够涵盖大部分的教育技术实践，并对教师的相关行为进行系统的分类、编码，因此，我们认为这种理论抽象在逻辑上是清楚合理的。

第四节 基于能力模型的幼儿教师教育技术能力的内容与结构

从教育技术能力活动的内容，以及各类内容的基础看，幼儿教师的教育技术能力可以用一种树状结构表示，它是由理论基础、能力本体和能力表现构成的一个整体。从这个模型出发审视现有的"教育技术能力标准"，可以对标准进行另一个视角的解读；而通过模型中各部分结构的分析可以看出幼儿教师教育技术能力的基本结构和主要要素。

---

① 闫寒冰、傅伟：《教育技术管理的历史演进与内涵辨析》，载《电化教育研究》2012 年第 9 期。

一、基于能力模型的"教育技术能力标准"再认识

2004年教育部颁发的"教育技术能力标准"主要体现出要素分析的思路,该标准结构清楚,易于理解且可迁移性强,因此许多研究中对教育技术能力的界定都是建立在该标准所提出的"意识与态度"、"知识与技能"、"应用与创新"、"社会责任"这四个维度上。如果借助本研究提出的树状能力模型的框架,我们注意到,在这四个大的维度中,"意识与态度"、"创新性的应用"以及"社会责任"这三个维度以及维度的一方面实际上属于能力模型中表现层的第二类或第三类能力活动,涉及到树状模型中本体层里的实践性知识的内容;而基本知识与技能则主要涉及本体层中的理论性知识,属于表现层中的第一类能力活动。因此,这四个维度内容的发生、表现都是不同的。

这就要求我们区别分析"教育技术能力标准"中的这四个维度,有意识地把握这种能力内容在涉及知识性质上的差异。这种区别有利于研究者根据内容性质设计研究方法,也便于培训者根据不同部分能力构成的特点设计有针对性的教师教育行动。例如在组织行动提升教师的教育技术能力的活动时,对于理论性知识支撑的能力目标可以通过讲座形式来达到,但实践性知识部分则应关注利于教师反思的教育形式。在科学研究时,如果要调查教育技术能力的意识、社会责任等明显属于实践性知识支撑的能力内容,在研究时就不宜采用直接设问的量表或问卷。

二、基于能力模型的信息技术应用能力标准再认识

2014年教育部颁发的"信息技术应用能力标准"主要体现了一种活动分析的思路,标准概括了大量在中小学教学过程中教师应用教育技术的实践形式,并将这些活动概括为"技术素养"、"计划与准备"、"组织与管理"、"评估与诊断"、"学习与发展"等维度的内容,并从"优化课堂教学"和"促进学习方式转化"两个纵向维度对其中与学生有关的"技术素养"、"计划与准备"、"组织与管理"、"评估与诊断"等维度的内容进行了层次化的阐释。

对比本研究的幼儿教师的教育技术能力模型可以看到,在能力的表现层上这个"信息技术应用标准"是不完整的,幼儿教师的教育技术能力应该表现在面向学生的教学、面向自我的专业发展和面向家长的家校合作等多方主体的互动中,而这里的活动只是概括了教学和自我发展方面,因此在组织幼儿教师参

加以该标准为指导的能力提升项目时，应进一步考虑幼儿教师的特殊性。

此外，该标准的两个纵向维度"优化课堂教学"和"促进学习方式转化"一定程度上也反映了模型中理论性知识和实践性知识的特点。在如何实现"促进学习方式转化"这一个发展性要求上应该借鉴实践性知识生成的相关研究，思考这一维度标准的达成方式。

三、基于能力模型的幼儿教师教育技术能力的基本结构

当前关注幼儿教师教育技术能力特殊性的研究还相对较少，在实践中对幼儿教师教育技术能力的要求往往是直接照搬 2004 年颁的"教育技术标准"。通过互联网来检索对幼儿园教师教育技术能力培训的相关通知或文件，可以看到大多数对幼儿园教师进行的教育技术能力培训是以"教育技术能力标准"为依据，以与标准配套的《中小学教学人员教育技术能力培训大纲》为培训内容的。[①] 而 2014 年颁布的"信息技术应用能力标准"也强调"幼儿园、中等职业学校教师参照执行"。这种立足于中小学教师能力活动涉及的教育技术能力内容并不能涵盖幼儿教师的教育实践。因此我们对幼儿教师应该具备怎样的教育技术能力，应该在活动中表现出那些能力这个问题进行了一定分析，以本研究建构的能力模型为基础，得到一个表征幼儿教师教育技术能力的基本内容的结构图。（图 2.4）

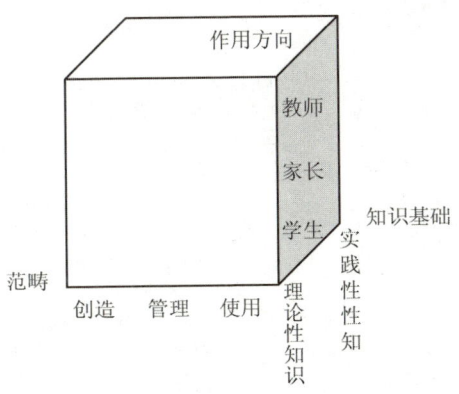

图 2.4 幼儿教师教育技术能力基本内容

---

① 例如，辽宁抚顺顺城区教育局 2009 年组织的面向幼儿园教师的培训就是依照《中小学教学人员（初级）教育技术能力培训大纲》进行的，而 2014 年湖北十堰组织的幼儿园教师培训则将幼儿园教师与中小学老师集中到一起进行培训，培训的主要内容是"教育部中小学教学人员（中级）教育技术能力标准的相关内容"。参见：http：//www.fsscedu.cn/xxjy/bencandy.php？fid＝67&id＝171；http：//www.yxzjedu.cn/wygkcn_ShowArticle.asp？Wygkcn_ArticleID＝3163

借鉴能力模型的结构，可以看到幼儿教师的教育技术能力内容可以由教育技术基本范畴（使用、创造和管理）、教育技术的作用方向（学生、家长和教师自身）以及教育技术能力表现的知识基础（理论性知识和实践性知识）这三个维度进行界定，那么幼儿教师的教育技术能力就有"$3\times3\times2=18$"类能力的活动：例如教师利用QQ跟家长通报孩子在幼儿园的情况就是理论性支持的使用技术与家长联系的能力行为；教师精心做了一个课件反应的就是理论性知识支持的指向学生的创造活动和实践性支持的指向学生的创造活动这两部分的内容。

我们认为，在能力模型基础上的这种结构分类不仅理论上比较清晰，而且也有相当的实践价值。例如，希望通过使用活动分析的思路来确定幼儿教师教育技术能力时可以分别从每一类的能力表现中思考具体有哪些教育技术能力活动，然后可以采用重要性评级的方式确定这些活动是不是主要的教育技术能力；在组织幼儿教师学习以提高他们的教育技术能力时，应考虑如何促使教师从理论性知识支持的能力向实践性支持能力的发展。

第三章 能力模型视角下幼儿教师教育技术能力的现状分析

根据我们的能力模型理解幼儿教师的教育技术能力，这种能力不仅仅包括可以客观描述的知识和操作性的技能，还包括信念、灵感等不易言明的实践性知识，不仅仅表现为一些可以观察的外部行为，更表现为具体教育实践中的创新性的应用。在明确了幼儿教师教育技术能力的主要内容后，我们需要继续追问，在实践中幼儿教师是否把握了各方面的能力内容。这其实就是幼儿教师教育技术能力怎么样的问题。

以本研究中的幼儿教师教育技术能力模型为框架去审视当前幼儿教师的教育技术能力现状（以下简称教育技术能力现状），可能会得到有别于一般视角的结论，而这往往是进一步建构解决问题方略的逻辑起点。

第一节 对教育技术能力现状研究的方法论反思

教师的教育技术能力是教育技术领域和教师教育领域都关注的一个问题，有许多学者对不同类型教师的教育技术能力状况进行了研究。对这些研究进行分析既是一种对历史的回顾，同时也是一种有助于把握理论研究状况的研究，这种元研究对于整体把握研究方向、指导研究的持续发展有积极的意义。近年来，有一些学者进行了这方面的探索，例如李彦敏采用内容分析法对来自CNKI 数据库的 538 篇与教育技术能力相关的论文进行了定量的分析，并从发文数、作者群、文献主题和引文四个方面对这些文献进行了统计[①]，朱书慧也

---

① 李彦敏：《教师教育技术能力学术文献的定量分析》，载《现代教育技术》2012 年第 5 期。

幼儿教师教育技术能力发展：理论与实践

采用数据处理软件对来自 CNKI 数据库中核心期刊的 375 篇文献题录进行了分析，从发文数、作者背景、关键词等角度对相关研究进行了分析。① 这些在文献基础上的研究对于整体把握以往研究的脉络有积极的作用。但是仅就已刊发文献进行针对题录信息分析也存在一定问题：一方面这类研究在分析数据上缺少了对一些未刊发的研究的关注，而这些未发表的研究在数量上可能更多、更能反应一般研究者的研究状况；另一方面这种基于一般题录信息的分析对于把握研究成果的时间分布、作者背景、关键词等比较客观、容易统计的类目比较有效，但对于研究者对于教育技术能力内涵的认识、研究背后的思路等方法论层面的问题往往难以深入。因此，我们拟从另一个角度对教育技术能力研究中的方法论问题进行一定思考，并为本研究的方法选择建立一个理论基础。

一、对问卷进行分析的研究思路

在关于教师教育技术能力现状的诸多研究中，问卷调查是应用最广泛的方法之一。问卷调查是以问卷为工具来收集资料的一种调查方法，② 大部分实证性的关于教师教育技术能力现状的研究都是以调查问卷为工具展开的，而一些没有公开发表的研究也往往进行了基于问卷的调查。在这些问卷中题目的设计中内在地包含了研究者的认识论和方法论，分析发放的问卷，以及这些问卷的题目有利于我们从整体上把握人们对教育技术能力内涵的认识，进而可以看到当前研究的一些不足，明确本研究的方法取向。因此，这里我们试图利用研究者在对教育技术能力研究时采用的调查问卷这一基础性文本对相关研究的方法论进行一定的回顾与反思。

（一）样本选择

由于研究主体的多元与分散，我们很难获得较多的纸质调查问卷，但随着网络技术的发展，加上网络调查特有的调查成本低、时效快、统计方便、保证匿名等特点，网络调查成为许多研究者感兴趣的数据搜集方式。虽然借助网络开展的调查可能存在抽样的非随机性等局限，但还是有越来越多的研究者尝试使用网络问卷调查。而且，因为本研究并不涉及具体的调查个案的研究结果，只是仅就网络调查的问卷的题目本身进行分析，所以选择网络调查问卷为分析

---

① 朱书慧：《2002—2012 年我国"教育技术能力"研究回顾》，载《继续教育研究》2013 年第 8 期。
② 风笑天：《方法论背景中的问卷调查法》，载《社会学研究》1994 年第 3 期。

单元是合理的。另一方面，借助网络开展教育技术能力调查的研究者既有高校等研究机构的专家，也有电教馆等教育技术能力考核培训机构的教师，还有大学里相关专业的学生，他们并不都以发表文章为最终目的，但他们也是相关问题的研究主体，这里的问卷能够反应他们对相关问题的认识，因此网络问卷的调查者更多元，有更广泛的代表性。基于这种考虑，本研究选择了网络问卷作为分析的内容。

网络问卷调查实践中主要有两种发布方式，一种是站点法，研究者依托特定的网站发布并回收问卷，另一种是电子邮件法，通过电子邮件发送问卷。其中网站法是当前实践的主流方法，[①] 虽然有研究表明网络答卷者的特性会明显影响调查结果，例如经常上网者网上的回答会明显区别于不经常上网者，[②] 但借助专业调查网站发布问卷，还是因为成本低、统计方便等原因成为许多研究者的选择，而这种专业调查平台里的问卷往往是开放的，所以最后我们选择了"问卷星"（www.sojump.com）这一专业调查网站上的问卷为分析对象，试图通过对该网站上问卷的分析审视不同研究者对教育技术能力内涵的界定。"问卷星"是国内较早致力于提供自助式在线设计问卷以及相关服务的网站，近年的许多社会研究都使用了这一调查平台，选择该网站保证了我们分析的样本数量较大，代表性较强。

（二）样本预处理

我们在2014年9月在"问卷星"网站以"教育技术能力"为主题词搜索，共检索到公开的调查问卷444个，但是该调查网站规定，如果问卷的内容不完整那么问卷将不在检索页面显示，所以我们无法获得全部问卷。此外，检索到的许多问卷实际上是相关培训活动中用于学员信息搜集、培训效果信息反馈等与主题无关的问卷。在去除无法显示、与主题无关的问卷后，共得到调查问卷98个，虽然这些问卷不能全部打开并浏览其题目，但从检索到的基本信息中就能看到发布时间、调查对象等信息，所以我们选择了这98份问卷作为本研究中进行整体分析的样本。

而要对相关研究的方法论进行分析，则需要对问卷中的文本进行更深入的阅读，因此这里我们进一步选择了公开的问卷中回答数在50份以上的问卷作

[①] 陆宏、吕正娟：《网络问卷调查的规划、设计与实施》，载《现代教育技术》2011年第7期。
[②] Vicente P, Reis E., "The 'frequency divide': implications for internet-based surveys", *Quality & Quantity*. 2013, 47 (6).

为样本，因为回答数较多一般说明相关研究进行的较深入，问卷质量相对更有保证。其中符合要求的问卷有 42 份，除去重复的、不能浏览到试卷题目的以及试卷题目明显与本研究主题不符的之外，共得到可阅读的问卷 15 份。我们对问卷中的问题进行了预处理，主要是将个别矩阵题按题意拆解为多个单选题。如将一个矩阵问题"以下各个软件掌握的程度"拆解为"word 的掌握程度"、"exele 的掌握程度"等多个问题；此外研究还将个别设计不规范的问题在保持原意的情况下进行了处理，如问题"你是否掌握了教育技术的基本理论和基本技术"可以拆分为"你是否掌握了基本理论"、"是否掌握了基本技术"等两个分别考察基本知识和基本技能的问题。最后得到问题 486 个，这 486 个问题还包括了一些询问受访者年龄、性别、年级、专业、职称等基本信息，此外也有一些仅与培训相关的问题，这些问题与本研究的主题无关，因此研究中予以删除，最后共得到与教育技术能力状况有关的问题 278 个，这些构成了我们进一步研究的分析单元。

（三）类目设计

分析类目就是研究中对客观内容分析的维度，是研究中将内容进行分类的标准，它是一个层层隶属的体系。本研究首先将对相关问卷发布的时间分布、问卷面向的教育技术能力的主体等基本信息进行整体的分析，据此勾勒出教育技术能力研究的概貌。

此外，研究还将对样本中回答数超过 50 份的问卷中的具体问题进行分析，通过对抽取出的 15 份问卷进行阅读，我们发现虽然问卷题目的设计有差异、问题表述不同，但这些问卷的基本思路是相似的，所有问卷都是按照意识态度、知识技能等维度的问题，因此我们参照 2004 年教育部颁发的"教育技术能力标准"中"4+14"的框架对试卷中问题背后的思路进行分析，主要是根据问题表述将其归类为意识与态度、知识与技能、应用与创新以及社会责任 4 大类，而这 4 大类的内容又可以具体划分为 14 个小的类目。① 然而在实际调查中我们很难将态度维度下的应用意识、评价与反思等与具体的应用区分开，例如问题"您会在课堂教学中使用课件"既反映了"应用与创新"维度的教学应用，同时也是应用意识的反应。此外，对于社会责任也很难完全将公平、有效、规范等进行区分。因此在类目设计时我们采取了合并的原则，将"应用意

---

① 教育部：《中小学教师教育技术能力标准（试行）》，http://www.pep.com.cn/xgjy/jiaoshi/jydt/201008/t20100827_803018.htm

识"、"评价反思"这两项除去;此外应用与创新部分也按照应用的方向划分为面向教学的、面向个体发展的和面向合作交流 3 个维度,最后得到一个包括 4 个一级指标、8 个二级指标的类目框架,如表 3.1 所示:

表 3.1 内容分析类目表

一级指标	二级指标
A. 态度与意识	A1 重要性认识;A2 终身学习
B. 知识与技能	B1 基本知识;B2 基本技能
C. 应用与创新	C1 教学应用;C2 科研与发展;C3 合作交流
D. 社会责任	D1 伦理与健康

(四)编码与数据统计

为保证研究的信度,笔者邀请了两名教育技术专业的研究生共同对问卷的具体题目进行编码,在他们熟悉了类目设计后,请他们共同对样本中的题目进行编码,当二人出现不一致或存在疑问时,笔者与其讨论并达到认识上的一致。

对编码后的数据,研究采用 Excel 软件对相关信息进行具体的数据整理与统计。

二、对问卷的分析结论

(一)调查的整体情况分析

1. 问卷发布时间分析

检索到的全部 98 个问卷时间跨度从 2009 年到 2014 年(数据截止到 2014 年 10 月),其中 2009 年的问卷有 4 个,2010 年的有 6 个,而从 2011 年到 2014 年问卷数量基本都有 20 多个,具体时间分布如图 3.1 所示。

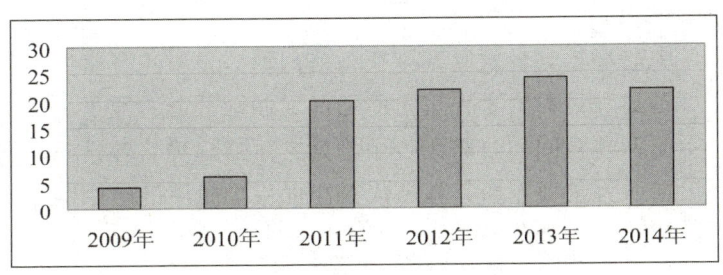

图 3.1 网络调查问卷发布时间分布

由于该调查平台规定了检索时不显示没有代表性的问卷,所以较早的一些调查数量可能会有缺失,但仅从2011年到2014年的状况看,对于教育技术能力的研究实际上并没有呈现出明显减少,这与一些基于期刊发表文章时间分布的结果稍有不同。①虽然在公开发表的文献上对教育技术能力研究的热度有所降低,但在实践中研究者对这个问题的关注并没有降低。另一方面这也说明由于"教育技术能力"的情境性以及内涵的复杂,人们很难找到一个符合很多人的教育技术能力发展状况的描述,因此,研究者不得不基于特定对象、在特定时间进行特定的调查。

2. 教育技术能力主体分析

对不同主体的教育技术能力要求是不同的,2004年颁布的标准就分别从教师、管理者以及技术工作者等方面对不同群体提出了不同要求,实际上与教育技术能力相关的主体有更多的类别,因此在研究中,研究者往往对特定对象进行针对性的调查。在检索到的问卷中,主要是针对中小学教师(问卷41份)以及师范生(问卷30份)教育技术能力展开调查的,还有特别对教育技术专业学生(问卷12份)和参加短期培训的教师(问卷9份)进行调查的,也有个别调查是面向高校教师(问卷3份)和幼儿园教师(问卷3份)。而且这些问卷往往有更具体的调查对象,例如对中小学教师的就有面向薄弱学校教师的、面向中职学校教师的,学科教师的,专门面向某省、某市教师的等,而师范生也有顶岗实习师范生、某专业师范生的区分,还有一些研究对特殊学校教师、教育硕士、远程教师等特殊群体的教育技术能力进行了针对性的调查。教育技术能力主体的具体分布如图3.2所示。

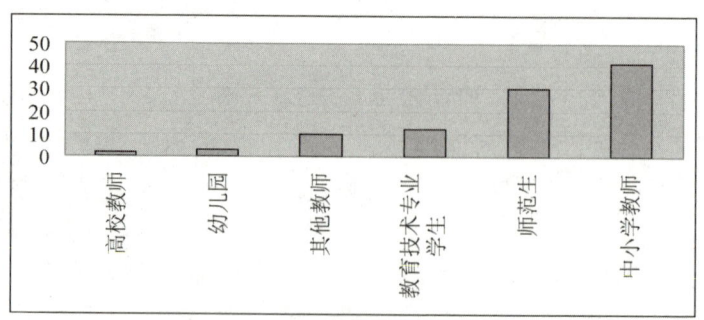

图3.2 不同问卷的教育技术主体分布

---

① 李彦敏:《教师教育技术能力学术文献的定量分析》,载《现代教育技术》2012年第5期。

第三章　能力模型视角下幼儿教师教育技术能力的现状分析

从心理学上来看能力是一种个体的特质，在实践中专业能力也是面向特定群体的，因此这种对教育技术能力主体的细分实际上是研究深入的标志，但是也可以看到，在不同类型能力主体的研究数量分布上，针对幼儿教师进行调查的相对较少。

(二) 调查问卷的内容分析

1. 态度与意识调查的基本情况

教育技术意识是教育技术能力的前提，只有相信教育技术能在教育的诸多方面起作用，才可能去主动发展自己的相关知识和技能，并在实践中应用教育技术。

对教育技术态度的调查问题共有 28 个，约占总问题数的 10.1%，比例相对较低，而且相关问题大部分是编码为 "A1" 的关于教育技术的重要性设问（26 个），而编码为 A2 的关于教育技术能力帮助终身学习的设问仅有 2 个。对于态度问题在问卷中的这种分布形式，一方面可能是因为调查者认识到问卷往往不是一个很好的调查态度的形式。由于中国人的心理存在较大的不对外公开的区域，这类心理区域的存在可能会导致答卷者掩饰自己的态度，① 这也使得一些研究者在对教育技术态度的问题在设计之初就能预测到其答案，而如果调查的现象是一种"大概率现象"，那么对于描述调查来说就仅仅是查明了一些尽人皆知的情况，还不如不调查②。因此一些问卷仅设置少量的关于态度的问题，这些问题并非一定要统计出对重要性的认识等，只是保证问卷结构的完整，这是态度问题调查数量较少的原因之一。另一方面，由于研究者对教育技术态度意识认识的不全面，所以很多问卷没有把教育技术支持个体终身学习的理念视为一个教育技术意识和态度的重要内容，在问卷中体现极少。

2. 知识与技能调查的情况

教育技术的知识和技能是教育技术能力的基础，有相关的知识和技能才可能在教育的各个领域实践教育技术。

对知识技能的调查问题（编码为 B）共有 124 个，占总问题数的 44.6%，其中涉及理论基础（编码 B1）的提问有 49 个，而与技能相关的（编码 B2）

---

① 李强：《"心理二重区域"与中国的问卷调查》，载《社会学研究》2000 年第 2 期。
② 黄盈盈、潘绥铭：《社会学问卷调查的边界与限度——一个对"起点"的追问与反思》，载《学术研究》2010 年第 7 期。

有 75 个。在分析中我们发现，许多问卷的问题中对于基础知识的设问往往比较宽泛，问题的形式主要是"你是否熟悉教育技术的理论基础"、"你是否掌握了教育技术的基本概念"等较粗略的方式，而对于基本技能的设问则比较具体。典型的问题有"你是否熟悉某某软件"等，而且许多试卷中的问题对具体的投影仪、计算机、word、Excel、PowerPoint 等操作均做出了细致的提问。这反映了单纯的信息技术更容易操作化，同时也一定程度上反映出研究者对教育技术能力中的基本技能的关注。

3. 应用与创新调查

教育技术的应用是教育技术能力的直接表现，有在具体情境下的使用才能真正说明具备了教育技术能力，从教育技术应用的方向看，可以分为应用于教学，应用于教师个体专业发展和应用于师生、教师家长的互动交流等三个方面。研究分别从这三个维度对问题进行了细分。

在样本问题中涉及应用的问题项（编码为 C）共有 121 项，占问题总数的 42.1%，这说明研究者普遍比较认同能力应该体现在创造性的应用中，并希望通过实际使用的考察来评价不同主体的教育技术能力。然而在更进一步的分析中，我们发现在应用类目下的二级指标是不平衡的，多数的问题指向了"C1 教学支持"（共涉及有 82 个问题），典型的问题是"你在教学中使用那些设备"、"在教学中是否经常使用多媒体课件"、"是否会使用搜索引擎获取教学资源"等；还有 31 个问题关注的是"C3 合作交流"，但这里主要强调的是教学意义上的师生交流，而对于与同事、学科专家等进行专业发展意义的交流关注很少；编码为"C2"关于促进教师科研与专业发展的问题仅有 8 个。这种现象可能与分析样本有关，由于本研究以答卷数对整体进行了筛选，这样会抽取出较多面向学生的问卷，而对没有教学经验的学生调查往往也不大会关注科研与专业发展方面的内容；但这也在一定程度上反映了人们对教育技术能力应用内涵关注的偏失，教育技术能力主要体现到了教学方面，而忽略了技术促进专业发展等维度的内容。

4. 社会责任调查

公平、有效、安全、规范地使用信息技术是教育技术应用的目标和方向，这反映了教育技术使用者的社会责任，是教育技术能力的重要组成，但是在关于教育技术能力的调查中却很少有问题涉及这部分内容。在抽取出的 278 个问题中，仅有 5 个问题与这个维度相关，这一方面说明我国教育技术应用水平上整体仍处于起步阶段，研究重点仍在于一般的推广，但也反映了社会责任是一个比较难以操作化的概念，较多地体现了教师的实践性知识，因此在问卷设计中很难设计出能够反映社会责任的问题项。

三、教育技术能力状况问卷调查的反思

通过对教育技术能力研究调查的问卷分析，可以看到问卷设计者对教育技术能力问题的整体思路，对这些问卷及具体的问题进行审视也能看到当前存在的一些问题，而问题本身则可能预示着相关研究发展的可能方向。

（一）研究缺乏对教育技术能力主体差异性的关注

以往人们对教育技术能力探索往往是在一个群体意义上进行的，研究者倾向于把教育技术能力看作一般教师拥有的内容相似的能力，因此，诸多调查都是围绕教师、师范生、教育技术专业学生等一般群体展开的，对不同教师之间的能力差异关注较少。但是能力总是在一定场域中表现出来的，这就意味着不同主体可能有不同的教育技术能力标准。从教师发展角度看，教师的统一指称背后其实是许多明显不同的变量群，[①] 例如，幼儿教育中为幼儿的健康考虑，多媒体、课件、视频等话语可能未必都适合幼儿的学习，那么将幼儿教师的教育技术能力等同于一般基础教育领域的教师就是不合理的。虽然，在2004年颁布的"教育技术能力标准"中，研究者将教育技术能力的主体对应为中小学教师的教学人员、教育管理者、技术人员，但上述三分可能还是粗糙了些，因此，从横向上看面向幼儿教师、特殊教育教师、农村教师、职业教师、高等教育教师等不同群体的教育技术能力研究应该成为进一步探索的方向。

（二）研究对教育技术能力作用方向的多样化关注不足

从语词结构上看教育技术能力的上位概念是教育技术，然而教育技术并不仅仅是课堂教学中辅助教、辅助学的媒体应用，而是指向整个教育领域的。仅从技术的作用的方向看，它可以指向教学，帮助教师有效传递教学内容，又可以指向学生，帮助学生有效学习；同时其又指向教师，促进教师专业发展；也可以指向家长以及社会其他利益相关者。教师利用博客促进个人的反思，利用通讯工具与学科专家沟通提高自身科研水平，利用信息技术与家长互动联系等，是教育技术的体现。相应的教育技术能力的维度也不仅仅

---

① 朱旭东、宋萑：《教师培训核心要素的"对象变量"群》，载《教师教育研究》2014年第1期。

是教学，一个具有教育技术能力的教师应该在自己的实践领域中以合乎伦理的方式应用理论和技术来促进教学，促进个体发展，促进其他社会主体对教育的理解。因此，从纵向来看，除了继续关注面向学生、面向教学的教育技术能力维度，对教育技术促进教师专业发展，促进教师科研水平提升，促进教师与学生、家长、专家等不同主体的对话等维度的关注也应成为教育技术能力的重要体现。

（三）对实践性知识支持的能力调查难以胜任

教师教育技术能力的现状是发展教育技术能力的基础，以往对此的研究常常采用客观的调查的方法，调查者站在实践场域之外审视现状，评估不同主体的教育技术能力。但是人们对教育技术能力的意识、教育技术理论的把握以及人们对教育技术社会责任的关注等许多维度的教育技术能力是客观的问卷调查所不能胜任的。

教育技术能力树状模型表明教育技术能力是一个综合了基础层、本体层和表现层的复合结构。基础层虽然是能力发展的基础，但相关理论隶属于不同学科，而这些学科的核心范畴与教育技术学科的研究范畴有较大差异，因此研究者在实践中较少以其作为教育技术能力评价的主要内容。[①] 表现层是教育技术能力在实践中的具体应用行为，是能力的直接体现，但是由于行为的多样性，研究者较难对教师所有涉及教育技术能力的行为进行概括，而且仅仅就外部的行为表现进行考察，虽然客观，但容易忽视行为背后的更深刻的动机、理念等因素。例如，两个老师同样使用智能手机或平板电脑来支持备课，这是一个可以直接概况为客观问题的行为，问卷设计者可以问"你是否使用智能手机或平板电脑来支持备课"并要求教师选择是"经常"还是"偶然"或是"没有"，但仅仅凭借这个外部行为判断在这一点上两个老师有相同的教育技术能力显然是不够的，因为在使用媒体这一共同行为背后的对媒体的信念、动机、使用目

[①] 在一些对教育技术能力现状进行调查的问卷中，也有研究者会设计一些关于基础层的问题，如"你是否了解系统理论"、"是否熟悉行为主义、认知主义、建构主义等学习理论"等等，这里问题设计往往是归类为教育技术基本知识的，然而从学科归属看系统理论、学习理论等显然不是教育技术学科的，相应的对这些理论的把握也不应算作教育技术能力的本质表现。

第三章　能力模型视角下幼儿教师教育技术能力的现状分析

标等都是这个问题所难以反映的。①

根据我们构建的能力模型，能力的本体层是一个包含理论性知识和实践性知识的综合体，对于可编码、可量化的理论性知识可以将其操作化为系列客观问题，但对于实践性知识的考察则需要考虑新的方法。能力是体现在行动中的一种个体特征，是个体在与环境的互动中体现出来的一种特质，因此超越"客观"的调查，强调现场参与的质性研究应该成为教育技术能力研究的一种主要方法。

第二节　对幼儿教师教育技术能力现状的调查研究

分析了最常使用的问卷调查的使用状况和问题，可以明确本研究应该使用的方法。本研究的一个主要目的是探索促进幼儿教师教育技术能力发展的可能路径，而幼儿教师教育技术能力现状是策略构建的基础。鉴于以往研究对幼儿教师这一特殊群体的教育技术能力关注不多，而且以往研究可能更容易从理论性知识维度概况幼儿教师的教育技术能力，因此本研究拟对构成能力的理论性知识和实践性知识进行调查，进而对幼儿教师的教育技术能力的状况有一个全面的把握。

---

① 这个问题是"中小学教师信息技术应用能力诊断测评工具"里应用能力问卷中的一个题目。该评测工具是由教育部教师工作司委托工程办组织专家开发的，工具集成了一套在线问卷和针对问题回答的分析系统，其中问卷由82个有关信息技术应用的问题组成，而分析系统能够根据问卷的问题回答生成诊断报告，并对评测结果以可视化的方式呈现，进而对受测者给出学习建议。因为该诊断工具设计的依据是"中小学教师信息技术应用能力标准"，而该标准以教师的实际工作对信息技术应用能力进行了"计划与准备"、"组织与管理"、"评估与诊断"等维度的划分，所以该问卷的问题也是根据教师的工作设计的，许多问题设计针对的是本研究中"表现层"的内容，即利用表现层进行个体能力状况的考察。由于这种设计的一个主要考虑是对信息技术应用能力进行全员测评，因此需要选择"教师网上自评"的形式，相应的，问题设计也就应该选择利于外部观察的技术应用行为，这使得对信息技术应用能力的调查是从表现层入手的，然而，尽管这套评测工具涵盖了许多中小学教师的信息技术应用行为，但教育技术能力显然并不仅包含信息技术行为，例如一个"技术控"可能会在这个问卷中得到一个较好的评价，但我们并不能就此认为这个信息技术达人一定是个教育技术高手。因此，教育部也特别强调，要"通过案例开展情景测评……开发适合本地实际的测评工具"。参见教育部：《关于实施全国中小学教师信息技术应用能力提升工程的意见》，http://www.moe.edu.cn/publicfiles/business/htmlfiles/moe/s7034/201311/159042.html；全国中小学教师信息技术应用能力提升工程执行办公室：《中小学教师信息技术应用能力自评工具》，http://www.nltsgc.cn/HSDTesting/

一、调研的基本思路

教育技术能力本体层是由理论性知识和实践性知识这两类不同性质的知识构成的，对于理论性知识我们可以比较方便地使用问卷等工具进行大范围的考察，而对于实践性知识则较难设计题目，本研究拟采用关键事件分析法进行相应分析。

（一）基于问卷的调研方法

问卷调查是考察教师教育技术能力状况最常用的方法，虽然针对幼儿教师的调查不多，但对于师范生、中小学教师等主体的相关调查有很多，这些相关研究的问卷设计为本研究提供了较好的参考。在本研究中，笔者以"教育技术能力标准"为依据，结合幼儿教师的特点，从基本信息、教育技术的硬件条件、教育技术知识与技能、基本应用、先前理论学习情况等五个方面设计了调查问卷，（表3.2）为保证问卷中问题描述的准确性，我们参考了已有的应用比较广泛的教育技术能力状况问卷的问题，在对问卷进行测试后，对个别描述进行了调整，最后形成了关于幼儿教师教育技术能力的调查问卷。（附录3）其中对于幼儿教师教育技术能力的调查，主要从两个大的维度进行考察，其下又包括5个子维度，每个子维度下包括两个问题项。（表3.2）。

表 3.2 教育技术能力调查问卷指标体系

维度	子维度及题号
知识与技能	基本知识：9，10
	基本技能：11，12
教育技术应用	教学应用：13，14
	专业发展应用：16，17
	家校合作应用：18，19

教育技术能力是教师在一定媒体环境中表现出来的个性特征，因此尽管学校环境并不是教师能力的组成部分，但对教师所在学校的外部环境进行初步考察也是必要的，因此问卷对基本硬件环境也进行了一定考察。

上一节的分析表明，在一般调查问卷的设计中对于教育技术能力体系中意识与态度以及伦理责任维度的问题相对数量较少，这种现象不是因为问卷设计者认为意识与态度以及伦理责任这两个维度不重要，而是研究者较难对这两个

第三章　能力模型视角下幼儿教师教育技术能力的现状分析

维度设计问题，对态度进行基于问卷的调查很难避免测量的偏差。心理学的研究表明，对态度进行测量时，被试会根据数量原则来回答问题，即只提供对方似乎感兴趣的信息①，因此，可以预先判断当被调查者被问及"是否同意教育技术能力是教师的一项重要能力"这个问题时，大多数人会给出肯定的答案，而这样的回答可能意义不大，因此本研究中没有对这个维度设计问题，而是要结合教师的具体行为分析这方面的能力表现。

与之相似的是，调查问卷中关于"应用与创新"维度里创新方面的问题也同样很难设计，所谓"创新"是超越传统、超出常规的，甚至一些创新是建立在超常型的缄默知识基础上的超范式、原始性的创新，②而问卷设计显然很难提前就这些创新性的应用进行预设，因此在"应用与创新"这个维度的状况调查时，创新往往被一般的应用所代替。笔者认为，创新性的应用往往反映了教育技术能力本体层的实践性知识内容，由于实践性知识的个性化和实践性，人们很难将这类知识操作化为一个有固定选项的问题，因此，本研究试图采用关键事件法对这类能力进行分析。

（二）基于关键事件分析的调研方法

如果一个教师具有教育技术能力，特别是如果有能力本体层的实践性知识，那么他就可能在一些较复杂的教育事件中应用他的实践性知识，在行动中表现出表 2.4 中的第二类、第三类教育技术活动，进而影响教育事件的走向。另一方面如果某个教师在行动中应用了实践性知识，用创新性的方式解决了教育事件时，这个事件往往会给教师留下较深的印象，成为一种关键事件，分析这个关键事件中教师的行为，就可能透视出教师的教育技术能力。

作为一种研究方法，③ 关键事件分析技术（Critical Incident Technique，CIT）是美国心理学家弗兰纳根（Flanagan）在 1954 年提出的一种观察人类

---

① 刘小平：《态度测量偏差研究》，载《心理科学》2000 年第 3 期。
② 涂舒：《直觉式创新：内涵、行为机制及适应性效率分析》，载《科技进步与对策》2012 年第 19 期。
③ 在教育研究中，关键事件更普遍被视为一种促进教师专业发展的方式，"关键事件是教师生活中的重要事件，它既可以是某一件事，也可以是某一类型事件的集合"，该事件处理过程中教师选择了某种特定行为，行为的结果可能是积极的，也可能是消极的，但无论行为结果怎样，这种行为都可能影响这些教师的发展方向。由于这里的关键事件是过往的行为，而且事件可能比较微妙，所以教师本人可能会忽视这些事件，因此管理者要引导教师思考关键事件，发现其中的教育智慧，实现教师的专业发展。参见母远珍：《幼儿园骨干教师专业成长过程中的关键事件》，载《学前教育研究》2011 年 4 月；刘翠富、李利鑫：《关键事件对初任教师成长的影响分析》，载《现代中小学教育》2012 年 10 月；贾宗萍：《抓住"关键事件"引领教师专业成长》，载《上海教育科研》2013 年第 6 期等。

行为的一系列程序,它要求受访者讲述与研究主题相关的关键事件,研究者对这些事件进行内容分析,探索关键事件背后的核心要素。由于该方法内容上包括了真实的情境,分析方法上体现了定性与定量的结合,因此在许多领域得到了广泛的应用,在胜任力研究中普遍采用的行为事件访谈(Behavioral Event Interview,BEI)也是麦克利兰在关键事件分析的基础上研发出来的,其核心也是关键事件分析技术。关键事件分析一般包括3个主要环节:首先是收集数据,即请受访者讲述与研究主题相关的关键事件,介绍讲述工作中印象较深的正面或反面的事件;其次是分析数据,研究者要对收集到的关键事件进行内容分析,探索事件背后的核心要素并进行归类编码;最后是归因或总结,根据内容分析的结果分析影响关键事件发生的因素,并思考如果通过这些因素对事件进行预测或控制。

因为关键事件分析技术的根本目的是从复杂的行动中提取出主要影响因素,所以关键事件往往要有多个,而且对关键事件的描述要尽可能详细。例如,胜任特征分析一般会要求受访者分别讲述三件成功的事件、三件失败的事件,并通过对绩优者和绩效一般者在这些事件中的行为比较,找出使绩优者优秀的因素。因此关键事件的描述不能预先设定范围,而且尽量多的访谈时间往往是研究有效的一个必要条件。所以,在一般关键事件分析中,往往要求研究者对受访者进行面对面的访谈,并通过录音笔等工具记录关键事件,然后将录音材料转为文字材料并进行相应的编码。①但是本研究并不是要从行为中抽取影响因素,而是就事件本身对幼儿教师的教育技术能力状况进行评价,因此本研究限定了教师只讲述与教育技术相关的事件即可,这样就不需要个体教师做特别详细的描述,可以借助问卷中的开放问题这一形式获得相关数据。因此,本研究将关键事件分析的数据收集工作集成到了问卷中,在问卷设计时,我们将最后一个问题设为一个开放问题,要求受访的幼儿教师用文字描述她在教学、个人学习或者与家校合作等教育实践中做的最成功的一件或几件事。在调查问卷设计中,需要答题者大篇幅书写的问题可能得不到应答,为了保证问题得到回应,在问题设计上我们将这道开放问题列在最后,并在题目中着重对问题的重要性和回答形式进行了说明,而且该问题单独占据调查问卷的一页,突出了这个问题的地位;在发放问卷时,也请试卷发放者特别说明了最后一个问题的意义。

---

① 徐建平、张厚粲:《中小学教师胜任力模型:一项行为事件访谈研究》,载《教育研究》2006年第1期。

对事件的分析也将立足在教育技术能力方面,我们认为如果教师有较强的教育技术能力,那么在实践中对教育技术媒体的应用就会有多种形式,信息技术与课程教学的结合会更紧密,教育技术应用的效果可能会更突出。因此研究主要对关键事件中教师应用教育技术能力的形式、教育技术能力作用的方向、效果等进行分析,并据此对一般幼儿教师的教育技术能力进行一个定性的分析。

(三) 数据的收集与整理

为分析幼儿教师教育技术能力状况,研究者在 T 市和 J 市发放了调查问卷,其中 T 市问卷发放是借助一次对市内幼儿园骨干教师的培训机会进行的,涉及的幼儿教师都是市区内办学条件较好的公办幼儿园,而 J 市的问卷发放则是选择了 5 所位于市区内办学条件较好的幼儿园。其中,T 市发放问卷 148 份,J 市发放 73 份,共发放问卷 221 份,回收得到有效问卷 206 份,问卷回收率为 93%。通过问卷中基本问题的数据分析可以看到:206 个调研对象均为女性,而且均有专科以上的学历,而且这些教师工作的幼儿园整体上有较好的教育技术基础设施:其中所有教师都能用到连接网络的电脑,而幼儿园教室里有大屏幕电视的教师有 182 个,有家校通平台的教师有 135 个,样本教师中 186 名教师表示曾经系统学习过教育技术的相关课程,约占教师总数的 90%。

本研究中样本的选择主要采取了方便取样的方式,样本教师往往是接受过系统学前教育的优秀教师,所处的幼儿园也是有较好教育技术环境的幼儿园。虽然从幼儿园硬件环境、教师学历、教育经历等基本信息看,本研究的调查样本教师属于当前幼儿教师群体中比较突出的部分教师,不能代表当前所有幼儿园的水平,但本研究旨在分析幼儿教师的教育技术能力的发展问题,而能力是教师内部的一种心理品质,能力的发展也应排除外部资源、环境的影响。我们认为,如果探讨的教育技术能力主体是一所学校,那么学校的教育技术能力或信息化水平应该包括硬件环境等,而这方面能力的发展与提升更多是一种宏观政策层面的问题,而幼儿教师的教育技术能力主体是教师,他的教育技术能力的发展主要是微观的教师教育层面的问题,因此本研究选择有条件表现、应用教育技术的幼儿教师是合理的。此外,随着国家对学前教育的重视,随着幼儿园办园的规范,这种"合格"的幼儿园里有较好资质的教师将会是未来大多数幼儿教师的主体,对这部分教师的教育技术能力状况分析会代表未来一段时间大部分幼儿教师的状况,因此,本研究对这部分教师的教育技术能力予以特别关注是合理的,而且有一定的前瞻性。

对回收的问卷中客观问题部分,我们整理数据后,使用 SPSS16 进行了数据分析,对于用来进行关键事件分析的开放问题,研究先将所有回答录入到 word 中,再仔细阅读幼儿教师自述的应用教育技术的典型案例,对案例进行编码分析。

二、问卷调查的结果与分析

在对结果正式分析前,我们首先对问卷调查的可靠性进行了检验。在问卷的一致性信度方面,我们分别统计了问卷中表 2.3 所示 5 个子维度项目相近题目回答的一致性以及总问卷的 α 系数,结果表明各子维度项目的一致性程度较好,问卷总体 α 为 0.88。在问卷效度方面,我们对教育技术能力涉及的上述 5 个子维度共同进行了结构效度的检验,检验结果 KMO 检验值为 0.857,而 Bartlett 球形度检验显著度小于 0.05,说明检测变量间有相关性,调查问卷的结构效度较好。因此问卷能够满足本研究测量的要求。

(一) 幼儿教师教育技术知识技能现状的描述性分析

在问卷整体可靠性检验的基础上,我们对数据进行了描述性统计分析,对幼儿教师的教育技术知识、技能、各方面的应用等进行了统计,统计指标包括平均值和标准差。

表 3.3 幼儿教师教育技术知识与技能情况表

	均值	标准差	偏度	
			统计量	标准误
基本理论	3.66	.650	−1.133	.169
设计知识	3.73	.596	−1.223	.169
基本操作	4.03	.575	−.464	.169
课件制作	3.91	.603	−1.854	.169

教育技术相关的知识与技能是教育技术能力的基础。有研究认为,知识与技能层面的教育技术能力主要表现在基本知识、教学设计、教学媒体和教学资源等多个方面。① 由表 3.3 可见,幼儿教师整体对教育技术的基本理论已经有了一定程度的了解,而对于教学设计的一般方法也有较好的把握,在技能操作

---

① 郑燕林、李卢一:《中小学教师教育技术能力发展现状调查与分析》,载《课程·教材·教法》2010 年第 10 期。

第三章 能力模型视角下幼儿教师教育技术能力的现状分析

上幼儿教师表现最好。按照五级量表的形式赋分,可以看到在教育技术理论和基本技能的各个方面,幼儿教师各维度能力的均值均超过了3,而对于计算机的一般操作的分值达到了4.03,这说明受访的幼儿教师在知识技能方面普遍有较高的自我认同。

2011年教育部颁布的教师教育课程标准中,教育部明确将现代教育技术应用作为一个建议开设的课程模块用于幼儿园职前教师的培养,而在实践中,政策的落实也比较到位,在各个高校的学前教育专业的课程体系中,一般都有教育技术的相关课程,因此,可以预见未来幼儿教师在教育技术的基本知识和基本技能方面会有更好的表现。

(二) 对幼儿教师教育技术应用现状的描述性分析

教育技术应用是能力模型中表现层的主要内容,从作用方向上包括教师在与学生、家长以及自身的交往活动中使用教育技术的情况,对此我们进行了描述性的统计,最终结果如表3.4所示。

表3.4 幼儿教师教育技术的应用状况的描述统计

应用内容	均值	标准差
应用设计	3.48	.622
应用资源	3.43	.594
登录学习网站	2.48	.630
博客	1.98	.780
与家长分享经验	2.98	.508
与家长沟通	2.50	.653

由于具体的应用不存在模糊不清楚的情况,所以在应用问题项的赋分上,我们采取了4级赋分的方式,经常使用赋4分,而从来不用赋1分。由表3.4可以看到,幼儿教师在教育技术应用的方向上呈现出一定的不均衡,大多数幼儿教师都能在教学中应用教学设计的理念和方法,使用一般的媒体资源,在与家长的沟通中虽然也比较普遍的应用到了微信、QQ等信息工具,但应用的并不频繁,在专业发展方面教育技术的应用则更少,大多数幼儿教师较少访问相关学术网站,也较少使用博客、个人空间等进行教学反思。

此外,在一项关于在教学中应用哪种类型媒体的问题调查表明,数码相机、多媒体电脑和摄像机是幼儿教师应用最多的媒体类型,而在一般中小学教师日常教学中，多媒体电脑、投影仪往往是教师应用最多的媒体，[①] 这也在一定程度上反映了幼儿教师教育技术能力的特殊性。

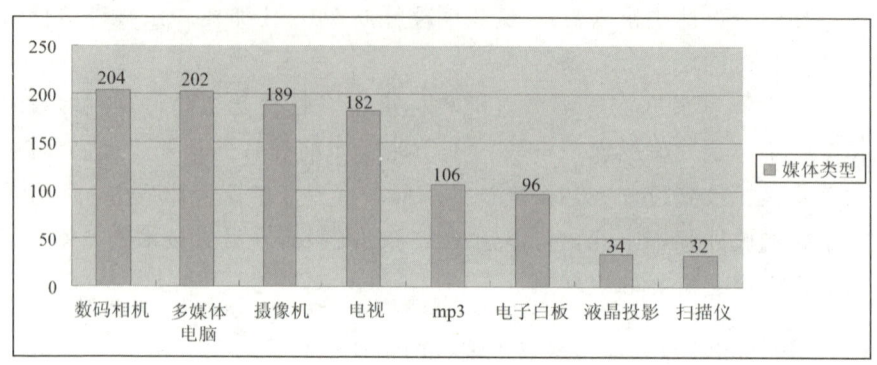

图 3.3　幼儿教师使用媒体类型图

（三）幼儿教师教育技术各能力维度的差异性分析

1. 先前课程学习对于教育技术能力的影响

在进行了基本型的描述分析后，我们希望进一步确定先前的课程和培训对于教育技术能力各维度的发展是否存在影响。对于先前学习课程对能力维度各个指标的影响，我们采用了比较均值的单因素 ANOVA 检验，结果如表 3.5 所示。

表 3.5　课程学习对于能力各维度影响的单因素 ANOVA 检验

		平方和	df	均方	F	显著性
基本理论	组间	21.952	1	21.952	69.348	.000
	组内	64.577	204	.317		
	总数	86.529	205			
设计理论	组间	5.795	1	5.795	17.650	.000
	组内	66.982	204	.328		
	总数	72.777	205			
基本操作	组间	24.116	1	24.116	112.555	.000
	组内	43.709	204	.214		
	总数	67.825	205			

---

① 郑燕林、李卢一：《中小学教师教育技术能力发展现状调查与分析》，载《课程·教材·教法》2010 年第 10 期。

续表

		平方和	df	均方	F	显著性
课件制作	组间	5.776	1	5.776	17.163	.000
	组内	68.651	204	.337		
	总数	74.427	205			
应用设计	组间	20.340	1	20.340	70.280	.000
	组内	59.039	204	.289		
	总数	79.379	205			
应用资源	组间	9.004	1	9.004	28.969	.000
	组内	63.404	204	.311		
	总数	72.408	205			
访问学习网站	组间	8.170	1	8.170	22.766	.000
	组内	73.209	204	.359		
	总数	81.379	205			
博客	组间	11.387	1	11.387	20.468	.000
	组内	113.492	204	.556		
	总数	124.879	205			
与家长分享经验	组间	12.823	1	12.823	65.305	.000
	组内	40.056	204	.196		
	总数	52.879	205			
家长交流	组间	8.962	1	8.962	23.277	.000
	组内	78.538	204	.385		
	总数	87.500	205			

如表3.5所示，在教育技术能力维度的10个指标中，显著度均小于0.05，说明先前课程学习对能力各个维度都有比较显著的影响，也就是说系统学习过教育技术课程的幼儿教师与没学习过的教师在这些能力行为中表现出比较明显的差异。

2. 职后培训学习对于教育技术能力的影响

在调查中，也有近90%以上的教师表示学校里组织过教育技术相关的培训，这种职后的学习对于教师教育技术能力的这些维度中可能也有所反应，因此，我们以培训为自变量，以能力维度的各个指标为因变量进行了单因素的ANOVA分析，结果如表3.6所示。

表 3.6　园内培训对于能力各维度影响的单因素 ANOVA 检验

		平方和	df	均方	F	显著性
基本理论	组间	32.625	2	16.312	61.432	.000
	组内	53.904	203	.266		
	总数	86.529	205			
设计理论	组间	15.058	2	7.529	26.480	.000
	组内	57.719	203	.284		
	总数	72.777	205			
基本操作	组间	26.260	2	13.130	64.125	.000
	组内	41.565	203	.205		
	总数	67.825	205			
课件制作	组间	35.020	2	17.510	90.199	.000
	组内	39.407	203	.194		
	总数	74.427	205			
应用设计	组间	24.790	2	12.395	46.095	.000
	组内	54.588	203	.269		
	总数	79.379	205			
应用资源	组间	11.640	2	5.820	19.443	.000
	组内	60.767	203	.299		
	总数	72.408	205			
访问学习网站	组间	18.168	2	9.084	29.174	.000
	组内	63.210	203	.311		
	总数	81.379	205			
博客	组间	32.090	2	16.045	35.102	.000
	组内	92.789	203	.457		
	总数	124.879	205			
与家长分享经验	组间	19.111	2	9.556	57.445	.000
	组内	33.767	203	.166		
	总数	52.879	205			
家长交流	组间	6.962	2	3.481	8.775	.000
	组内	80.538	203	.397		
	总数	87.500	205			

由表 3.6 我们同样看到,园内经常培训的教师和偶尔培训的以及没有培训的教师在能力的各个维度的显著度均小于 0.05,说明培训对于这些基本知识

和基本技能的掌握有明显作用。

由表 3.5 和 3.6 可见，由主要由理论性知识支持的幼儿教师教育技术能力活动在基本知识和基本应用这两个大维度，在 10 个具体的评价指标中都明显受系统教育技术课程学习和园内组织学习的影响，这说明在这些理论性知识支持的教育技术能力中，现有的职前的教育技术课程、职后的培训是有效的。但进一步结合表 3.4 中教师表现出的在应用教育技术方向上的不均衡，我们认为在相关课程的教学中应该结合幼儿教师的工作特点专门加入关于信息技术支持家园合作、信息技术支持教师专业发展的内容。

三、关键事件分析的结果与深层思考

由于问卷中预设答案的题目只能对教育技术能力体系中的客观知识和技能进行考察，不能很好和评价教师教育技术能力本体层的实践性知识部分，而且封闭式问卷只能对常规的教育技术应用设计问题，而无法涵盖教师对教育技术的创新性应用。因此，本研究设计了一个开放性的问题，请教师描述其印象最深刻的一次应用教育技术的经历，希望通过这种关键事件的分析看到幼儿教师在应用教育技术方面更深层的内容。我们认为，能够令教师印象深刻的事例往往是教育技术在复杂教育情境中的应用，必然涉及到较多的实践性知识内容，包含了教师对教育技术深层的理解，该事件在教育技术的应用形式、作用效果等方面应该是多样化、超常规的。反之，如果教师自陈的应用事件只是寻常的媒体使用，则很可能说明教师缺少对教育技术的深刻认识，缺乏行动后的反思及反思后的实践性知识。对问卷中开放问题的回答录入 word 后，我们依照整体情况、关键事件中涉及到教育技术的形式和教育技术作用方向等维度对这些事件进行了分析。

（一）关键事件的整体分析

虽然问题中要求受访者描述一件或多件印象深刻的事件，但仅有 2 位教师描述了两件事件，而且有 29 位教师没有写任何文字，有 15 位教师表示没有印象深刻的事件，最终我们得到关键事件描述 164 个，但是在这些描述的事件中，有 37 个事件并不是关于教师如何应用教育技术的，而是关于教师学习教育技术的过程描述，如教师参加了教育技术培训、学习了教育技术课程等。这些事件虽然不符合问卷的要求，但一定程度上也反映了部分教师对教育技术的印象中关于学习的印象大于实际应用的印象，说明了部分教师学了教育技术，

但没有印象深刻的应用。此外，教师的实际描述中对事件的细节也较少关注，平均每个教师描述用字数为 47 个，大部分描述仅仅是粗略的介绍。

这种整体上描述的粗略一定程度上源于关键事件搜集使用了问卷这种形式，虽然研究者在问卷中着重标注了问题的意义，在问卷发放时也特别强调了这个问题，但由于过多的书写会给受访者带来较多麻烦，受访者可能不愿意过多陈述，因此描述较粗略。但是鉴于本研究主要是通过关键事件的描述获取实践中幼儿教师使用教育技术的形式，而通过简单的描述同样可以得到使用教育技术的情境、教育技术的应用形式等信息，因此这种数据也是有意义的，而且对简单描述的编码也更容易，更能保证研究的信度。

除了问卷形式不容易获得受访者支持这个原因外，受访的幼儿教师对关键事件描述的粗略也可能是由于受访者确实无话可说造成的。如果幼儿教师只是机械地运用教育技术媒体，缺少对媒体与教学内容的分析，这样的应用往往不会给他留下深刻印象，而缺少精心设计的行动、缺少伴随行动的反思必然难以形成个性化的实践性知识，也就很难做出详细的描述了。结合幼儿教师所描述的关键事件的内容，可以对这个假设进行验证。

（二）关键事件中教育技术的作用分析

1. 关键事件中教育技术应用的指向分析

按照我们在第二章的分析，教育技术行为从能力表现上分别指向与教师自身、学生和与家长等三方面，从行为的内容上看又具体包括创设、应用、管理三方面内容，因此我们从理论上可以对教师的教育技术行为概括为一个"3×3"的矩阵（表 2.5），但是由于实践中的教育技术行为的创造、使用和管理往往并非独立的，一个教育技术行为可能涉及多个方面的内容，例如，教师使用自制的课件教学这一行为中既有明显的使用教育技术指导学生的内容，又暗含着教师对课件的创设，也可能包括对于该课件的评价、修改、交流等内容，因此对于具体的教育技术行为可能无法进行内容层面精细的编码，因此，研究初步沿着教育技术行为的作用指向，对幼儿教师自述的关键事件按行为指向进行分类，主要做了指向自身发展、学生发展和家长沟通等三个维度的区分，并记录三个维度上的行为频次，对于包括多个指向的行为，则分别在各个指向上记录行为频次。例如，教师开通博客，在博客上发布学生的活动作品，家长在博客上留言这样的行为，就包括了教师自身发展（利用博客的课后记进行反思）、促进学生发展（学生作品档案记录）以及与家长沟通合作（家长博客留言）这三方面的内容，对于该事件，研究在教师发展、学生发展和家长合作等三个维度分别统计频次，因此最后统计得到的行为频次并不等于行为事件的个数。为保证行为编码的信度，研究邀请了一名教育技术专业教师与笔者分别对教师行为进行编码，对于编码不一致的地方，由二人协商取得一致后进行归类。最后研究对教师自述的关键事件中涉及的教育技术应用的指向进行了定量的分析。（表3.7）

表3.7　关键事件行为指向频次表

行为事件分类	频次	举例
指向教师发展	6	把班级的活动照片放到了校园网的班级展厅上面，在展厅里放上了组织中班学生队列展示的活动过程还有很多活动的照片，家长看到这些照片都很高兴。
指向学生发展	124	美术课我用PPT展示了大树各个角度的图片，然后让小朋友画一棵大树，因为有参照，学生能够仔细观察，画的更完整。
指向与家长合作	9	孩子吃饭、学习活动情况都会通过家校通平台发送短信告知家长，收费和通知也都能让家长及时收到。

由表3.7可以看到，在教师描述的所有事件中，几乎所有的教育技术应用都是在课堂教学中教师使用教育技术帮助幼儿学习的，仅有个别事例与教师自身发展、与教师借助教育技术与家长沟通合作有关。这说明幼儿教师在教育技术应用上是不均衡的，绝大部分的教育技术应用指向了针对学生的教学，而对于教师发展、家校合作领域关注不多。这个结论与前文基于客观问卷调查的结论是一致的，不过在具体结果上要比问卷调查得到的结论更明显。

2.专业发展和家校合作维度教育技术应用的定性分析

进一步定性的分析为数不多的指向教师发展和家校合作的教育技术应用，可以看到一些教师在专业发展和家校合作维度应用教育技术时往往缺少目的性，很多应用教育技术的行为仅仅是机械的技术操作，而缺乏对行为意义的深度思考。

例如，在这些描述中有两个教师描述了使用幼儿园网站的班级主页记录学生的活动照片和活动过程，受到家长欢迎和好评的事例，（T1，T2）这两个事件虽然明确提到了家长的反响，能够反映出教师应用技术与家长合作的状况，同时由于活动记录属于教学后的整理，其中必然包含着教师自己对活动的总结与反思，因此又有专业发展的意味，但从幼儿教师的描述中却很难看到她们对于利用技术与家长合作、利用技术促进个人反思等的叙述，似乎只是应用学校提供的平台做了一定技术操作。

T1：我把班级的活动照片放到了校园网的班级展厅上面，在展厅里放上了组织中班学生队列展示的活动过程还有很多活动的照片，家长看到这些照片都很高兴。

T2：我们园有一个家园平台，我经常在上面放一些幼儿活动的图片让家长看，家长就能知道孩子在幼儿园里干了什么学了什么了。

还有教师描述了使用家校等平台通与家长交流沟通的事件，但这里教育技术应用主要是单向地对家长提供信息或请家长提供资源和帮助等，没有起到引导家长深度参与幼儿教育的作用。

T3：我园开通了家校通，孩子吃饭、学习活动情况都会通过短信发给家长，收费和通知也都能让家长及时收到。

T4：园里每个教室都有摄像头，拍摄的图片会上传到家校通平台上，家长登录到家校通平台就能看到孩子在教室活动的情况，家长对孩子在园的学习生活会更放心，吸引更多的学生来我园学习。

通过对这些关键事件描述定性的分析，可以看到，虽然事件中教师都用到了教育技术，并表现出一定的教育技术能力，但这里的行为主要是一些基本的技能操作，从能力构成上看主要反映了能力本体层中理论性知识的部分，而对于实践性知识支持的创新性的应用则体现不多。

3. 学生发展维度教育技术应用情况的分析

幼儿教师对教育技术应用的关键事件描述绝大部分集中在应用技术促进学生学习方面，这种趋势与本章第一节中对于调查问卷进行分析的结果是一致的，人们会倾向于将教育技术视为教学中针对学生的技术，因此，对于教学中促进学生发展维度的教育技术应用情况需要更进一步的分析。

对指向学生发展的教育技术应用关键事件进行粗略的分析，我们注意到，在不同教育内容上幼儿教师使用教育技术的频次是不同的。根据教育部颁的《幼儿园教育指导纲要》，幼儿园教学中涉及的教育内容可以划分为健康、语言、社会、科学和艺术等5个领域，在实践中，各幼儿园根据自己特点开设的美术、音乐、健康活动、数学、科学、语言等课程大致也可以划分到上述5个领域中。对幼儿教师自述的事件进行粗略分析，将不同的教育技术应用按教学内容分类，我们注意到教师在不同领域应用教育技术的频次是不同的。

从教师的描述看，许多教师并没有说明教育技术是应用在哪个课程的教学中的，但通过教师叙述能够判断出的事件中，教育技术应用比较集中在艺术教育上，此外也有部分教师在科学内容的教学中使用了一些教育技术手段，并留下了较深刻的印象，但在语言、社会及健康领域的教育内容中，则较少涉及教育技术的内容。这种不均衡固然与教育内容本身有关，例如，健康这一领域的

第三章 能力模型视角下幼儿教师教育技术能力的现状分析

基本教学形式是幼儿的卫生习惯养成和体育活动等，这种以活动为主的教学中较少涉及媒体使用等内容，因此在教师描述的与教育技术应用有关的事件中没有这方面的相关内容。但另一方面，这种不同学习领域中教育技术应用的不均衡与幼儿教师对教育媒体的认识也有一定关系。

一般认为，教学媒体在课堂教学中的作用主要有：创设情景、引发动机、反映事实、显示过程、示范演示、验证原理、提供练习、训练技能等，[①] 考虑到媒体与教学活动中各个要素的结合，媒体可以与教学内容结合成为一种表现工具，可以与教师结合成为教师的教学工具，同时媒体与学习者结合还是学习者的认知工具。[②] 虽然幼儿学习的特殊性使得幼儿教育中媒体不容易体现出认知工具的一面，但是应用媒体促进儿童的合作与探究，促进儿童的自主学习也应该是幼儿教师应用教育技术的一种追求。显然，实践中教师使用课件展示教学内容和教师使用教育技术支持学生自主学习、合作探究这两种教育技术应用在层次上是不同的，后者可能包含更深的对幼儿教育、对教育技术的认识。对应本研究中教育技术能力本体层的内容，前者较多体现了教育技术能力中理论性知识的部分，而后者较多体现了实践性知识部分。

但是分析这些关键事件中教育技术的作用，我们却发现大多数教师的描述中教育技术是以 PPT、图片等形式存在的一种内容表现工具，有超过一半的关键事件中，教育技术只是展示具体内容的一种手段，在相关描述中完全没有提到学生的主动参与，更没有学生间的合作与互动，通过一些典型的论述可以看到这种教育技术作用上的单一（T5、T6、T7）。

T5：美术课我用 PPT 展示了大树各个角度的图片，然后让小朋友画一棵大树，因为有参照，学生能够仔细观察，画的更完整。

T6：我用软件把几首圣诞节的歌曲剪切后组接在一起，放给孩子听。

T7：围绕昆虫这个话题，让孩子们观察七星瓢虫的图片和视频，了解七星瓢虫的外形特征，并通过绘画形式表现出来。

当然，这些描述背后可能也有学生的探究或合作行为，例如在 T7 的描述中，如果教师有意识地引导学生说出七星瓢虫的特点，让小朋友分别画七星瓢虫的头、身体等就使得教育技术媒体不仅仅是一种表现工具，而成为激发学生探索合作的学习认知工具。因此，有可能是笔答这种形式使教师不愿意去描述

[①] 李华：《中小学教育媒体的选择与应用探究》，载《中国电化教育》2000 年第 2 期。

[②] 余胜泉、陈玲：《论教学结构的实践意义——再答邱崇光先生》，载《电化教育研究》2005 年第 2 期。

细节，但我们认为在描述这些关键事件中如果存在省略上述重要细节现象，那么这种现象本身也能反映出教师意识中对教育技术认识的单一。幼儿教师倾向于将教育技术视为一种工具，在相关事件描述中也会突出表现自己制作 PPT、组接音乐等技能，而少有将其与教学内容、教学活动结合的论述。

当然，我们也认识到，使用问卷来收集幼儿教师应用教育技术的关键事件虽然能够保证较大的分析样本，但也有可能因为受访者怕麻烦而随意填写，我们可以假设这种随意填写的信息更能够反映出教师对教育技术的理解。而且这种关键事件的分析结果与客观问卷分析的结果表现出相当的一致性。但是由于客观问卷与关键事件搜集是同时进行的，问卷中问题可能会对教师描述后面的关键事件产生影响，而且粗略的描述中可能会掩蔽实践中更生动的信息，因此我们还结合具体个案的研究对这种基于文本的分析结果进行另一个角度的验证。

第三节　对幼儿教师教育技术能力现状的个案分析

为更全面的了解幼儿教师应用教育技术的状况，把握当前幼儿园中幼儿教师的教育技术能力现状，我们以一所幼儿园为个案，通过参与式观察与非正式访谈的方法对幼儿教师的教育技术行为表现进行了记录，并根据教育技术能力构成分别从教育技术意识与态度与媒体应用角度进行了分析。

一、个案选择与方法确定

本研究选取位于我国东北某市的一所幼儿园中的幼儿教师作为个案研究的对象，（以下简称 L 园）选择在这所幼儿园进行研究，一方面是因为该园有较好的代表性：这是一所区属的公办幼儿园，幼儿园内设施较齐全，每个班级都配有液晶电视、DVD 等设备，园内设有 4 个综合活动室，其中配有多媒体电脑和液晶投影仪，教师的办公室里有多台能够连接互联网的电脑供教师使用，幼儿园也与移动公司合作开通了家校通平台，并借助中国儿童少年基金会的网络公益项目"安康计划"开通了幼儿园的信息化网络平台，在该平台下每个班级、每个教师都有个人的主页，该园具备一定的信息化基础，是 2010 年省教育厅认定的一所示范性幼儿园。同时，由于该园的办园经费主要来自地方财政拨款,所以幼儿园的信息化水平不是特别超前,其基础设施的水平是未来大多数幼儿园可以达到的。该园共有托班、小班、中班和大班4个年级,每个班级有两个班,每班有一名班主任老师,一名助教老师和一名生活老师,幼儿园中有正式编制的在岗老师21名,其中每个班级的班主任老师和大部分助教老师都是正式编制的教师,而生活老师和个别没有编制的老师也大都有多年的工作经历,教师队伍比较稳定,所有班主任和助教都是地方师专或幼师毕业,都通过职前教育或继续教育等形式获得了本科或大专学历,这样的师资构成也有相当的代表性,是未来我国大部分幼儿园的典型配置。可以说这所幼儿园及幼儿园的教师集中了未来一段时间标准化幼儿园的一些共同特征,可以成为这类典型幼儿园的样本,具备"类型代表性"。

除了幼儿园及幼儿园教师的代表性之外,选择这个群体作为研究对象也是出于研究的便利,笔者的一位朋友在该园担任领导职务,通过朋友的引介笔者与该园的园长建立起一定的联系,本研究试图发展幼儿教师的教育技术能力的目的也引起了园长的赞同和重视,便于研究者通过"熟人"获得"入场"的机会,而且这种"入场"方式可能会使研究中的观察对象更少戒心,使受访者更愿意坦诚交流。

从2014年9月开始,笔者曾多次进入该幼儿园听课、交流,通过参与式观察、非正式访谈和幼儿园文献资料搜集等三种方式获取研究资料。听课是参与式观察的基本形式,而访谈往往伴随听课活动展开而进行,一般是在受访者方便时围绕观察中的问题对幼儿教师进行随机的访谈,并对访谈内容进行事后的记录整理,虽然访谈是非正式的,但对每个教师的访谈大致包含以下问题:整体对教育技术的印象如何,与家长沟通中的信息技术应用,以及在某次具体教学中为什么使用这个媒体,如何进行的教学设计等。对于资料整理中不清楚的地方,笔者通过电话方式与受访者进行交流以明确关键的细节。出于研究伦理考虑,研究中对于涉及到的个人信息进行了匿名处理,对于与个案相关的研究内容在完成后分别发送给相关教师观看,内容的发布也征得了她们的同意。

二、对幼儿教师教育技术的意识与态度分析

意识与态度虽然并没有体现在本研究构建的能力模型中,但这并非表明其不重要,只是这种内隐的情感很难表现在活动中,也就难用活动分析的方法来测得。事实上,人们普遍认同意识和态度是教育技术能力的重要组成,但又

很难对此分析。在第一节的讨论中，我们看到以往研究大都将其操作化为"你是否认为教育技术是有价值的"这样一类有一定指向性的客观问题，这种操作化虽然直观，且容易对结果进行量化，但却容易忽视态度的内涵。意识与态度是一类特殊的能力构成，它没有体现在我们构建的能力模型中，但事实上又弥散在整个能力模型的本体层和表现层，影响教师的具体能力表现。

我们虽然可以从内容上将意识与态度分为"重要性的认识"、"应用意识"、"评价与反思的意识"和"终身学习意识"等多方面内容，但这种内容上的划分显然没有考虑到态度的形成机制，也没有区分意识与态度在深度上的差别。从书本或政策性文件的学习中获得"教育技术对于幼儿学习非常有价值"的意识与从个体实践中获得的类似的认识，在认识的内容上虽然一致，但在认识程度上显然不同。在基础教育阶段，如果要对学生情感、态度和价值观进行评价，不宜盲目追求量化，而应通过观察、轶事记录、访谈等质性评价的方式对其进行考量。① 对于幼儿教师教育技术意识与态度的评价也应如此。鉴于意识态度的内隐性，以及对意识态度测量的困难，我们对幼儿教师教育技术的意识与态度的分析借助了"技术接受度"的分析框架。

（一）对意识态度分析的理论框架

幼儿教师对于教育技术的意识与态度一定意义上反映了教师对媒体技术的接受度，根据理性行为理论，用户对技术的态度与行为倾向是个体理性的选择，这种选择在实践中表现为由一定行为意向引发的技术选择使用行为。社会心理学家 Ajzen 在 1985 年提出了计划行为理论（The Theory of Planned Behavior），并提出相应的理论模型来概括个体的行为选择（图 3.4）。他认为一个人的行为主要是由其心理层面的行为意向决定的，而行为意向主要受态度和主观规范影响的，同时也与个体感知的控制信念有关，其中态度主要取决于个体对于行为结果的认识，主观规范主要反映了个体对外界规则的遵守以及与他人保持意见一致的需求，而个体感知的控制信念则主要反映了个体对行为难易程度的判断和感知。②

---

① 赵德成：《新课程实施中的情感、态度与价值观评价》，载《课程·教材·教法》2003 年第 9 期。

② 边鹏：《技术接受模型研究综述》，载《图书馆学研究》2012 年第 1 期。

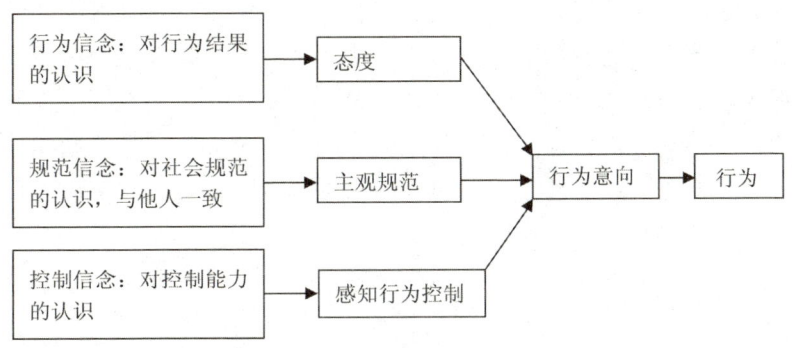

图 3.4 计划行为理论模型

其后，Davis 借鉴了期望理论模型、自我效能理论、投入产出理论等将计划行为理论进行了调整，提出了技术接受模型（Technology Acceptance Model，简称 TAM），并将其应用于信息技术领域，用以解释用户对信息技术的接受行为。Davis 认为主观规范这一项在心理学测量上存在一定不确定性，也很难测度其对态度及行为意向的影响，因此在技术接受模型中与主观规范相关的内容往往被视为是一个外部变量，这样用户的技术选择就可以概括为受感知有用性（Perceived Usefulness）、感知易用性（Perceived Ease of Use）决定的行为态度及行为意向，而这里的感知有用性受感知易用性及其他外部因素的影响。这个理论模型因其高度的概括性和较好的解释性受到了许多研究者的关注，但是现实生活中主观规范的作用是客观存在的，它对感知有用性会有重要的影响，我们经常会看到一个人因为其他人都选择做某事而认为这件事情是有用的，进而影响了他的行为。因此许多后来的研究在技术接受模型的基础上突出强调主观规范的影响，并力图更完整地陈述其他外部变量的种类，形成了技术接受模型基础上的"TAM＋＋"模式。

Venkatesh 等研究者进一步将影响感知有用性和感知易用性的诸种外部因素明确出来，其中影响感知有用性的外部因素包括主观规范、印象、工作相关性、输出质量、结果示范等，影响感知易用性的外部因素包括计算机自我效能、使用计算机的外部条件、计算机焦虑、计算机愉悦、感知愉悦性等，此外还有经验、个人意愿等调节因素。在不断对 TAM 中的影响因素进行分析基础上，形成了 TAM2、TAM3 等新的理论模型，这些模型对于个体的技术接受行为有了更好的解释力，在这些模型中源于计划行为理论的主观规范始终是一个重要的影响因素，它对用户的印象、感知有用性和用户的个人意愿均有重要的影响。①

---

① 边鹏：《技术接受模型研究综述》，载《图书馆学研究》2012 年第 1 期。

借鉴上述关于接受度的研究，我们初步将研究个案中幼儿教师的教育技术态度和意识具体为幼儿教师对信息技术的接受度，并将这种接受度操作化为外赋的主观规范、内在的感知有用性和感知易用性。（参见图3.5）其中主观规范和感知易用性共同构成了感知有用性的基础，而感知有用性是影响幼儿教师教育技术接受度以及教育技术意识态度的根本因素，而且感知有用性也有除易用性与社会规范之外的内在驱动力。

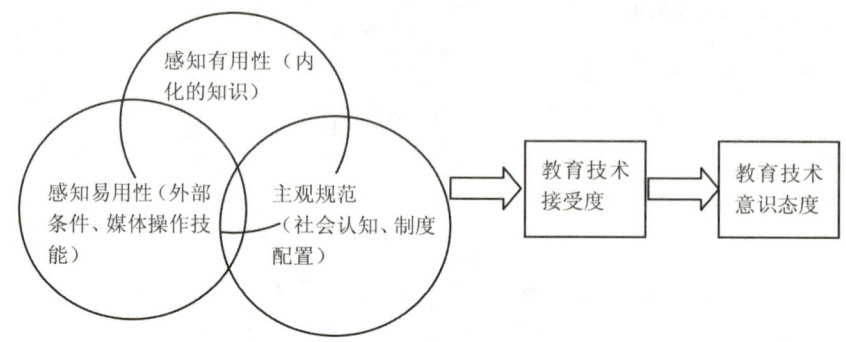

图 3.5　教育技术的意识态度影响要素模型

（二）意识态度方面的主要内容

1. 主观规范

主观规范是指个体感受到的很多重要他人对其行为态度的要求。① 虽然在Davis早期的研究中因为主观规范难以测量而没有将其作为一个独立要素呈现在TAM模型中，但本研究并不追求对幼儿教师的技术接受做一个精确的"度量"，而是用质性方法去理解与解释幼儿教师的技术接受行为，而且从受访幼儿教师的言谈中确实能看到这种主观规范，因此这里将主观规范作为一种独立要素进行分析是合理的。

幼儿教师在职前专业学习中会听到教师讨论教育技术的价值，在职后的相关培训中也可能会听到专家学者谈论教育技术的意义，平时在报纸、杂志上也会看到关于信息化价值的论断，在进行教研活动观察其他优秀教师的教学活动时也能够看到优秀教师使用教育技术媒体。这些权威的人士对教育技术的评价反映了外界对幼儿教师的期待，幼儿教师感受到这种来自外界的要求，觉得专家学者、优秀同行等重要人士都认为幼儿教师应该选择教育技术，就会形成一

---

① Venkatesh V and Davis F D.，"A Theoretical Extension of the Technology Acceptance Model：Four Longitudinal Field Studies"，*Management Science*，2000，2 vol46，186－204

第三章 能力模型视角下幼儿教师教育技术能力的现状分析

种主观规范。这种主观规范主要体现在社会认知和制度配置两个层面。

社会认知反映了其他社会成员对教育技术的评价和认识。由于教育背景、个人学习经历的不同，不同社会成员对教育技术会有不同的印象和要求，这些外界的要求会成为影响幼儿教师选择教育技术的重要因素。例如，访谈中有教师谈到：

开放日上课就得弄点这个（PPT 的课件），那些家长就认这个，你要是弄点课件什么的就显得比较高级，要是有外边人来听课的话就更得多用点这样的技术了。

现在别的园差不多都通了这个（家校通），家长每个月多交 5 块钱，也挺方便的，有什么事儿就得通过这个告诉家长，不然家长钱不白交了吗，人家也不能干呀。

家长建了个微信群，把我拉进来了，其实我没什么空在这上面说话，白天得看着这帮孩子，晚上也有一堆事儿。

虽然教育技术的作用和意义已经被社会广泛认可，随着技术门槛的降低，各幼儿教师也越来越多地使用各种技术手段，并在相关的调查中表现出较高的接受度、较好的意识和态度，但影响这种接受度和意识态度的因素中，外部的社会认知起到了很大的作用，很多时候教师接受教育技术是为了适应他人的"规范"。

组织制度反映了国家、教育管理机构对于教育技术的评价和认识。这些认识会通过相应的制度性文件反映到幼儿教师的培养与资格认证中，从而影响其对教育技术的态度。

幼儿教师往往需要经过特定教育机构的教育后，通过制度化的资格考试才获得幼儿教师资格的。相关的政策制度对其意识与态度的形成也会有重要影响。访谈中，有教师谈到：

（教育技术）挺有用的，我上大学的时候专门有这个课，上机课挺有意思的，当时学的是 flash，我的分数还挺高的呢，现在也忘得差不多了。

基于社会认知和组织制度形成的这种主观规范会促使幼儿教师形成对教育技术积极的态度，但是这种态度源于对外界观点的依从，缺少个体的经验与理解。

2. 感知易用性

感知易用性是个体感知的使用某技术的容易程度，[①] 它反映了个体的在技

---

① Venkatesh, Davis, "A Theoretical Extension of the Technology Acceptance Model: Four Longitudinal Field Studies", *Management Science*, 2000, 2 vol46 . 186—204

术上的一种效能感，这个要素不但直接影响个体的行为意向，还会直接作用于感知有用性这个要素从而对行为产生间接作用，如果一个人掌握了某个技能，往往会觉得技能有用并有意地寻找使用该技能的机会。Venkatesh 认为感知易用性与计算机自我效能感、感知的外部条件、计算机焦虑、计算机熟练、感知的愉悦、客观的可用性等多项指标有关。①从相关幼儿教师的访谈中，可以看到上述感知外部条件及技术自我效能感对感知易用性的影响。

技术自我效能感是个体觉得自己有能力使用教育技术手段解决工作中的问题，它与计算机焦虑、计算机熟练等具有相当的关联性。当教师觉得自己有能力控制技术时就会更多地应用技术。

外部条件是指教师感知的其使用技术的组织和资源方面的支持。如果教师能够方便地接触到教育技术媒体，知道自己能够获得比较充分的技术支持，就会觉得技术比较容易。在教师的访谈中，可以看到较多的这方面的内容：

这个（播放动画片）挺好，学生都挺爱看的，其实大人也都爱看，我上大学时就经常租碟看呢，学校有挺多盘，想看的时候到主任那儿领就行。

用投影上课是挺好的，展示图片什么的挺方便，原来也都学过 PPT，但就是太少了，放在活动室里用还得申请。

一个手拿锤子的人会看到到处是钉子，如果一个幼儿教师觉得教育技术很容易掌握，也很容易获得足够的资源和技术支持，她就会更倾向于认同教育技术的价值，但这种认同同样缺乏个体的体验和理解，容易表现出为使用而使用的工具理性。

3. 感知有用性

感知有用性是个体感知的使用某技术对提高业绩的程度。它是推动个体行动意识、影响个体对技术态度的最根本的要素。幼儿教师选择某技术媒体，对教育技术形成较好的态度与意识从根本上来看是因为这个技术能够改进他的教育实践。虽然在相关的技术接受模型中，感知有用性要受到感知易用性和主观规范的影响，但它也有独立的内容，内化的知识技能是感知有用性的本体性内核。

幼儿教师从相关的课程学习中学到了教育技术的基本知识，通过相应的训练获得了基本技能，通过外界的规范初步形成了对教育技术的积极意识，但这些知识、技能和态度都是外铄的，只有将这些知识、技能应用于活动中，通过

---

① Venkatesh, Hillo Bala, "Technology Acceptance Model 3 and a Research Agenda on Interventions", *Decision Sciences*. 2008, 2, vol 39：273—31

反思性的实践才能活化这些理论知识,为这些外铄的理论知识赋予个人化的理解,形成稳定的内在的对教育技术的意识和态度,使这种内在的感知有用性成为个体的一种技术信念,这样稳定的内在的感知有用性能够克服感知易用和主观规范的影响,使教师克服一切不利条件掌握并应用教育技术。

访谈中,一位教师提到,一次参加区组织的公开课,课后专家同行们对她制作的课件给予了高度好评,并对教学设计提出了一些中肯的意见,这次锻炼给了她很大鼓舞,觉得用课件表现教学内容很方便,此后自己制作很多课件。通过这个事件,可以看到该教师表现出了较好的应用教育技术的意识,而且这种意识是从实践中获得的个性化的个人信念,显然这种经过了实践与反思的对教育技术有用性的感知要比单纯外力推动的感知要深刻,由此形成的教育技术意识与态度也要更稳定。然而,这一类叙述往往不多,幼儿教师在谈论教育技术的相关话题时表现出更多的还是外在的主观规范和技能方面的易用性等。

(三) 幼儿教师教育技术意识与态度调研的结论

通过以上个案的分析,可以看到虽然在许多借助问卷调查的研究中,幼儿教师往往会表现出较好的且非常有一致性的教育技术意识与态度,但整体来看当前幼儿教师的教育技术意识比较表层化。很多教师还停留在"让我用教育技术"的阶段,少有成功应用教育技术的体验,更少有实践基础上的反思,因此也缺少"我要用教育技术"的动机。具体来看,主观规范和感知易用性主导了幼儿教师的教育技术应用行为,而源于个人体验和内化知识的感知有用性相对较少。由于缺少这种内化知识基础上的对教育技术的信念,大多数对教育技术的判断仅仅是似懂非懂、似信非信的看法,而不是一种源自内心的立场和坚守。

从教育技术意识与态度的形成来看,本研究认为,教育技术的意识与态度是社会互动情境下教师自己的建构。社会情境中的主观规范会影响幼儿教师对教育技术价值的判断,而感知的易用性也会影响幼儿教师的行为意向,影响其教育技术意识与态度的形成,但这种意识与态度形成的根本还是幼儿教师自身的建构,最稳定的动力是教师自身的反思性实践以及在此基础上的对教育技术有用性的感知。

在过去的几年间,教育信息化理念已经深入到了教育的各个阶段,许多相关的政策文件、学术论文、专家报告中都会有对于教育技术价值的论述,而诸多教育技术幼儿教学名师的优秀课例中也出现了越来越多的教育技术的应用。在这种情境下,幼儿教师感知到社会对这个职业在教育技术方面的要求,形成一种主观规范，这对于促进幼儿教师教育技术意识与态度的形成有积极的作用。

另一方面，随着教育技术学科的发展，幼儿教师的培养体系中教育技术学的相关内容也越来越完善，系统学习后，幼儿教师能够运用教育技术的相关术语表征相关问题，使用各种软件工具解决问题，同时，技术成本的降低、操作的简单也使得教育技术越来越普及，幼儿教师有机会接触使用各种教育技术媒体工具。在这种情况下，幼儿教师会对相关软硬件的操作越来越熟悉，对教育技术应用越来越有信心，有利于其感知到技术的易用性，这也是促进幼儿教师教育技术意识形成的重要因素。

然而，幼儿教师教育技术意识与态度形成的核心是幼儿教师感知到的教育技术的有用性，这需要幼儿教师在实践中总结，在应用中反思，通过感知有用性活化主观规范和感知易用性，通过积极的教育技术实践强化教育技术意识，进而提升个体的教育技术能力。

三、幼儿教师媒体应用状况分析

教育技术媒体的应用是教育技术能力的最具体直接的反应，通过幼儿教师实践中运用媒体的情况能够对其教育技术能力状况进行客观的考量。因此，研究中我们进行了大量的观察和访谈，搜集了幼儿教师在教学、与家长沟通合作以及个人专业发展等三方面媒体应用的资料。

（一）幼儿教师媒体应用的整体情况

通过对收集到的三方面资料的分析，我们看到幼儿教师在课堂教学中经常使用教育技术媒体，表现出比较好的媒体使用能力。

L园里所有正式教师都表示接受过系统培训，能够熟练地应用校讯通发送信息、班主任老师和助教老师都有智能手机，并有微信账号、QQ帐号等流行的通信工具。8个班级中每个班级都有微信群，8个班的班主任教师和助教教师都加入了班级的微信群，而且所有教师都表示有过借助这些工具与家长交流的经历。班主任教师均有个人的 QQ 账号并开通了个人空间，并表示有时会在空间里写一点儿与工作相关的事情，也都知道幼儿园网站里提供了班级和个人的页面。

整体来看，经过了系统的学习训练后幼儿教师已经具有了一定的教育技术能力，这个结论与前文通过问卷调查得到的结论是一致的。但是，我们也能看到幼儿教师的媒体应用也存在一定的问题，而这些问题又一定程度上与幼儿教师自身的能力相关。

（二）媒体应用中的问题

幼儿教师在教育实践中应用的媒体有很多种，在前文的问卷调查中教师表示数码相机、多媒体电脑、摄像机、电视、mp3 等音频播放设备、电子白板等都是应用比较广泛的媒体（图 3.3）。但根据我们在 L 园的观察，由于大部分幼儿教师要跟班，所以教师实际上较少有时间去集体的办公室使用电脑，出于易用性的考虑教师也较少使用活动室里的液晶投影，而且日常教学中的数码相机、摄像机等也是利用智能手机实现的，根据我们的观察，个案幼儿园中教师较多地接触到电视、智能手机及其集成的照相、摄像以及微信应用等，在这些教育媒体相关的实践中都存在一定问题。

1. 电视媒体应用中的问题

在 L 园的教室中，电视和 DVD 是每个班级的标准配置，也是使用频次最多的一种媒体，每天上午十点半，各个班级的教师会用电视播放诸如"喜羊羊与灰太狼"、"猫和老鼠"、"熊出没"之类的儿童节目。虽然教师在技术操作上没有障碍，但节目播放中也暴露出一些问题。首先，教师对所播放视频节目的教育目的缺少思考，很多时候各班教师都是把放节目看作一项园里的规定来执行，而没有考虑播放影片的目的是什么。其次，教师自身对播放的内容并不关注。目的不明确，对播放内容自然也就不在意，多数时候教师只是按顺序播放园内有的碟片，大多数老师不会提前看播放的节目，播放时也往往跟孩子一起看，而是利用这段时间干点儿自己的事儿。然而并非所有的动画片都是适合儿童观看的，近年来儿童动画片中普遍存在的语言暴力、肢体暴力等低俗化现象已经引起了越来越多学者的关注，[①] 虽然我们承认儿童有自己的鉴别能力和能动性，但适时地指导对于培养幼儿正确的价值观，发展其媒介素养是必要的。如果教师不关注播放的内容，不参与内容的筛选、甄别、解释等，影片自身的负面内容可能会对儿童发展产生不利影响。第三，教师对播放过程缺少规划，播放时教师对幼儿的基本要求是坐好、不要说话，一些活泼的幼儿看到节目中的新鲜东西说话时，往往会被老师喝止，观看结束后也没有后续的教学行动。最后，影片播放常常会出现播放时间过长的情况，教师一般是按播放节目的设定来播放的，虽然儿童电视节目的制作会考虑儿童的接受特点，每集设定在

---

① 王君杰：《浅谈动画片中的媒介暴力》，载《东南传播》2013 年第 8 期。

15分钟以内,但如果教师在放影片时忙的事儿没完成,就经常会让孩子多看一会儿,可能出现播放时间过长的问题,这对幼儿的健康可能是不利的①。

2. 照相、录像应用中的问题

在教学过程中,照相机的应用也较为普遍,主要是教师使用智能相机进行拍摄,在我们观察到的两次幼儿园的开放日活动中,也使用了单反相机和摄像机,但都是教师请家长携带设备帮助拍摄并请家长进行后期编辑的。教师拍照后,一般会将照片发到微信群中供家长观看,因此,这里的照片可以看作是教师和家长交流的内容,但是实践中教师较少围绕发布的照片录像等有意识地组织家长的讨论,家长看到照片后的一些发言也较少得到教师的回应,也就是说教师并没有充分利用照片、录像可能带来的与家长交流的机会。此外,照片和影像本身还有更丰富的教育价值,一方面它们是幼儿成长的生动记录,记载了儿童的成长,应该成为儿童成长档案袋的重要内容;另一反面它们又是教师组织教学活动的记录,整理这些照片的过程包含着教师对自己行动的反思,因此照片和影像可以成为很好地促进教师自我反思的工具。然而实践中教师虽然拍了一些照片,但往往发出去就算了,而拍摄的视频也经常在刻录成光盘后就放在一边了,较少去回顾这些照片、视频拍摄时自己的教育行为。

3. 微信群互动中的问题

微信是幼儿教师与家长沟通的一个主要媒介,微信群的交流可以很好地依托智能手机进行,而且能够方便地发送语言信息,这些特点比较符合幼儿教师随时在教室,无暇用台式机,没时间打字的工作特点,因此是家长与教师沟通的主要方式。研究选择了 L 园的一个托班的微信群进行观察,选择该托班是因为该班的典型性:这个班级共有教师 3 人,其中主教教师是当地师专学前教育专业毕业的正式教师,虽然年轻,但已经工作 6 年,助教教师也是师专毕业,工作 2 年,保育员教师高中毕业,其中助教教师和保育员教师为外聘人员,没有正式编制,3 个教师都加入了微信群。该班定额招收幼儿 20 人,但调查期间班中共有 2—3 岁的幼儿 15 人(11 年 9 月到 12 年 9 月出生的幼儿,还有 5 人预订在 2015 年 3 月入园),所有幼儿均有一个或多个家长加入到微信群,微信群内共有成员 27 人。因为,幼儿均为初次入园,家长也缺乏与幼儿园配合的经验,家长与幼儿教师的交流合作中对幼儿教师有较高的依赖,因此

---

① 根据《3—6 岁儿童学习与发展指南》,3—4 岁的儿童看电视的时间不超过 15 分钟,4—5 岁的不超过 20 分钟,5—6 岁的不超过 30 分钟。http://www.edu.cn/xue_qian_779/20121016/t20121016_856526_8.shtml

从典型性的角度考虑，研究选择了该班为研究个案，笔者在征得该班教师同意后加入到微信群，收集微信群中的交流信息。

通过对微信群内对话的分析，可以看到教师在微信群互动中也存在一定问题。首先，发言频次看，微信群的互动数量整体不多，发言集中在上午八九点钟，大多是将孩子送到幼儿园后家长的询问与教师的回答。其次，从发言对象看，存在一多两少的现象。一多是指班主任教师发言多，两少是指家长之间对话少，助教与保育老师发言少。虽然该班的 3 个老师都加入到了微信群中，但助教老师和保育员老师很少发言，这可能与她们的身份有关，班主任教师是带班的老师，家长有问题往往先向班主任说，此外也可能与这两个教师没有正式编制有关，因为是聘任而来，可能缺乏归属感；此外，家长之间也很少对话，因此微信群虽然从形式上将家长与教师组织起来，但仍不能说构成了一个共同体，这可能与家长之间不熟悉有关，但这其实也对幼儿教师组织群内成员的对话提出了要求。最后，从教师发言内容看，也存在信息通报多、被动应答多而完整的教育建议少的问题。班主任教师的大部分发言是回答家长提问的，也会将校讯通发布的通知在微信上发布一遍，微信群的应用还是一种"广播式"的一对多信息传送，而没有形成广泛沟通的互联式格局，此外，教师的发言里也较少提供幼儿教育层面的知识，话题缺少普遍的对幼儿的教育意义。

（三）个案中幼儿教师媒体应用现状

通过对 L 园里幼儿教师的分析，一方面通过该个案验证了前述问卷调查和关键事件分析研究的部分结论，另一方面也看到实践中幼儿教师应用教育技术的一些特点和问题。

1. 易用性是影响幼儿教师应用教育技术的重要因素

幼儿教师的媒体应用受外部条件影响较大。如果教师能够方便地接触到媒体就会更容易使用这种媒体，在上一节对幼儿教师教育技术意识与态度的分析部分，研究已经从教师的访谈中看到了媒体易用性对于教师行为意向的影响，而在对教师课堂教学中涉及的媒体类型进行归纳后，同样看到了这一点。由于个案中每个班级都有电视机，所以在研究观察到教育技术事件中，大部分是应用电视媒体的，虽然，幼儿园的 4 间活动室里有多媒体投影设备，但是由于使用需要到园长处报备，所以在平常教学中，大部分时间这些活动室处于空闲状态；在教学活动中，照相机应用的也较为普遍，但主要是教师使用智能相机进行拍摄。这也在一定程度上解释了问卷调查中教师表现出的媒体倾向，因为经常接触电视机、照相机、摄像机等媒体，所以会更熟悉也因此觉得这些媒体是教学中必备的媒体。

2. 幼儿教师初步掌握教育技术基本知识和技能

随着教育技术学科的发展成熟，教育技术促进教和学作用的显现，教育技术公共课已经成为教师教育课程体系中的重要环节，大部分的学前教育专业都设有教育技术的相关课程，因此，接受过系统教育的幼儿教师入职时就已经具有了一定的教育技术知识和一般的操作技能。通过观察，我们看到 L 园里的幼儿教师对于常规的教育技术媒体操作表现得比较熟练，在课堂教学中班主任老师和助教老师能够熟练地使用 DVD 播放电视节目，而在活动室里使用多媒体投影时，教师也能正确地进行多媒体及投影仪的操作，教学中使用的课件也都是教师独立制作的，而课件中的声音、图片素材也都是教师自己到网上下载的。

L 园里所有正式教师都表示曾经接受过相关的培训，对于园里的校讯通能够熟练使用，而且随着社会信息化整体水平的提高，幼儿教师对于常规的计算机操作、软件使用及智能手机 APP 应用也都表现出了一定的自信心。

3. 创新性应用不足是当前幼儿教师教育技术应用的重要问题

虽然幼儿教师已经具有了一定的教育技术知识和技能，但在实践中却普遍存在应用的浅表化问题。在 L 园的个案中，幼儿教师虽然普遍应用了教育技术媒体，但却缺乏系统的教学设计，往往缺乏对幼儿特点的分析，缺乏好的应用效果，有应用而缺乏创新性应用。创新性的应用是以一定的教育技术知识和技能为基础，以综合性、探索性和反思性为特征的教育技术实践形式，根据我们的教育技术能力模型，创新性应用主要是能力本体层中实践性知识的反映，因此创新性应用的缺乏实际上反映了幼儿教师实践性知识的不足。

第四节　幼儿教师教育技术能力现状小结

通过上述问卷调查以及伴随问卷收集的关键事件分析，配合个案研究中对个案幼儿教师的分析，我们看到当前幼儿教师的教育技术能力呈现出以下特点：

首先，大部分幼儿教师已经具备了教育技术能力体系中的理论性知识，能够一般性地应用教育技术。通过问卷调查可以看到，大部分幼儿教师都曾经系统学习过教育技术的相关课程，对教学设计的一般理论有所掌握，能够进行常规的计算机操作，并应用常见的教育技术媒体，多数教师能够在教学中设计、开发相关的教育资源。而个案幼儿园的现场调查也支持这个判断，大部分幼儿教师通过以往相关课程的学习、园内的培训掌握了一定的教育技术知识，有了一般的操作能力。可以预见，随着学前教育专业的发展，随着教育技术相关课程的学习，未来的幼儿教师能够较好地掌握教育技术能力体系中的理论性知识，并在实践中表现出一定的教育技术能力。

其次，很多幼儿教师并没有将教育技术与学前教育工作进行思想上的整合。这突出表现为幼儿教师的教育技术应用与中小学教师的教育技术应用方向上呈现出高度的同质性。在问卷调查中，教师在家园合作、专业发展上的应用明显低于在教学中的应用，这种教育技术应用上的不均衡一定程度上是因为很多幼儿教师只是模仿中小学教师来应用教育媒体，缺乏对教育技术的深入思考。而在关键事件分析中，较少有幼儿教师根据幼儿教育的特点关注教育技术在与幼儿家长交流合作中的创新型应用，虽然很多幼儿园有了互联网、家校通等硬件平台，但幼儿教师在应用这些平台与家长沟通合作上缺少主动性和创造性，少有印象深刻的应用案例。就个案中的观察来看，许多教师在使用教育技术媒体时还存在一些误区，存在为使用而使用的倾向，缺少对媒体与教学整体的思考。

最后，在教学实践中很多幼儿教师缺乏对教育技术的创新性应用。透过幼儿教师描述的关键事件可以看到许多教师理解的教育技术似乎只是挂图、实物的一种替代，较多教育技术的应用体现在美术类课程中，往往把教育技术应用看作一种媒体的操作，缺少对教学设计环节的考量，也缺少对媒体环境下促进幼儿探究、合作的探索。

总之，结合本研究在第二章中的教育技术能力树状模型来看，幼儿教师的教育技术能力在本体层上表现出一种实践性知识的缺乏。在经过系统学习后，大多数幼儿教师可以了解相关理论知识并做到技术操作上的无障碍，这能够保证幼儿教师在实践中做到对教育技术的模仿性使用、常规性使用，能够使幼儿教师在一般的问卷调查中有比较良好的成绩，但如果缺乏结合幼儿教育实践去应用教育技术，并在行动中反思，那么就难以保证教育技术应用的全面性和深刻性。

第四章 基于实践性知识生成的幼儿教师教育技术能力发展模式思考

通过分析当前幼儿教师的教育技术能力现状、审视幼儿教师在应用教育技术过程中表现出的问题,可以看到当前幼儿教师教育技术能力发展的关键是促进教师相关实践性知识的生成,在实践性知识生成的策略上已经有许多成果供我们借鉴,分析这些研究,有助于我们构建适合幼儿教师教育技术能力发展的可操作的模式。

第一节 幼儿教师教育技术能力发展模式的构建

幼儿教师教育技术能力发展的关键是实践性知识的生成,因此有必要分析当前与实践性知识生成有关的文献,思考能否找到已有研究中比较成功的策略,并将这些策略构成一个系统的可操作的模式。

一、对实践性知识生成策略的内容分析

(一)策略选择的基本思路

这里我们主要采用内容分析法对已有的关于实践性知识的代表性文献进行整理,并对文献的关键词进行分析,因为关键词往往是文章内容的核心和浓缩,如果某个关键词在某一类研究中反复出现,那么该关键词就往往是这一研究领域的焦点。[①] 因此,通过对实践性知识相关关键词整理能够找出实践性知

---

① 李军:《基于词频分析法的国内教育技术学研究热点的研究》,载《现代情报》2010 年第 8 期。

识研究的一些主要议题，而其中与实践性知识生成有关的出现频次较高的关键词往往代表着较多研究者感兴趣的策略和方法，而这一类策略的有效性也往往会比较高。为保证所分析文献的权威性，我们在中国知网限定检索期刊为CSSCI期刊，时间截止到2014年底。期间共有相关文献773篇，而这些文章中可能与实践性知识生成有关的高频关键词将成为我们重点关注的内容。

（二）与实践性知识相关高频关键词分析

将检出的773篇文献的题录信息导入专门的处理软件SATI后，抽取出这些文献的高频关键词后采用人工筛选的方式从这些关键词中找出可能与具体方法有关的关键词，研究中我们邀请了一名从事教师教育研究的老师共同对关键词进行筛选。最后得到相关词汇30个（表4.1）。

表4.1　与实践性知识生成有关的高频关键词及词频

反思25；行动研究23；教育实践15；实践共同体14；教师培训13；反思性实践11；教育实习10；知识管理10；学习共同体8；实践反思8；教育叙事7；校本课程开发7；课例研究6；叙事研究5；校本培训5；教师教育课程5；校本研修5；反思性教学5；案例研究5；质性研究4；反思能力4；教师合作4；师资培训4；教师在线实践社区4；个案研究4；评课3；教师网络实践共同体2；微格教学2；师徒带教2；叙述探究2；

进一步分析这些高频关键词，可以看到许多不同的词语表述之后是同一所指，例如"反思"、"实践反思"、"反思性实践"、"反思性教学"、"反思能力"等词语的意义都有很大的重合，而"教育叙事"和"叙述探究"也经常被人们不加区别地使用；此外，还有一些关键词明显指向特定对象的实践性知识的生成的，例如其中的"教育实习"、"微格教学"往往是与师范生有关的，而"师徒带教"，对此我们采用了德尔菲法，邀请3名对教师教育有研究的专家分别对这些关键词进行合并、清理，并对其认为代表了有效地促进实践性知识成长的关键词赋分，综合选出赋分较高的关键词后，我们可以清楚地看到"校本研修"的"行动研究"、"反思"这样一条线索，而案例研究、共同体、教师的叙事恰恰是这条线索的具体表现形式。由此，我们构建了一个基于实践性知识生成的幼儿教师教育技术能力发展模式。（以下简称教育技术能力发展模式）

二、教育技术能力发展模式的构建

从理论上看，人们对于实践性知识生成机制已经有了较广泛的共识，研究者一般都承认实践性知识是教师基于个人生活史和专业生活史，以个体经验、共同体经验为结构要素，通过不断的行动反思构建起来的一种个性化知识，[①] 一般而言，理论知识、自我实践和人际学习构成了实践性知识的三个来源，并经由个体教师的应用、反思提炼最终形成了教师的实践性知识。[②] 利用前面我们对文献研究提炼出的案例研究、共同体合作、教师叙事等关键词表征这种过程，结合教育技术这一特殊问题情境，我们得到了一个基于实践性知识生成的教育技术能力发展的理论模型（图4.1）。

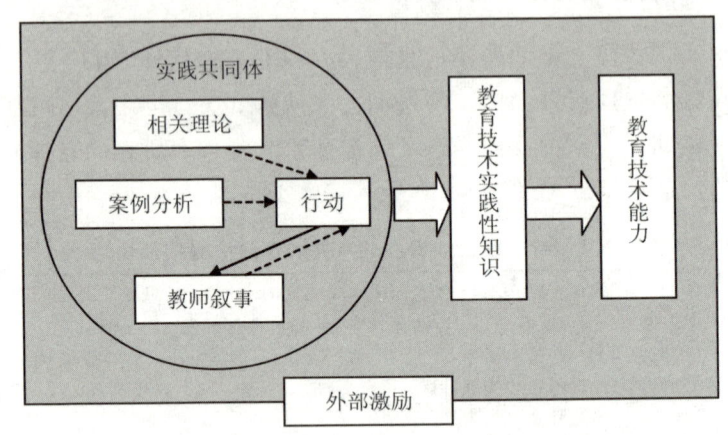

图4.1 基于实践性知识的教育技术能力发展模式

整体而言，实践性知识的生成包括一个经验的情境化过程和一个去情境化的过程。

经验的情境化就是将外部的理论学习内容或观察到的他人行为或是在实践共同体中与同伴交互获得的经验融合到自己的行动中，使得外在的经验变成情境化的个人直接的体验，图4.1中圆圈内的虚线就表示了这种经验的转换。经过这次转化外在的经验就变成了个体的经验，这是构成实践性知识的基质，这种经验支持的教师行动使不同来源的经验得以情境化和具体化。

经验的去情境化则要通过对行动的反思性叙事达成。教师通过行动获得了情境化的经验，但是这种行动后获得的直接经验往往是零散的、不稳定的，在某次情境中获得的经验很可能不能对下一次的相似情境中的实践产生作用，因此需要教师通过叙事的方式将这种经验稳定起来，形成一种相对完整的知识，教师叙事后形成的稳定的经验又会指导教师的下一次行动。因此，通过叙事使

[①] 陈静静、姜美玲：《论教师实践性知识形成与发展的内在机制》，载《全球教育展望》2014年第5期。
[②] 程凤农：《教师实践性知识管理研究》，博士学位论文，山东师范大学，2014年。

第四章 基于实践性知识生成的幼儿教师教育技术能力发展模式思考

直接经验变成所叙的文本一定意义上是一个部分去情境化的过程。在图 4.1 中圆圈内的实箭头线就表示了这个过程。

应该强调的是，虽然实践性知识的生成是个体教师经验转化与提升的结果，但在这个过程中教师往往不是在一个封闭状态下完成的，良好的经验转换需要教师间的交流与合作，因此教师实践共同体是弥散在这个圆环中的重要因素，同时外部的激励因素对于这里的经验转换也有重要的影响。

由于该模式图主要分析的是教育技术实践性知识的生成，而教育技术实践并不是每个教师成长过程中都经历的，因此该模型没有包含一般实践性知识生成研究中涉及的生活史的反思等内容。

第二节 教育技术能力发展模式的理论基础和价值分析

模式是一种样式或范型，是再现现实的一种理论性的简化结构，参照乔伊斯和韦尔在其经典的《教学模式》一书中对教学模式的界定，模式应该是在一定理论指导下建立起来的具体活动的基本结构或框架，是一种表现行动的程序和策略的体系，因此一个模式需要一定的理论支持而且要有明确的价值。

一、教育技术能力发展模式的理论基础

模式不同于普通的流程记录，它具有相对稳定的结构化特征，这种结构化一定程度上源于模式背后具有的相对稳定的理论基础。因此，要更好的理解教育技术能力发展模式，还需要对模式背后的相关理论进行一定分析。

（一）教育技术能力发展模式的哲学、心理学基础

本研究提出的基于实践性知识生成的教育技术能力发展模式本质上是一种相对稳定的教师学习模式，这种教师学习模式在许多相关的理论中都能找到证明其合理性的依据。

从宏观哲学层面，能力发展模式与自身认知思潮相呼应。自身认知最初是心理学领域对认知心理学的一种发展，是建立在欧美哲学界对主客二元论反思的一个产物，但其在心理学领域的发展又使其返回到哲学领域，成为一种哲学思潮。这种主张主客体的统一性，强调认知不仅仅是大脑的，也是自身的，认

知嵌入大脑、大脑嵌入身体、身体嵌入环境，构成了一个整体的认知系统。①根据自身认知理论，教师实践性知识的增长主要是一种认知活动，但是这种认知并非是完全精神层面的，而是一种与身体密切相关，并通过身体及其活动而实现的适应环境的活动。因此教师的认知、教师实践性知识的增长以及由此产生的教育技术能力的提高不仅仅是脑的活动，而是教师全身心投入到具体环境中活动的结果，本研究建构的能力发展模式中对激励机制、学习共同体以及教师行动的重视都反映了自身认知理论的影响。

从中观的学习心理层面，能力发展模式又体现出许多人们比较熟悉的建构主义学习理论的特征。教师的学习是教师基于原有经验建构理解的过程，这一过程需要在社会互动中完成，共同体中的案例学习、叙事反思都是典型的教师建构理解的形式。

（二）教育技术能力发展模式的 TPACK 阐释

更具体地看，我们这里的能力发展模式与 TPACK 理论又有非常多的联系。

TPACK（Technological Pedagogical Content Knowledge）通常被译为"整合技术的学科教学知识"，是信息时代受到广泛认同的一种教师知识框架。这个理论框架的学术渊源肇始于舒尔曼关于教师知识的分类，在 20 世纪 80 年代舒尔曼就把教师的知识分为学科知识（Subject Matter Knowledge）、学科教学知识（Pedagogical Content Knowledge，PCK）和课程知识（Curriculum Knowledge），这种对教师知识分类的思路引起了许多学者的关注，其中学科教学知识（PCK）更被诸多教育研究者认同，并被认为是教师专业知识结构中处于核心地位的知识。② 舒尔曼将传统意义上相互隔离的学科知识和教学法知识混合起来，关注二者的混合形态，并强调学科教学知识是教师独有的一类知识，是教师对其专业理解的一种特殊形式。

随着信息技术越来越渗入到教学过程，人们开始注意到技术知识也应该是教师应具备的知识，因此密歇根州立大学的学者 Mishra 和 Koehler 开始将技术要素引入到教师的知识框架中，这样教学法知识（Pedagogical Knowledge，PK）、学科内容知识（Content Knowledge，CK）和技术知识（Technological

---

① 叶浩生：《有关自身认知思潮的理论心理学思考》，载《心理学报》2011 年第 5 期。
② 袁智强：《数学师范生整合技术的学科教学知识（TPACK）发展研究》，博士学位论文，华东师范大学，2012 年。

Knowledge，TK）就共同成为教师知识构成的三个基本要素，而由这三个元素相互交叉重叠又形成了新的教师知识的复合要素，这既包括舒尔曼较早提出的学科教学知识（PCK），又包括整合技术的教学法知识（TPK）、整合技术的学科知识（TCK），当然也包括整合了三个元素的整合技术的学科教学知识（TPACK）。这种融合了三个基本要素的知识框架从系统角度对教师的技术知识进行了阐释，这里的技术不再是单一的机械操作，而是与学科知识、教学知识融合在一起的复杂机构，而整合技术的学科教学知识不但涉及三个基本要素，还超越了所有三个核心成分，它是对学科内容、教学法和技术知识之间互动所涌现出的一种理解。①

从知识性质上看，TPACK 主要也是一种教师的实践性知识，甚至可以说它是一种类似于本研究在幼儿教师教育技术能力模型中本体层的实践性知识，然而在内容上幼儿教师的这部分实践性知识与 TPACK 并不相同，因为相对于中小学中的学科内容知识（Content Knowledge，CK），幼儿教育实践中可能更重要的是与家长、社会交流的知识。因此，本研究中的幼儿教师教育技术能力体系中的实践性知识并非 TPACK，但同样作为实践性知识。相关研究中关于 TPACK 发展的许多策略同样可以用于幼儿教师教育技术能力的发展。而针对 TPACK 的提升，研究者也提出了许多可行的建议，例如董艳等就指出针对师范生在大学期间要加强单一维度知识的系统学习，分别系统学习学科内容知识、技术知识、教学法知识等②，吴焕庆等则将协同知识建构的理念引入到教师 TPACK 发展中，提出了基于吸收生成的个人知识建构、基于参与协作的协同知识建构、基于共享创造的集体知识建构等三维度的 TPACK 发展策略。③这些发展策略显然与本研究中建构的能力发展模式是相似的。

二、教育技术能力发展模式的价值分析

一个模式本质上是一种对现实活动的理论抽象，它的价值主要体现在两个方面：一要看这种理论抽象能不能合理地解释问题，二要看它能不能为下一步的行动提供理论指导，前者是理论的解释性，后者是理论的指导性。从这两方

---

① Koehler，M. J，& Mishra，P.，"What is technological pedagogical content knowledge?"，Contemporary Issues in Technology and Teacher Education，2009（01）.
② 董艳、桑国元等：《师范生 TPACK 知识的实证研究》，载《教师教育研究》2014 年第 3 期。
③ 吴焕庆、余胜泉等：《教师 TPACK 协同建构模型的构建及应用研究》，载《中国电化教育》2014 年第 9 期。

面来看，本研究建构的教育技术能力发展模式具有一定的价值。

首先，从解释性来看，该发展模式比较合理地吸纳了当前诸多促进教师实践性知识的方法和策略。近年来，许多研究者探讨了促进教师实践性知识生成的策略，例如汪贤泽主张可以从教师个人生活史分析、反思教学实践经验和构建教师学习共同体三个方面发展教师的实践性知识。[①] 李利强调了师范生发展实践性知识过程中"学徒观察"方法的作用与影响，[②] 朱桂琴针对教师培训中实践性知识的缺失进行了分析，提出通过临床教学案例分析、倡导反思教学、组织学习共同体等方式建构教师的实践性知识。[③] 这些方法本质上都是间接经验到情境化的直接经验再到去情境化的实践性知识这个流程中的一个环节，都可以用上述理论模型予以解释。

其次，从指导性来看，通过教育技术能力发展模式中实践性知识生成路径的区分，可以更清楚地看到在教师教育体系中教师实践性知识生成的路径障碍和突破重点。职前教师的培养中往往缺乏行动这一必要中介，因此师范生学到了许多理论也可能读到了一些典型案例，看到了自己教师在实践中应用教育技术的具体操作，但由于缺乏将这些间接经验付诸行动的机会，自然也就少了反思的可能。因此对于职前教师的实践性知识培养，首先要关注行动这一环节，保证职前教师有机会将书本得来的间接经验情境化，因此实验教学、参观、社会调查、实习、毕业论文等实践教学环节的改革应该成为职前教师教育改革的重点。[④] 一线教师虽然有了行动的舞台，但如果缺乏深入的反思也难以形成好的实践性知识，因此，对于职后教师应强调工作之余的札记反省、专业生活史分析和观摩诊断等，[⑤] 要关注直接经验的去情境化，使行动中获得的零散的经验知识化。

最后，就本研究而言，通过教育技术能力发展模式的分析，可以进一步明确研究的重点。幼儿教师在接受了系统学前教育专业学习后，已经比较全面地掌握了教育技术的一般理论知识，因此以理论知识学习为起点这一条实践性知识发展路径的重点在于教师行动后的反思，而教师叙事是这种反思的主要形式，因此问题的关键在于教师叙事。同样的，以案例研究为起点的实践性知识

[①] 汪贤泽：《论教师的实践性知识》，载《全球教育展望》2009 年第 3 期。

[②] 李利：《职前教师的实践性知识形成——基于实习的个案分析》，载《教育发展研究》2011 年第 24 期。

[③] 朱桂琴：《教师培训中实践性知识的缺失及其对策》，载《中小学教师培训》2007 年第 1 期。

[④] 高芳：《实践教学：职前教师教育重心的转向》，载《教育评论》2014 年第 9 期。

[⑤] 蔡亚平：《论教师实践性知识的失语与建构》，载《教育理论与实践》2005 年第 22 期。

第四章 基于实践性知识生成的幼儿教师教育技术能力发展模式思考

发展路径也需要教师的反思,教师叙事也是实践性知识生成的重点,但另一方面,以案例观摩为起点的实践性知识发展的相关研究讨论相对较少,对于幼儿教师需要怎样的教育技术案例、教育技术应用案例的内容形式应该如何等应然问题、对于幼儿教师在实践案例观摩发展教育技术能力中可能遇到的问题等都需要展开讨论,这也是一个需要进一步明确的问题。

因此,根据当前幼儿教师教育技术能力的现状及上述理论模型我们可以将研究重点聚焦到教育技术案例研究和教师叙事这两个环节。同时我们注意到在能力发展模式中存在一个外部激励机制环节,这是教师叙事和教师案例研究进行的动力,也是探讨幼儿教师教育技术能力提升的重要环节。

第五章　基于教育技术能力发展模式的设计研究

基于已有的实践性知识生成的研究成果，我们构建了一个以教育技术实践性知识为关注重点的幼儿教师教育技术能力发展模式，并从理论上分析了模式的理论基础和可能的价值。但模式根本上还是要应用于实践的，模式整体的流程能否顺畅运行、模式中各环节会有什么问题，以及对模式应用效果的整体评价都需要结合行动进行分析。因此，我们采用了设计研究的思路对问题进行了进一步分析。

设计研究（Design-Based-Research）是近年来在教育技术学研究中被广泛讨论的一种研究范式，研究强调在具体教学情境中，分析具有普遍性的教学问题，设计具有教学理论特征的教学干预，并通过不断应用、评估、修正的迭代与渐进过程来探索实际问题的解决方案和理论解释，以此沟通教育理论开发与教育实践创新之间的关联。[①] 实践中，我们根据幼儿教师教育技术能力的现实问题，在实践中应用了教育技术能力发展模式，希望以此提高参与行动幼儿教师的教育技术能力，同时对能力模式中的问题进行理论上的总结。

第一节　基于教育技术能力发展模式的行动路线设计

从教育技术能力发展模式中可以看到主要有两条实践性知识的生成路径。一是从相关理论学习出发的：个体通过学习教育技术的相关理论获得一定体悟，并在教育实践中应用这些理论，借助叙事这种形式形成反思并提炼成教育技术相关的实践性知识。教师将学到的教育技术理论和技能应用于教育实践，

[①] 王佑镁：《教育设计研究：是什么与不是什么》，载《中国电化教育》2010 年第 9 期。

并对行动的效果进行反思,通过教后记、教学活动反思等叙事方式对经验进行总结就是沿着这样一条路径进行的。二是从其他教师的实践案例观摩、分析、模仿出发的实践性知识生成路径:个体看到其他教师应用教育技术,或者与其他教师沟通交流了解其他教师的做法,利用这种人际交往获取间接经验,并在个人的实践中模仿榜样教师的策略或具体方法、用相似的方式解决自己的问题,并通过叙事的形式对自己的应用进行反思。① 当然,实践中这两条路径并非截然分开的,教师在进行相关理论学习时可能会想到以往看到的应用案例,而其在进行案例研究并在行动中模仿应用时也绝不是没有理论支持的机械临摹。但是,幼儿教师工作期间不能离班的特点使得完全从理论出发这条路线不容易实施。这需要我们根据能力发展模式进行适应性的调整。

在教育技术能力发展模式的基础上,我们提取出了一个以案例研究和教师叙事为基本方式,围绕幼儿教师教育技术应用行动的教育技术能力的发展行动流程(图 5.1)。

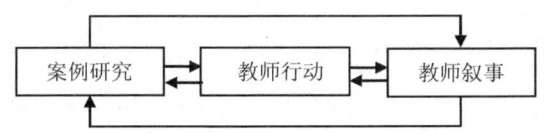

图 5.1 幼儿教师教育技术能力推进行动路线

这个流程是一个封闭的闭环,这表示实践性知识的生成可以从案例研究、教师叙事以及教师行动任意一个节点开始。如果从左侧看,该行动路线以案例研究为起点,这个流程往往意味着,幼儿教师在学习讨论相关教育技术案例后(案例研究环节)通过个人或共同体的讨论反思感悟案例中的教育技术思想(案例研究到叙事研究),并在后续教育行动中应用案例中体现的教学设计思想和媒体应用方法(案例研究到教师行动),行动后再通过教师叙事对个体的行动进行反思和总结(教师行动到叙事研究)。从右侧看,该模型又可以以教师的反思为起点,教师通过对以往经验的总结明确自己的教育技术理念(教师叙事研究环节),个体教师的总结又可以成为自己或同伴教师的研究内容(叙事研究到案例研究),通过对个人经历的反思改善个人的实践(叙事研究到教师

---

① 程凤农博士将个体直接的行动也作为实践性知识的一个来源,与理论学习和人际交往(从其他个体的案例中学习)共同构成实践性知识的三个路径,但实际上没有人生来就能够直接做教师,教师个体的直接行动也一定是受以往理论学习和人际交往影响的,因此我们这里从经验转化的角度将实践性知识生成路径视为两条。参见程凤农:《教师实践性知识管理研究》,博士学位论文,山东师范大学,2014 年。

行动),这样就可以把教师的个人学习、集体学习结合起来,将观看、分析、模仿、反思统一为一个完整的教师发展行动,在这个行动中教师的实践性知识不断生成,教育技术能力得到发展,而教师的行动也不断得到改善。

案例研究和教师叙事是实践性知识生成的重要方法,也是教师教育领域研究较多的方法,但许多探讨都是在理论层面进行的分析,较少实践层面的讨论,特别是将方法应用于幼儿教师的实践性知识获得、教育技术能力提升方面缺少具体的应用,因此本研究采用设计研究的思路对案例研究和教师叙事这两种方法结合实践进行思考。我们旨在通过研究者与实践者在现实情境中开展协作,通过迭代的分析、设计开发和实施过程得到情境敏感的原理和理论,^① 在解决实际问题这一目标上,设计研究与行动研究是相似的,但设计研究不仅追求问题的解决,还要考虑理论的总结和提升。

研究开始,我们选择了现状调查阶段的 L 幼儿园作为该设计研究行动过程的合作者,在教育技术能力现状调查个案研究的时候,我们已经与 L 幼儿园建立了比较好的关系,通过调研,该园的教师对教育技术能力也有了一定的认识,对教育技术的价值也有了一定认同,因此我们在 L 园展开了设计研究的行动。从 2014 年 11 月开始,我们与幼儿园中的幼儿教师进行了为期 8 周的合作,能力推进行动开始 3 周后,我们的研究得到了该区另一所幼儿园 Y 园的关注,而 Y 园同样属于该区的示范性幼儿园,在办学条件、师资力量等各方面与 L 园非常相似,所从第 4 周开始我们同时在 L 园和 Y 园两所幼儿园开展了能力发展行动,但在 Y 园的开展行动的整体时间稍短,除去第一周的活动介绍,整体进行案例研究和叙事研究实践的时间只有 4 周。

能力发展行动主要围绕图 5.1 中行动路线中的教师叙事研究和集中的案例研究展开。行动过程中我们每周会组织一次参与者的以具体的案例研究或叙事研究为主题的集体讨论,讨论后我们会对前一阶段的问题进行反思,并改进下一次的实践,因此每一周的实践可以看作一个轮次的迭代行动。在行动中我们应用本研究基于实践性知识生成的教育技术能力推进动路线,并结合行动中的问题对其中的案例研究、教师叙事等关键环节进行调整。研究一方面希望借助上述能力推进策略促进幼儿教师教育技术相关的实践性知识的生成,为提高幼儿教师的教育技术能力提供一条一般的思路,另一方面研究将在幼儿教师发展这个特殊情境中探索案例研究、教师叙事的理论特性,并对幼儿教师发展的整体激励机制进行理论上的研讨。

---

① 祝智庭:《设计研究作为教育技术的创新研究范式》,载《电化教育研究》2008 年第 10 期。

第二节 教师案例研究的行动及反思

一、案例研究概述

虽然在教育领域有许多学者曾探讨案例研究或教师案例研究，但研究者对案例研究的认识却似乎并不统一。王金红指出案例研究是一种从完整丰富的经验故事中提炼理论的研究方法，是一个独特的研究体系[①]，苏敬勤等则在对商业研究、教学案例和案例研究进行对比分析后，将案例研究定义为通过案例对已有理论模型进行验证或提出创新性的理论。[②] 张肇丰的定义又与前两者不同，他认为案例研究就是"教师结合工作实际，对学校教育实践情境中的事件、现象和问题进行叙述和探讨"[③]。上述界定中其实包含着对案例研究的两种界定：一是将案例研究视为一种研究方式，在社会科学研究中又常常被称为个案研究；二是把案例研究视为一种教学方法，在教育研究中应用于教学的往往被称为案例教学。但这两种界定的区别并不明显，两者都是以案例为分析内容的一种实践形式，在实践中研究者也大都没有对其明确区分，不乏研究者使用案例研究（Case Study）来指称一种教学方法（Case Method Pedagogy）[④]，这一定意义上造成了人们理解上的困难。从渊源上看，本研究中的案例研究与教学中的案例教学法有明显的对应关系，分析案例教学法的相关研究对于把握这里案例研究的内涵、明确案例研究的操作流程有重要的作用。

（一）教师案例研究的实践线索

案例教学法是近年来在教育领域广为讨论的一个范畴，实践中，研究者往往将其视为一种区别于讲授法的教学方法。《教育大辞典》将案例教学定义为

---

① 王金红：《案例研究法及其相关学术规范》，载《同济大学学报（社会科学版）》2007 年第 3 期。

② 苏敬勤、孙源远：《商业案例、教学案例和案例研究的关系》，载《管理案例研究与评论》2010 年第 3 期。

③ 张肇丰：《试说教师的案例研究》，载《课程·教材·教法》2004 年第 8 期。

④ Beck J. "An Exploration of the Relationship Between Case Study Methodology and Learning Style Preference", *Journal of Science Teacher Education*，2007，18（3）.

"高等学校社会科学某些科类的专业教学中的一种教学方法。即通过组织学生讨论一系列案例，提出解决问题的方案，使学生掌握有关的专业技能、知识和理论"。① 郑金洲从界定案例的概念入手探讨案例教学法的内涵，他认为案例是包含有问题在内的真实发生的典型性事件，就是一个实际情境的描述，在这个情境中包含有一个或多个疑难问题，同时可能包含有解决问题的方法。相应的，案例教学法就是运用案例进行教学的方法，具体来说就是围绕案例描述，引导学生对案例中的问题进行讨论的一种教学方法。② 夏正江从过程角度将案例教学界定为，师生围绕某个特定的案例事实展开相互作用，共同对案例情境中的疑难问题进行研讨与分析，以求解决疑难问题，做出相应决策的过程，这个过程以案例为载体，综合使用分析和课堂讨论等方法来发展学生的判断力，培养学生的分析技能和决策技能。③

随着案例教学法在教学中的成功应用，人们逐渐认识到这种教学方法不仅适于一般的管理、医学、法律等教学领域，同样适用于教师的培养。美国卡耐基教育基金会在一份1986年出版的关于教师教育的报告中明确提出教师教育中应当采用案例研究的方法，而斯坦福大学的舒尔曼也指出，案例法是教师教育的必然选择。夏正江进一步把这种教学方法转换为一种教师研修的方法，夏正江指出，案例教学过程中有对象、目的以及过程与方法等逻辑要素，将这些基本要素引入中小学教师的教学科研中，就可以使之成为一种促进教师专业发展的方式，并将这种方式称为案例研究。④ 陈向明教授也从学理上对案例研究（案例式研修）的价值进行了分析，她认为教育案例蕴含了教师在行动中隐含的能力型知识以及教师的问题情境、社会互动关系等，与教师工作的复杂性有很好的契合，而且符合教师学习具有的问题去向、追求实效、与个人经验结合的特点，是一种适合教师学习和专业发展的方法。⑤

如上所述，我们可以将教师的案例研究看作一种特殊的案例教学法，是教师这一特殊的学习群体通过对案例的分析获得发展的一种方式。然而，由于参与主体的不同、学习内容的差异，教师的案例研究相对一般案例教学也有独特

---

① 王青梅、赵革：《国内外案例教学法研究综述》，载《宁波大学学报（教育科学版）》2009年第3期。
② 郑金洲：《案例教学：教师专业发展的新途径》，载《教育理论与实践》2002年第7期。
③ 夏正江、梅珍兰：《案例教学纵览：分析与评论》，载《外国中小学教育》2004年第10期。
④ 夏正江：《从"案例教学"到"案例研究"：转换机制探析》，载《全球教育展望》2005年第2期。
⑤ 陈向明：《对教师专业发展中引入案例式研修的几点思考》，载《教育发展研究》2009年第18期。

的内涵。

(二) 教师案例研究的要素及特点分析

结合一般案例教学法的过程和教师学习的特点，可以看到教师的案例研究主要包括"主体"、"目的"、"内容"、"过程"等要素，① 这些要素与一般案例教学法中的要素在形式上是同构的，但实践中又有自身的特点。

1. 主体

教师案例研究的主体是教师，这里的教师可以是一个独立个体，但更多是围绕共同目标的共同体中的个体。相较于一般案例教学中的学习者，案例研究中的教师作为学习者有更多的自主性。

一般课堂教学中的案例教学，虽然学生的主体地位能够得到较好的彰显，但教师的作用也是非常明显的，案例的选择、案例的分析思路、案例分析的评价等往往都是教师主导的，如果案例设计不当，学生很容易在教师预定的框架内被动讨论，从而造成自身主体地位的遮蔽，甚至被教师取代，使强调学生自主的案例教学变成教师控制的举例教学。但是在教师的案例研究中，教师的学习特点保证了案例研究中自身的主体性。在进行案例研究时，教师作为一个成人学习者，已经具有了较丰富的个人经验，这种经验会帮助教师更好地理解案例中的情境、把握案例中的问题，更容易进入到案例中可能的知识网络中。以案例的选择来看，来自教师工作场外的指导者选择的案例可能无法引起教师的共鸣，而使案例研究的价值不能实现，而教师根据经验挑选的案例往往包含了教师真正需要的内容，更容易激发教师的思考。

因此在教师案例研究中，教师是研究的主体，案例选择和分析主要靠教师完成，而理想的外部指导者一般应经历一个从指导到隐身的过程。

2. 目的

教师案例研究的目的是发展教师的能力，而能力发展的立足点是获得实践性知识，研究主体的不同使得教师案例研究的目的与案例教学法有所不同。

案例教学法在目的上看是双元的，一方面，案例教学要培养学生的判断力，另一方面也要通过案例让学生了解特定领域中的具体知识。虽然理论上判

---

① 这里的要素分类借鉴了夏正江教授对案例研究的分析框架，不过夏正江教授的文章旨在探讨案例教学与案例研究的同构性，而本研究主要是在同构性基础上分析教师案例研究在各个要素上的特殊性。参见夏正江：《从"案例教学"到"案例研究"：转换机制探析》，载《全球教育展望》2005年第2期。

断力的培养是更重要的目的，①但实践中教师往往是事先基于某个原理来选择案例，并以学生通过案例分析发现这个原理为目的的，这里理论性的客观知识是案例的根本目的了。②但是在教师案例研究中，案例研究的能力发展本位要更重要。

虽然在典型的教育案例中也包括一些具体的理论性知识，但这些理论性知识并非案例研究的重点，案例研究并不要求教师通过研究一个教师使用课件的案例学会课件制作的方法，也不强调通过案例发现一定的"规律"，而且案例本身也往往不直接罗列理论、规律或操作技巧等。典型的教育案例中"榜样教师"的行为是发生在具体情境中的，而具体情境下"榜样教师"的行为选择包含了他自身对理论的理解，包含着丰富的实践性知识，这类实践性知识反映了"榜样教师"的智慧，它是无法抽象为若干纯理论形态的文字的。虽然不可直接传授，但这种复合的教师智慧可以通过理解的方式为其他教师把握，教师在阅读、欣赏这些案例过程中体会"榜样教师"所处的情境，结合以往个人经验理解其他人的思维方式和行动依据，进而对案例中"榜样教师"的行为进行个性化的解释和分析，通过这种理解性的解释，教师获得了与"榜样教师"的视界融合，获得了个性化的实践性知识。

3. 内容

案例研究要研究的主要内容是案例，案例往往是一个教育事件，是对于真实教育情境的一种客观描述。教师案例研究的目的要求案例应该具有典型性、真实性、完整性等特点。

案例研究希望通过案例分析促进教师实践性知识的生成，因此案例本身要有典型性，案例应该能引发人的关注和思考，研究中我们考虑从 3 个维度来选择案例：（1）示范性的案例，选择优秀教师的优秀课例，教师的教学设计和媒体使用有明显的效果，研究主体可以观摩案例并考虑如何应用到自己的教学中；（2）模糊性的案例，案例包含有一个有待解决的问题，或者一个令人困惑的问题情境，能够使分析者产生思想上的困惑或挑战，激发分析者隐性的教育

---

① 夏正江：《从"案例教学"到"案例研究"：转换机制探析》，载《全球教育展望》2005 年第 2 期。

② 事实上在基础教育阶段的许多案例教学都是围绕客观知识选择案例，并以学生发现客观知识为目的的。例如有研究者设计了一个典型的案例教学法的实施过程，研究者结合"信息的价值相对性"选择了一个电影片段作为案例，看过电影片段后组织学生讨论，分析影片中人物的信息利用程度，最后在学生"集体归纳后回归教学内容"，再结合"信息的价值相对"对案例进行"全面的分析"。这个实践中的案例显然有锻炼学生分析问题能力的目的，但案例教学的核心还是"信息的价值相对"。这一课程内容，参见郭凤广：《案例教学法的误区分析及实施例谈》，载《中国电化教育》2007 年第 9 期。

信念;① （3）错误性的案例，选择常见的误用教育技术的案例，研究主体分析时可以结合自己的经验反思自己在相同情境下的类似问题。

此外，案例研究的案例应该是真实的、完整的，案例应该包含真实的问题情境下榜样教师真实的反应，案例所描述的情境应该是研究主体在工作中也可能会遇到的问题，这样就方便研究主体更好地实现与案例中榜样教师视界的融合，因此案例应该是真实而贴近教师经验的。案例研究能够促进教师实践性知识的生成，根本上是因为案例中包含有丰富的实践性知识，而这类知识往往隐含在一个复杂的事件的诸多细节中，因此，需要对这个复杂事件进行完整的描述，而描述的形式又是多样的，因此案例可以是视频形式的课堂实录，也可以是文字形式的课堂故事等。

4. 过程

教师案例研究的一般过程与案例教学的过程有相当的同构性，均包括案例引入、案例分析讨论和案例研究总结这三个环节。②

案例引入环节主要是结合上文案例研究"内容"要素的特点进行案例的收集、分类、整理及展示，因为本研究关注的是教育技术类相关的实践性知识，所以案例中应该有典型的教育技术应用，包含具体的媒体应用及应用之后的教学设计思想，这样案例选择过程本身就是一个简化的案例研究过程。因此，案例选择可以由外部指导者完成，但理想情况下更适于促进教师发展的形式是案例研究主体自行选择案例。在案例分析阶段应保证各研究主体的充分合作，案例分析是个体知识建构的过程，分析的结果是个性化的，但分析的建构特征同时要求分析过程有充分的协作和会话，因此案例的分析应该是个体在共同体中完成的相关问题的分析与评价。案例研究总结是教师在分析基础上对案例中触动自己内心部分的回顾与整理，这种总结一般表现为教师的叙事研究文本，更进一步会体现在教师后续的教育行动里，成为下一步案例研究的对象。

二、教师案例研究行动的过程总结

2014年11月初，笔者在L幼儿园组织该园的幼儿教师进行了为期8周的案例研究实践，11月底则同时在L园和Y园两所幼儿园展开行动。案例研究

---

① 陈向明：《对教师专业发展中引入案例式研修的几点思考》，载《教育发展研究》2009年第18期。

② 郑金洲：《案例教学：教师专业发展的新途径》，载《教育理论与实践》2002年第7期。

同时进行了教师叙事的行动。案例研究的主体为该园各班的主教教师和部分助教教师，每周周六、周日下午我们分别组织两所幼儿园的教师进行案例研讨，每次研讨时间大约 2 小时。

（一）案例研究行动开展的基本过程

行动开展大致分为以下四个阶段：

(1) 行动前准备阶段

行动前准备是在正式展开案例研究之前对教师进行相关指导，同时对研究环境进行设计，主要目的是要做好参与行动教师的心理准备、组织准备和交流平台准备。

在组织进行幼儿教师的案例研究之前，研究者已经与该园的教师比较熟悉，特别是 L 园，通过之前的问卷调查和对相关人员的访谈，参与案例研究的教师已经对研究的目的有所了解，对教育技术能力、教育技术相关的实践性知识等有一定的认识。但为了保证教师更好地参与本研究，我们在行动之初专门向参与行动的幼儿教师介绍了能力发展行动的思路，并重点介绍了案例研究和教师叙事的内涵、价值、基本流程，并提出了本次行动对教师的要求，通过这次专题培训，让参与教师对本次研究的目标、内容、组织形式等有一个基本了解，从而使其为后续行动做好心理准备。

虽然本次行动涉及教师数量不多，而且 L 园和 Y 园都是一个小单位，其中同事、教师之间也比较熟悉，但在案例引入及案例个别化研讨阶段也需要个别教师之间的合作，因此在行动准备阶段，我们在两所幼儿园分别按年级将参与教师分为四组，每组至少包括两个主教教师和两个助教教师，部分当地师专学前教育专业毕业班的几个实习学生也参与到了活动中，通过这种分组为后续行动做好组织准备。

在这个阶段，笔者还通过 QQ 添加了所有参与行动的教师为好友，并组建了两个 QQ 群，并邀请两园的教师加入 QQ 群，利用这种所有教师都有的即时通信工具搭建起案例研究和教师叙事的平台，借助这些教师比较熟悉的信息技术工具做好了教师进行会话的技术平台准备。

(2) 案例引入阶段

案例引入阶段主要完成搜集并展示典型案例的工作，根据案例引入主体不同，主要可以分为三种形式：

一种是在前两次研讨中进行的，由笔者作为外来指导者搜寻相关案例，案例通过 QQ 群提前分享给各位教师，供其观看案例视频或阅读案例材料。这种案例引入一方面是引入典型案例，另一方面也是为后续幼儿教师自己组织案例引入做一个示范。

在其后的三次研讨中引入的案例主要是由各组幼儿教师搜集整理的，各组的教师结合教育技术能力这一主题寻找典型案例，并设计问题，提前发布到群共享中，供各教师观看。

在最后的两次次研讨中引入的案例是幼儿教师自己参与制作的，教师通过前述案例研究及围绕案例的反思、叙事，在其后的教育行动中可能会有意识地应用案例涉及的技巧或方法，她们的教育实践也会有所变化，而这种教育实践本身又可以成为新的研究案例，因此笔者请参与的各组教师自行开发两个能够体现教育技术的案例用于集体研讨。

在 Y 园的研究由于开展稍晚，所以借用了许多 L 园教师搜集整理的案例，但在研究后期合作教师也参与制作了自己的典型案例。

（3）案例分析阶段

案例分析阶段分为独立分析和集体分析两个环节。独立分析在幼儿教师收到案例材料后独立观看视频或阅读文本材料，与小组其他成员讨论后，各小组围绕案例提出的思考问题或自己感兴趣的问题准备案例研究的汇报材料，最后汇报材料以 PPT 的形式呈现。集体分析环节主要在每周六或周日下午集中进行，首先由案例提供者展示案例，并说明案例的来源，选择案例的依据或案例设计的思路等。案例展示完成后，各组教师分别汇报小组研究的结论，报告自己对案例的认识，汇报完成后，各教师分别对汇报教师的总结进行评论，对其观点进行补充或质疑。四组教师分别进行小组汇报及随后的集体研讨；研讨完成后，笔者会对个案情况进行总结，并归纳各组教师在案例汇报及讨论中的观点和达成的共识。

除了这种两个环节的分析，研究也利用 QQ 群进行集中研讨后的个别讨论，教师结合自己在案例创生阶段的实践到群内留言，提出自己的认识及关心的问题，大家继续就这些问题进行讨论。如果教师发现了类似的新的案例，也可以发布到网上进行讨论交流。这种分散式的案例分析既能够保证研究的深入，同时又可以使案例研究更好地与教师的行动相结合。

（4）案例创生阶段

案例创生主要是教师根据案例分析的结果对案例材料再整理并应用于实践的过程。案例创生阶段主要包括设计教育活动计划、实施活动计划以及对实施活动的反思性叙事等环节。

教师在进行案例分析后对于案例中的教育技术应用会有更深的感悟，因此，笔者会要求教师根据案例设计一次类似的教育活动，这种教育活动可能会有对案例模仿的痕迹，但也包含着教师基于自己教育情境的创造，[①]可能成为更具价值的研究案例。最后得到一个文本形式的活动方案。对于教师比较满意的活动方案，笔者会鼓励教师将方案转变为具体的行动，同时协助教师将能够拍摄的活动过程进行记录，成为一个视频形式的课堂实录，这个课堂实录就可能会构成新的研究案例。实施活动方案后，教师会对自己在实践中具体的教学设计思路、教育技术媒体应用及应用的效果等进行反思，最后形成一个类似教后记的教师叙事文本，这里的教师叙事同样也可以作为新研究案例的一部分。这样研究就将对他人案例的分析转换为个人案例的创生，同时将案例分析与教师叙事结合起来。

（二）案例研究行动的问题与对策思考

虽然在教师案例研究展开之初，笔者就已经对行动可能遇到的困难进行了预估，而且事先也设计出了比较全面的从行动前准备到案例引入再到案例分析及案例创生的行动蓝图，但实践中教师案例研究的行动还是表现出一些问题，对这些问题进行进一步思考有利于教师更好地应用案例研究提升自己的能力。

1. 案例研究内容的匮乏

（1）问题表现及原因分析

案例引入是案例研究的基础，如前所述，教师案例研究中的案例应该具有典型性、真实性、完整性等特点。与案例教学中的案例相似，教师案例研究的案例中也应该包括案例实体、实体特征、具体事件、情节等要素，[②]但在真实性上，教师案例研究的案例往往有更高的要求，案例教学中，教师可以基于典型性的要求对案例进行设计、重组，但案例研究中却不宜对案例进行类似的加工，人为的设计重组很可能会以设计者的实践性知识取代了案例中的实践性知识，从而失去了案例的真实和研究的价值。因此教师案例研究要求案例兼具典型性与真实性，而且案例的呈现也要生动有趣。这些要求对于搜集合适案例造成了更大的困难。在本研究的实践中，遇到的第一个问题就是案例匮乏，我们

[①] 管理学领域，情境一般被认为是对结果有直接或间接影响，但又高于研究中分析层次的与外部环境相关的解释性因素，可以将情境区分为普遍性情境和独立性情境两大类。本研究中幼儿园教师在自己的实践中的案例研究显然具有较多的独立性情境。参见黄江明、李亮、王伟：《案例研究：从好的故事到好的理论——中国企业管理案例与理论构建研究论坛（2010）综述》，载《管理世界》2011年第2期。

[②] 赵姝、黄荣怀：《教学案例情境模型建构研究——以网警培训领域案例为例》，载《电化教育研究》2014年第7期。

很难找到完全具有典型性、真实性和完整细节的教育技术应用案例，网上搜集的文字材料很多都是语焉不详，缺乏对于教育技术应用方面细节的描述，而视频形式的材料又多是公开课或教学大赛的实录，缺乏真实性。此外，这种通过搜索引擎找到的案例往往仅是某个情景的再现，对于初次进行研究的幼儿教师而言缺少分析的样本或理论支持。对本研究而言，理想的案例不仅仅是幼儿教师在自然情境下应用教育技术活动的完整呈现，而且这些活动最好是经过不同领域的专家学者检验评议过的，其中专家的评议也应该是案例的一部分，通过这些评议可以启发案例研究主体进行多角度的思考并引领他们与评议者进行对话，但实践中很难找到这样理想的研究对象。

这种研究内容的匮乏主要有两方面原因，一方面，幼儿教育中的信息技术应用是近年来才引起人们关注的一个问题，实践中原本就缺少类似基础教育阶段信息技术与课程整合的实例；另一方面，也没有一个专门的机构有意识地去搜集、整理这些实例，并将其开发为合适的教育案例。

（2）案例匮乏问题应对

为解决案例引入问题，我们进行了多方面的尝试。

在由外部指导者引入研究案例阶段，笔者在案例的搜集上主要采取了以下三种方式。首先，选择了学习对象上不明显的案例作为研究对象。例如在第一次研究中笔者选择了"intel未来教室"的视频作为研究的一个样例，虽然该视频并不能反映真实的幼儿教育情境，但视频中体现出的学习者中心、线上线下的教师指导、家庭与学校的合作、任务驱动、项目学习的混合学习模式以及技术层面的虚拟现实、3D打印等属于典型的教育技术应用，通过指导者的引导能够较好地促进幼儿教师对教育技术的意识与态度。其次，选择了情境不完整的案例作为研究对象，例如，研究中我们选择了一所信息化平台建设的比较完备的幼儿园网站作为分析对象，虽然网站本身并不能反应幼儿园的教师、学生、家长等诸多细节，从网站本身也看不到幼儿教师的具体做法，但通过该园网站下各版块的内容能够直观地看到教师使用教育技术在家园互动、教师自我反思等方面的尝试，能够启发幼儿教师全方面地考虑教育技术的应用。最后，从网上搜索了许多幼儿园课堂教学实录的视频作为研究对象，网上搜索到的幼儿园教学视频大多是公开课或教学大赛的视频记录，许多视频中教师与学生并不熟悉，而且教学过程也不是在真实幼儿园班级中，可能会有表演的成分，但这些案例往往经过了更精心的教学设计，体现了更妥帖的媒体应用，从典型性上来看可能更具价值。

由教师引入研究案例中的案例有两种形式：一是由个别教师搜索他人典型

案例，介绍给其他教师，即教师"找案例"；还有一种是教师自己根据对相关问题理解，设计教育行动，并将自己的教育行动作为研究案例，即教师"做案例"。"找案例"这种案例引入的方式与指导者引入案例的方式基本是一致的，但为保证案例的典型性，笔者会参与到案例的搜集整理工作中来，帮助教师找到更具典型性的案例；"做案例"会比较依赖教师的态度和能力，一些教师创造的案例在形式上与之前所研究案例呈现出高度的相似性，就是说教师在模仿原有案例，但也有一些教师结合个人问题设计出不错的案例，发现了许多问题。例如，L园托一班的S教师围绕该园的日常行动"幼儿看电视"设计了教学，并将教学过程进行了客观记录，这种案例是L园这一特殊情境下的独特问题，而参与研讨的教师都熟悉这种情境，因此对于这样的案例就有更多的讨论，教师围绕"该不该让孩子看电视中途发言？将电视节目中断进行讨论是否合适？"等具体问题进行了比较深入的讨论，对于这种实践中的"习以为常"有了许多新的认识。而在后续研究中，我们将这个案例引入到Y园，同样引起了有相似情境的Y园老师的热烈讨论。此外，这种教师"做案例"引入案例的方式中，案例引入者能够就案例设计的思路进行说明，这种由教师创造的案例相对更完整一些。因此，这种"做案例"的思路可能会更有价值。

（3）对研究案例建设的思考

上述实践中的诸种措施虽然一定程度上缓解了本研究中案例匮乏的问题，但这些案例还是存在一定问题的。一方面，案例的范围和典型性受制于指导者的水平可能会比较褊狭、质量不高，另一方面，理想的教师实践性知识生成应该尽量减少对外部指导者的依赖，使教师能够在外来指导者退场后仍能进行相关的案例研究，促进其能力的提升，因此为幼儿教师提供一套案例式的培训教程是有必要的。

2009年在教育部师范教育司和基础教育一司规划指导下，中国教师研修网组织编写了一套适用于中小学班主任案例研究的《中小学班主任案例式培训教程》。教程共包括6本书，分别围绕班主任与学生、与班级、每次活动、每一天、每一学年、班主任的专业发展等多方面的48个专题进行了案例设计，除了案例形式呈现的内容外，还配有不同人群围绕案例的对话或个别点评、综合评议等，构成了一个多层次、立体式的教师学习材料体系，① 并在实践中取得了较好的效果。借鉴这个在中小学教师培训中的成功经验，有关部门也应该建设一套面向幼儿教师的案例集，教育技术工作者也应该有意识地搜集整理教

---

① 陈向明：《对教师专业发展中引入案例式研修的几点思考》，载《教育发展研究》2009年第18期。

育技术应用案例,这些典型案例可以供一般教师进行浅层的模仿,更能为教师进行深入的案例研究提供必要的素材。

2. 案例分析的浅表化

(1) 问题表现及原因分析

案例分析是案例研究的核心环节,幼儿教师在集体研讨活动中围绕案例的重点进行充分讨论和深入思考是案例研究目标达成的关键,然而在行动之初笔者就发现教师的研讨存在明显的浅表化的问题。这种浅表化主要表现在两个方面:①分析主题失焦,实践中,教师组对案例进行了独立学习和小组内的研讨,并且以PPT形式对内容进行了分析,从理论上看经过了小组内的研讨以及PPT形式对内容的整理,教师对案例中的重点内容应该有所关注,但在集中研讨时,在两所幼儿园仍经常表现出对案例焦点的忽视。汇报中许多小组会将重点放到一些显性的因素上,而忽视了我们预想的案例核心。例如,在讨论"Intel未来教室"这一案例时,两所幼儿园的8个教师组都没有关注到案例中学校与家庭互动的内容,也较少对案例中学生学习的个性化进行分析,而较多去讨论案例中的技术细节,其中有两组教师详细地描绘了案例中使用3D打印技术的内容,并查阅了许多资料对3D打印技术进行介绍,并展望了该技术应用于幼儿园教学的可能形式与障碍,最终还特别强调了技术的成本与普及性等问题。虽然,案例研究是一个个性化的知识建构过程,但如果过分夸大个体认识的建构性,否认外在客观的存在及影响,必然会将认识引入唯我论的陷阱,① 也就无从促进实践性知识的生成,因此这里的研讨虽然应该尊重教师视角的差异,但也不能无视案例的主线。②分析内容简单,实践中我们要求各教师组就分析的内容在集中研讨时进行展示汇报,但在开始阶段,教师汇报的内容都非常简单,大都是用了10页左右的PPT,几分钟就说完了,当我们追问还有没有要说的了,教师往往表示不知道再说什么了。

抛开案例本身的质量影响,这种案例分析的浅表化一定程度上与教师的知识基础和分析能力有关。虽然参与案例研究的教师都曾经学习过教育技术的相关课程,但由于课程实施较多将重点放到媒体操作层面,这使得她们在工作后对教育技术的关注也容易停留在媒体的层面,缺少对教育技术的全面把握。另一方面,这与教师在以往学习中缺乏案例分析的经验也有关系,教师在职前学习、职后参与的培训中,大都习惯了听课的形式,不知道如何结合案例就问题进行分析。

---

① 李子建、宋萑:《建构主义:理论的反思》,载《全球教育展望》2007年第4期。

(2) 分析浅表化问题的应对

为了解决教师在案例分析阶段不能把握焦点，不知道如何分析的问题，我们在后续行动中进行了两个方面的努力。一方面，在引入案例阶段，要求案例的引入者用文字形式说明自己选择案例的依据，并就案例明确提出两个自己觉得有意思的问题；另一方面，在分析前我们为教师提供了一个弹性的参考分析表（5.1），让参与行动的教师能够关注到案例的主要问题。

表 5.1 案例分析参考问题表

问　　题	回　　答
1. 案例中涉及到哪些对象？他们有什么样的特点？	
2. 案例中教师行动的目标是什么？	
3. 教师使用了哪种媒体？	
4. 使用中有什么问题？	
5. 案例中行动效果如何？	
6. 如果换做你完成这个目标，你觉得可以怎么做？	
7. 实践中你是否有过相似的经历和体验？	
8. 找到一个类似的案例并比较二者的相同和差异。	

在行动中，我们强调鼓励教师根据自己的经验分析并报告自己感兴趣的问题，如果教师觉得不知道说什么就可以按我们提供的参考问题表来对问题进行讨论，这一定程度上解决了研讨中不能聚焦教学设计等隐性知识环节的问题，研究中我们发现，在案例研究初期就引入这个参考问题表的 Y 园，教师的讨论从一开始就比 L 园开始的案例分析更有针对性。

(3) 对案例分析能力培养的思考

提供参考问题虽然缓解了案例分析研讨中的浅表化问题，但这种给定问题要求回答的形式可能会固化教师的思维，使得开放的分析研讨成为僵化的简答题，因此这个参考问题表中应该设置怎样的问题就很值得进一步思考了。此外，实践中笔者也发现，当提供给教师这个分析案例的问题序列时，教师在后续研讨中大都只是在这个问题框架内对案例分析了，缺少了更多的结合个人经验对案例进行个性化分析的实践，而且这样外赋的问题能在多大程度上涵盖案例可能的内涵也是存在一定问题的。因此，案例分析质量的提高从根本上看还要依靠教师教育相关课程中对教师相关能力的培养。

虽然教育技术学相关的公共课程已经得到了较普遍的开设，但在课程目标上还存在一些认识上的误区，加上课时等因素的影响，一些学校把教育技术精简为教学手段、工具等，进而把教育技术公共课的目标定位为培养学生硬件设备的使用，培养学生制作课件能力等。① 在教育技术公共课的内容设计和过程实施上也倾向于按照学科的知识体系将内容分为理论、技术等不同的部分，并把重点投入到学生感兴趣且属于教育技术学科"特色"的技术部分，缺少考虑理论知识与技术要素的整合。在学前教育专业的教育技术课程往往也是如此，加上多是大班上课，在教学方法上也较难创新，所以相关课程往往以讲授为主，较少使用案例教学的形式，这使得教师在入职后缺少结合案例进行探析教育技术实践活动以促进自我发展的经验。

近年来，人们对教育技术公共课的相关问题进行了相当的理论思考，提出了许多有益的见解，实践中也出现了许多兼顾理论与实践、技术与学科教学的改革尝试，但这些研究多为个别教师的地方性的尝试，只是通过几篇发表的文章进行经验介绍，没有形成很好的示范效应。在2007年何克抗教授就指出教育技术公共课的教学设计应考虑"以教为主"和"以学为主"的结合，应重视"探究性学习模式、协作式学习模式和专题研究性学习模式等有利于自主学习等方法"，并提出要通过编写新教材、展示点评优秀课例、建设公共课专题网站等形式促进教育技术公共课的共建和共享，② 然而这个构想还远未达成。因此基于教育学类公共课程，特别是教育技术公共课培养职前教师案例分析的能力仍是教师教育机构应该关注的命题。

3. 交流讨论的消极

（1）问题表现及原因分析

小组内的交流和小组间的讨论能够保证不同的教师个体从不同的视角把握案例，保证案例研究的深度，同时这种教师间就共同问题的研讨也是教师学习共同体形成的必要环节。但在实践中，教师之间的这种讨论却非常不尽如人意，这具体表现在：①小组案例分析中有分工却少合作。我们将参与教师分为4个小组，每个小组包括两名主教教师和一到两名助教教师，我们希望在案例独立分析和案例创生阶段这些组内的教师能够充分合作，使对案例的研究和汇报凝聚不同教师的智慧。但实践中，这种合作却较少发生，各小组的汇报材料大都是其中某一个教师独立完成的，其他教师说不出自己在这个汇报材料形成过程中做了哪些工作，案例创生阶段教师提交的案例也有相同的问题，案例的设计都是在内部分工后，由一个教师完成的。②集体案例分析中交流的消极，

---

① 姚巧红、李玉斌等：《面向新课程的教育技术公共课教学改革研究》，载《电化教育研究》2007年第12期。

② 何克抗：《关于教育技术公共课精品课程的共建与共享》，载《中国电化教育》2007年第8期。

当一组教师汇报本组对案例的分析后,其他教师很少主动对这组教师的汇报进行评论,当被单独点出要求其评论一下时也多是对汇报内容的简单重复,而对于由教师自己设计实施而创生出的案例,其他教师则更少评论,实践中看不到笔者理想中智慧火花的碰撞。③线上交流的缺失,由于幼儿教育的特殊性,各教师在上班时间往往需要一直在班级里与孩子们一起,没有中小学里一般的教研室和教研时间,为保证教师的交流,行动设计了专门的QQ群,希望教师能在这个线上平台上进行讨论,但平台上教师之间的关于案例的交流很少。

上述诸种问题表现很明显,但原因却很复杂:这里可能有传统文化中"好好先生"的影响,教师不愿意谈论同行的不足,也可能是教师对于研讨的不适应,缺乏主动分析的习惯,还有可能是一种形式的职业倦怠,教师缺乏主动改变的积极性等,但无论是文化还是心理习惯都不是短期的研究能够改变的,都需要一定的外部制度保障和教师自身长期的学习。

(2)交流消极问题的应对

由于本研究时间有限,较难在这样较短的时间内真正激发教师交流的积极性,在教师中形成一种合作的氛围和文化,所以在实践中我们要求各组教师在小组汇报时专门说明小组成员在观看、阅读案例时关注到了哪些问题,对于汇报材料的形成做了哪些贡献,通过这种汇报制度保证教师的整体参与,在集体汇报时我们邀请了幼儿园的园长来参加,通过这种外部权威的引入使教师更认真地对待案例的分析与汇报。

事实上,幼儿教师在参加教研活动中积极性不足是一个比较普遍的现象,有研究者提出设置园本教研奖励制度、完善幼儿园教研组制度的办法,强调对于幼儿教师参与园本教研的相关工作进行积分累计,并根据积分对教师进行奖励,同时通过教研组长竞聘、赋权激发教师的积极性。① 然而这些措施可能仅适合个别幼儿园,并不具备较普遍的可行性,例如奖励的资金由哪里来?幼儿园教师的长时间驻班的特点怎样保证教研组活动的时间?都是一般幼儿园可能遇到的问题,而且这些具体的举措,本质上也是用一种外部力量逼促教师的行动,将这种源于外力推动的行为转换为教师自身的成长行动还需要教师教育的研究者和实践者更多的思考和实践。

(三)案例研究的理论思考

幼儿教师进行案例研究的行动实际上是一个设计研究的过程,设计研究不

---

① 王红芳:《加强制度建设,保障教研主体作用的发挥》,载《学前教育研究》2010年第3期。

仅有行动研究范式中解决问题的特点，还要根据迭代的行动反思，对行动进行理论的建构。通过多个轮次的实践，我们从幼儿教师这个个体出发对一般教师的案例研究在理论上也有了更深入的认识。

1. 教师案例研究内涵的再认识

本研究中幼儿教师的教师案例研究是围绕案例展开的教师发展行动，而同样以案例为基础的实践形式还有很多，在前文案例研究的概述部分，笔者已经就教师的案例研究与案例教学进行了一定的比较，结合本研究的行动，我们进一步比较了教师案例研究和常见的教育案例研究这两个概念，从而进一步明确教师案例研究的内涵。

教育案例研究，又叫教育个案研究，是对教育中的个人、人群或现象进行调查，解决教育问题、建立理论的一种科学研究方法，[①] 虽然同样是基于对典型事例的分析，但它与本研究中指称的教师案例研究有明显的不同。（表 5.2）

表 5.2 教师案例研究与教育案例研究比较表

	教师案例研究	教育案例研究
本质	学习方式	研究方法
目的	教师专业发展	发现理论或验证理论
主体	一线教师，教师群体	研究者
过程	弹性的流程	比较规范
成果	教师叙事及教师行动	研究报告或论文
评价	较主观	客观

在本质上，教师案例研究是一种教师的学习方式，而教育案例研究是一种质的研究方法。从目的上看，教师案例研究的核心是通过案例促进教师实践性知识的生成进而促进其专业发展；而教育案例研究的核心是验证教育理论或发现教育规律建构新的教育理论。从实施主体来看，教师案例研究往往是一线教师以共同体形式参与的；而教育案例研究的主体是研究者。从实施过程看，虽然本研究中教师案例研究分为案例引入、分析、总结汇报等几个阶段，但这几个阶段并非固定的，教师个体与同伴就某教育事件进行分析也是一种意义的教师案例研究，它并没有一个固定的流程；而教育案例研究大都包括确定研究问题、确立研究假设、确定分析单元、连接材料与命题、解释研究发现这 5 个步骤[②]。从最终成果看，教师案例研究的成果是教师的叙事，最终会表现为教师

---

① 杨小微：《教育研究的理论与方法》，北京师范大学出版社 2008 年版，第 290 页。
② 同上，第 293—294 页。

行动的改变，对于结果性质的评判比较主观，而教育案例研究往往要形成一篇研究报告或论文，可以进行相对可观的评价。

基于本研究行动的总结，通过与相关概念的比较，我们进一步明确教师案例研究的内涵，它是教师在共同体中对教育情境中的案例进行分析、研讨，促进教师个体实践性知识生成，促进教师专业发展方式的一种学习方式。

既然这里的教师案例研究本质上是一种教师专业发展的途径，是一种学习方式，那么它何以称为"研究"？我们在文后的总结部分结合教师叙事研究对这个问题进行了进一步的思考。

2. 教师案例研究中教师认知过程的分析

在本研究中，笔者设计了案例准备、案例引入、案例分析讨论和案例总结创生4个环节的行动过程，也有研究者将教师的案例研究的过程分解为"思"、"读"、"做"、"想"这4个核心要素，间接地提出了教师思考、阅读、行动和反思的行动路线，① 但这些都是对外部行动过程的描述，在这个过程中教师的心理机制是怎样的呢？换而言之，如果我们将教师案例研究视为教师的一种学习方式，那么在这个学习过程中有怎样的发展阶段、各阶段应该有怎样的目标呢？我们结合布鲁姆的认知目标分类学的研究对问题进行了一定分析。

1956年布卢姆出版了《教育目标分类学，第一分册：认知领域》，提出了按学生的心理发展将教育目标分为认知、情感和动作技能三大领域，并对认知领域的目标进一步细分为知识、领会、应用、分析、综合、评价6个由低到高的层级。虽然这个认知目标的分类体系影响很大，但围绕这种目标分类的理论基础、分类维度、目标表述方式、层级结构的累积性、对教学的指导作用等诸多方面，许多学者提出了质疑。针对这些质疑，② 安德森等人对布卢姆的分类体系进行了修订，在他们2001年出版的《学习、教学和评估的分类学：布卢姆教育目标分类学修订版》一书中，安德森等人将布卢姆的认知领域从知识和认知过程两个维度进行了重新界定，修订版的分类体系认为知识维度包括事实性知识、概念性知识、程序性知识和元认知知识等4种知识类型，而认知过程维度则包括记忆、理解、运用、分析、评价和创造等6类认知过程，不同维度知识的掌握需要经过不同的认知过程。③

根据安德森等修订的认知目标分类框架，可以看到，教师案例研究从知识

---

① 孙有福：《教师案例研究的四个核心要素》，载《现代中小学教育》2010年第7期。
② 杨军、杨道宇：《布卢姆认知教育目标分类学的困境》，载《上海教育科研》2013年第12期。
③ ［美］安德森等著：《学习、教学和评估的分类学：布卢姆教育目标分类学修订版》，上海：华东师范大学出版社，2008年版，第25页。

维度主要关注的是元认知知识以及少量的程序性知识，对这些知识的加工大致要经历上述从记忆到创造等6个过程，据此我们可以对教师案例学习中的认知过程进行进一步的分析，进而使本研究中"表5.1"提出的参考问题更具体，结合修订后的认知目标分类中的认知过程，我们可以设计更完整的案例分析目标（参见：表5.3）。

表5.3 认知过程维度教师案例研究的分析框架及问题示例

认知维度	含义	教育技术学科中教师案例研究中的典型例子
记忆	从长时记忆中提取相关信息	1. 找出案例（文字或视频）中媒体应用的内容。 2. 回忆自己教学中类似包含行为的例子。
理解	确定口头、书面或图标图形信息表达的含义	1. 用自己的语言描述案例 2. 比较多个案例，对案例分类 3. 概括多个案例的主题
应用	特定情境中运用某个程序	1. 查找类似案例 2. 模仿案例设计一个类似的教育行动 3. 实施设计的教育行动
分析	分解材料，确定各部分之间的联系及部分与整体的关系	1. 区分案例中的主要要素：对象、案例行动目标、涉及内容、媒体类型、方法等 2. 确定案例中隐含的教学设计思路
评价	依据准则和标准作出判断	1. 说明技术环境支持的教师教学、家校合作、专业发展等行为的评判标准 2. 评判案例中教师的行动
创造	将要素整合为一个内在一致、功能统一的整体	1. 根据自己的特点设计一个信息技术环境支持的教育行动方案。 2. 贯彻执行设计的方案并进行反思

这种基于教师认知过程的案例研究目标分析，不仅能够使案例的选择和分析更可靠，更有理论依据，还可以作为评价教师案例研究效果的依据，教师也可以根据认知过程维度的分析框架对自己的案例研究行动进行有针对性的自评。

3. 教师案例研究条件的再认识

表面上看案例研究组织起来并不困难，网络资源的丰富可以使教师很容易搜索到各种案例资源，而案例讨论分析、案例总结创生与教师日常做的听课评课、备课讲课等也有高度的一致性，但组织教师进行能够真正促进教师实践性知识生成的案例研究并不容易，需要许多条件及外部支持。

首先，教师进行案例研究需要一定的理论支持。教师在进行案例研究时，容易关注到案例的表象和片段，而忽视案例的内涵和整体，不能智慧地选择案例的重点。① 教师在案例的分析讨论阶段，要把自己的观察和以往的实践联系在一起，包含着一个将别人的故事与自己的故事比较学习的过程，这要求教师能够在一个整体的框架下审视观察到问题，而这个整体的框架的基础就是教育理论。如果缺乏相关的理论基础，教师的分析就很难深刻，也就无从发现案例中隐性的实践性知识。为此，一方面，教师职前教育阶段应该继续强化理论课程的教学，保证理论学习不仅落在卷面上还能留在学生心上；另一方面，还应该通过大学中的理论主体与基础教育一线实践主体的合作与对话，建立起大学与教育一线的合作伙伴关系，为教师进行案例研究提供智力支持。

其次，教师进行案例研究需要一定的制度保障。教师的案例研究是一项需要教师共同参与的专业发展实践，活动的开展需要耗费教师较多的时间和精力，特别是学校组织教师进行案例研究的起始阶段，往往需要较多外部力量的推动：活动中谁来引入案例、怎样组织讨论案例、以何种形式汇报研讨等都需要通过制度来推动，因此，学校应建立起一套完善的教研活动制度保证教师的案例研究有序进行。

最后，教师进行案例研究需要建设共同分享的教师文化。案例研究是一种基于同事互助和团体讨论的合作研究方式，它的开展要求在学校营造一种同事之间相互信任、彼此尊重的氛围。② 制度建设仅仅是提供了一种合作的外力，仅凭这种外力推动容易使案例研究中的讨论流于形式，因此除了完善制度建设，学校还要为教师的案例研究提供物质、精神的保障，同时要为教师的交流合作提供更多的机会，通过教师案例研究、教师间的听评课活动、教师教研室活动、新手教师和资深教师的师徒教育活动等多种形式的教师合作行为，促使教师教师合作文化的形成，保证教师参与案例研究的积极性和主动性。

第三节　教师叙事研究的行动及反思

教师叙事研究是促进教师实践性知识生成的一种有效途径，许多研究对其进行过详细的论述。在本研究的行动路线中，教师叙事研究也是一个重要环

---

① 余清臣：《教育典型实践的研究方式》，载《中国教育学刊》2013年第2期。
② 夏正江：《从"案例教学"到"案例研究"：转换机制探析》，载《全球教育展望》2005年第2期。

节,在本研究的行动路线中,它与教师的案例研究及教师的行动是密不可分的,案例研究中教师个体及教师组的分析结果往往是以叙事的形式呈现的,而教师行动的反思和总结更离不开教师的叙事。

一、教师叙事研究概述

(一)教师叙事研究的内涵分析与概念界定

自 20 世纪 90 年代叙事研究的范式引入到教育领域,教育学界对于叙事的研究已经十多年了,[①] 在多年的研究中,教育叙事、教育叙事研究、教师叙事、教师叙事研究、教育叙事探究等词语不断出现在教育研究的相关文献中,诸多相似的称呼既反映出学者对该问题的重视,也说明了人们对相关概念内涵把握的模糊。

从语词结构上来看,叙事研究与教育叙事研究、教师叙事研究是一个层层包含的关系,教师叙事研究是教育叙事研究、叙事研究的一个子集,而叙事研究又可以进一步区分出"对叙事进行研究"和"通过叙事进行研究"这两层含义,[②] 因此在理论上教师叙事研究至少包含对教师叙事进行研究(research about narrative)和教师通过叙事进行研究(research through narrative)这两类不同性质的研究,前者往往是研究者作为研究主体对教师日常行为背后内隐的思想、教师故事中蕴含的经验进行研究,后者往往是教师作为研究主体通过叙事的形式诠释自己教育活动过程的一种研究方式。在论及教师专业发展时,教师叙事研究往往指教师通过叙事进行研究。本研究中笔者不对这些内涵相近的术语进行区分,这里的教师叙事研究都从教师通过叙事进行研究意义上展开的,即教师在具体的教育情境中,以叙事的方式对自己的经历和体验进行表述和反思的行动过程。

(二)教师叙事研究的要素及特点分析

明确了教师叙事研究的内涵,可以进一步对这种实践形式的要素进行分析,从构词上看,教师叙事研究包括"教师"、"研究"、"事"和"叙"4个部

[①] 教育叙事研究兴起于 20 世纪 90 年代的说法出自王枬教授的研究,参见王枬:《教育叙事研究的兴起、推广及争辩》,载《教育研究》2006 年第 10 期。根据笔者的检索,早期的叙事研究的相关文献多为文学研究领域的成果,而教育领域的较早的探讨出现在 20 世纪初。

[②] 王吉:《叙事研究与教育技术领域叙事研究的深度思考》,载《现代教育技术》2010 年第 6 期。

分，分别代表了叙事研究的主体、目的、内容以及过程与形式。

1. 主体

与教师案例研究相似，教师叙事研究的主体同样是教师。这里的主体也具有个性化与群体相似性并存、自主性与外界依赖性共在的特点。

教师的叙事是对自己教育实践的经历体验的深描，反映了教师的个性特征，同时教师个体在心理层面、社会层面都是隶属于一个群体的，因此叙事研究中的教师有一定的群体相似性。简单地从教师所在学校的类型区分，教师可以分为幼儿园的教师、中小学教师、高校教师等不同群体，而不同群体的教师在叙事研究中会有更多的群体内的相似性和群体间的差异性，他们叙事的动力、形式、内容上也会表现出一定群体间的差异。以往对教师叙事研究的讨论大多是基于中小学教师的，近年来也有研究者关注到了高校教师叙事研究的特点、形式等，[1]但对于幼儿教师群体的特殊考察关注还不多。

教师叙事是个人讲述个人的故事，教师根据自己的经验自己选择讲述的内容、表达的形式，这种讲述有高度的自主性，但教师叙事研究又不能仅仅是教师的自言自语，需要一定的理论基础、外部的智力支持和制度保障，因此叙事主体又表现出一定的依赖性。

2. 目的

教师的叙事是教师对以往经验的一种多角度探索，而这里的"以往经验"包含着时间（过去、当下以及未来）、交互（个人内在的交互与人际的交互），以及空间等信息，这种叙事又可以看作是一种自我学习，通过叙事可以开启叙事者对实践性知识的理解[2]。事实上在教师教育的研究中，叙事研究的目的就是在于促进教师实践性知识的生成，从而促进教师的专业发展。目的的达成又体现在叙事者和倾听者两方面：就叙事者而言，在故事的讲述中，他实现了个人对教育问题的反思；而就听故事者而言，听者沉浸到故事情境中，一定程度上达成了与讲故事者的视界融合，构建起自己的理解。

3. 内容

教师叙事主要是教师讲述个人的经历和体验，从内容来源看主要包括两大类：一是个人专业生活史的回忆，例如为什么选择教师这个职业、初为人师的感受、成长历程等，这是一种按照时间线索进行的多内容的自传性故事；还有

---

[1] 钟铧：《高校教师如何做教育叙事研究》，载《现代大学教育》2014年第2期。

[2] Connelly, F. M., & Clandinin, D. J., "Narrative inquiry", In J. L. Green, G. Camalli, & P. B. Elmore (Eds.), *Handbook of complementary methods in education research*, Washington, DC: American Educational Research Association.

一种是对关键事件的描述，主要包括在实践中遇到了怎样的问题、自己进行了怎样的行为选择、行为后果及个人事后感悟等，这主要是就某特定事件进行的事件性故事。自传性的专业生活史叙事通过教师对自己成长经历的回顾，帮助教师发现自身的人格和价值观、知识结构和实践行为的特征，形成个人专业成长的转折点，是一种整体性的实践性知识提升思路。事件性的叙事要求教师及时记录遇到的问题，分析事件发生的情境和因果关系，并多角度思考问题的原因和处理方法，这种叙事对于提高教师的判断力、改善实践有更直接地作用，而且这种"事后记"形式的叙事比较微观、具体，能对教师某一方面的能力有针对性的提升，而且实践中也更有延展性，因此在许多教师专业发展的行动方案中都是采用这种事件性的叙事。

然而，教师叙事研究所讲述的事并不仅仅是"就事论事"，教师所述的内容应该是对真实情境中典型性问题的叙述，内容应该是教师围绕着某个线索展开的有意识的对典型事件的描述。但除了故事的细节之外，更重要的是要从这个故事中找出一些超越这个故事细节本身的、让我们理解这个故事的一些要点，比如说冲突、规律、反思等类似的东西，否则所叙之事只是一些教育琐事，容易失去研究的品性。① 也就是说教师所叙之事不仅是时间、地点、人物等显性的要素，还内在地包含着教师的反思，这种反思是叙事能成为叙事研究的核心，因此个人故事和反思是教师叙事研究的两个规定性条件。

4. 形式

简单的理解教师叙事研究就是教师讲述自己的故事，除了上述讨论的主体、目的、内容之外，还有一个故事的存在形式问题，也就是用什么记录"叙"的问题。从故事形式看，主要包括传统的文字叙事和数字化的叙事。

根据一个早期的界定，叙事是为了告诉某人发生了什么事的一系列口头的、符号的或行为的序列，② 那么故事的存在形式就包括口头、符号以及行为的等，但从故事传播角度的可行性出发，实践中故事多是以文字形式存在的，教师的工作日记、教后记、课后记等都是讨论较多的叙事形式，而在网络平台上使用博客进行叙事也是比较常见的叙事形式。

除了这些文字形式的故事外，可视化的数字故事也引起了部分教育技术工作者的关注。数字故事最初是被作为一种教学策略被界定为：教师和学生在教

---

① 汪明帅：《注重教育叙事研究中的"研究"品性》，载《全球教育展望》2012年第7期。
② 施铁如：《"怎么都行"——学校改革研究的后现代思考》，载《教育研究与实验》2003年第2期。

学中,编写教学故事,把传统讲故事的艺术与信息技术工具结合在一起,整合文字、图片、音乐、视频和动画等多媒体元素,创造可视化故事的过程。① 这里的故事是面向学生的,用信息技术使故事以可视化的形式呈献给学生。然而研究者同时也注意到教师叙事中故事数字化的可能性和必要性,用多媒体的形式展示教师故事,既具备文字形式的教师叙事中的特点,又能够使故事更形象,因此教师叙事中的数字化故事也成为一种人们感兴趣的形式。实践中出现了许多典型的教师叙事,如 2010 年上海女教师故事大赛中提交的优秀作品《咏叹夜莺》讲述了上海音乐学院周小燕教授职业生涯的故事,② 这是一个典型的教师传记性质的叙事。而"中国教育技术协会 2010 年年会"数字化故事一等奖作品《喜欢画画的他》则讲述了一个教师与班上一个爱画画的差生交往的故事,③ 从图画和简单的文字中能够真切地感受到学生"喜欢画画"、"人高马大"、"成绩个位数",同时也能看到教师对差生的爱护,同时也能感受到未能为这个爱画画的学生做些什么的遗憾,这些都是一般文字形式的叙事所不能表达的。

通过以上对教师叙事研究 4 个要素的分析,可以看到教育技术能力提升与教师的叙事研究有密切的关系。一方面,教师叙事的内容包含教师的教育技术实践,通过叙事的形式对这些内容进行反思有利于教师对教育技术应用情况进行反思,进而获得与教育技术相关的实践性知识,并形成对教育技术真正的认同;另一方面,教师叙事的形式往往要依靠教育技术手段,数字化故事形式的教师叙事研究过程本身就是教育技术的应用,这时技术就成为叙事的途径和叙事展示的舞台,而这种依托教育技术的教师叙事就有了"做中学"的意义。

当前,大部分的研究者是将技术作为一种叙事形式进行分析的,而忽略了把教育技术作为专门的叙事内容进行讨论,这容易使教师更关注描述自己以往实践中更生动的人与人的关系,着力描述、思考自己与学生、与同事等的遭遇,而忽视了对人与技术关系的思考,缺少回忆、分析自己在应用教育技术方面的心路历程。少了对教育技术应用的反思,因此本研究中笔者将教育技术作为教师叙事的限定内容,要求教师围绕以往的教育技术实践进行反思,以促进教师教育技术实践性知识的生成。

---

① 宋霞霞、马德俊:《基于数字故事的教育叙事可视化研究》,载《现代教育技术》2012 年第 2 期。

② 李颂:《数字故事:一种新学习和表达方式——以"上海市女教师的故事大赛"为例》,载《上海教育科研》2011 年第 3 期。

③ 宋霞霞、马德俊:《基于数字故事的教育叙事可视化研究》,载《现代教育技术》2012 年第 2 期。

二、教师叙事研究的行动及思考

(一) 教育叙事研究的基本过程

对教师的叙事进行研究是一种规范的质的研究,往往有发现问题、检索文献、搜集材料、整理材料等一系列相对统一的研究路线,但对于通过叙事进行研究的实践却往往没有一个统一的路径。一般认为,这种经验的叙事是一个"先做事,后叙事"的过程,做事即教师开展行动研究,而叙事则是一种表达的手段。[1] 也有研究者把教师怎样讲故事总结为 3 个步骤:提炼主题、基于改进的深描和坦诚的自我反思,[2] 其中,提炼主题是自上而下的,以理论支撑确定叙事的线索和脉络;深描是教师在仔细观察、感知基础上对问题情境进行具体的阐述;而反思则反应为故事中自我认识的深挖。这两种不同的观点实际上代表了不同的叙事研究的行动路线,对应本研究设计的图 5.1 所示的"幼儿教师教育技术能力推进行动路线",可以看到教师的叙事研究可以从教师的行动出发,在行动的基础上,对行动过程及过程中的思想变化进行反思总结。同时叙事研究又可以基于教师自身的经验出发,以叙述自身能力发展为起点。此外,叙事研究所叙之事也可以是由分析案例得来的,那就是以案例引发的叙事研究。也就是说教师的叙事可以有三个起点,据此,本研究中主要要求幼儿教师从三个方面进行叙事。

1. 基于个人理论的教师叙事

参与本研究的幼儿教师都曾经系统学习过教育技术的相关课程,而且也曾经在自己以往的教育实践中应用过教育技术,也就是说,在参与本研究的教育技术能力发展行动之前已经有了个人的理论,同时也有相关的经验。因此,介绍了本研究的整体思路和教师叙事研究的一般理论后,笔者要求教师就以往个人接触教育技术的经历进行回忆。从内容上看,这是一种以教育技术为主题的个人自传式的叙事,叙事的形式可以采用文本形式,也可以采用数字化叙事的方式用 PPT 展示。

2. 基于案例学习的教师叙事

如果将个人故事和反思视为教师叙事研究的核心内容,那么教师在案例学

---

[1] 钟铧:《高校教师如何做教育叙事研究》,载《现代大学教育》2014 年第 2 期。
[2] 王凯:《认识教师叙事的三种不利心态》,载《教育科学研究》2007 年第 1 期。

习中对案例的思考以及由案例引发的对自己以往经验的反思的成果也是一种教师的叙事，这样就可以将案例研究和教师叙事研究这两种促进教师实践性知识生成的策略统一起来。案例研究中，我们设置的引导性问题"如果换做你完成这个目标……"能够引发教师的思考，促进案例研究者与案例中的榜样教师的视界融合，而当教师继续思考"自己是否有类似的经历时"就能够激发教师对自己以往行动的反思，因此教师案例研究的汇报很可能包含着自己的故事和反思。行动中，笔者要求教师在案例分析阶段用出声思维的方法说出自己在分析案例时的所思所想，并在案例汇报中展示自己的思考脉络，这就使教师的案例研究与教师叙事研究连接起来，引发教师进行一种基于案例研究的教师叙事。例如，在笔者引入一个幼儿园信息化网站作为研究案例时，就有教师关注到了案例中教师与家长在班级主页上围绕教师的一篇文章进行的互动，并引发了她对自己过去类似行动的反思。在汇报中她提到自己也曾经在班级主页上发布过文章，但没有引起家长的积极反馈，根据案例中教师与家长的交流，她总结出要分析家长特点，关注隔代家长与幼儿父母的区别，主动与幼儿的父母沟通，选择恰当的切入题目，不能照搬文件、及时回应家长留言等经验，在这个行动中，由案例引发的教师对自己行动的叙述及反思表现出典型叙事研究的特点。

3. 基于个人行动的教师叙事

"行动——反思"是最常见的教师叙事研究的路径，在案例研究后，教师会对案例中的教育技术应用进行一定思考，并可能产生模仿、创造性应用案例所思的想法，进而引发教师类似的教育行动，这种行动后教师的反思对于教师发现实践中的问题、思考改善行动的策略有积极的作用。因此，教师在对案例进行研究后设计个人的教育行动，并对个人教育行动进行反思也是本研究中教师叙事的一种主要形式。在我们设计的案例研究中，如果教师在案例创生阶段设计的教育行动计划在实践中得到了应用，笔者会要求教师结合这个行动讲述自己的行动故事，用教后记之类的文本形式呈现叙事研究的成果，同时这里的叙事文本也会与行动方案、行动实录一起成为案例研究的内容。

基于个人行动的叙事研究可能并不是在行动之后，而是行动过去很长一段时间后对过去行动的反思，这种反思往往是由于观看到类似的案例引起的，也就是前文谈到的"基于案例学习的教师叙事"，但是如果在行动后较短的时间内对行动进行反思，教师可能更容易回忆起行动中的细节，而且反思也容易把握焦点。

（二）幼儿教师叙事研究行动中的问题与应对

从理论上看，教师叙事研究既贴近教师生活又能够深化教师认识，教师作为自己故事的讲述者和反思者又没有很高的技术门槛,因此教师应该可以以"异乎寻常的热情加入到教师叙事研究的队伍"①。但在我们进行的实践中,两所幼儿园的教师都未能如预期一样表现出对叙事研究的热情,反而暴露出缺乏动力和对教师叙事价值的怀疑的问题。

虽然参与行动的幼儿教师以前大都了解教师叙事研究的相关知识,而且行动前笔者曾专门就教师叙事组织过相关的专题学习,参与行动的教师对教师叙事研究的价值有一定的认同,但行动中却没能表现出很高的热情,这突出表现为叙事数量少、字数少、讨论少。在开始的两周,L园中只有两名教师在个人的QQ空间里进行了对以往教育技术经历的叙事,而且都是寥寥百字,没有自传式叙事理论上应具有的时间上的纵深,这些叙事也没有引起其他教师的共鸣,没有相关的讨论。Y园教师虽然开展行动较晚,但实践中也没有好的措施激发教师们叙事的热情。

由于教师叙事研究是以教师为主体的专业发展行动,要求教师讲述自己想讲的故事,对于叙事研究似乎不应该依靠外力强制,不应该要求教师一定要完成具体数量的故事讲述,因此行动之初笔者希望参与行动的幼儿教师能够自主地进行叙事和反思,但实践中表现出的明显的叙事数量不足无法保证通过叙事促进教师实践能力的提升,因此本研究中笔者不得不请两所幼儿园的园长专门组织教师进行了相关动员,借助外力要求教师必须进行一定数量的叙事,然而这种外力推动行动的价值和可持续性都可能存在一定问题。

此外,也有教师表示将叙事的主题限定在教育技术方面使其找不到太多的话要说,因此在后期的实践中对教师的叙事放开了对主题的限制,不再将教育技术限定为叙事的内容,只是要求教师借助个人博客讲述故事、讨论别人的故事。这里,教育技术就成了一种叙事的途径,而个人空间则是叙事展示的舞台。这种实践虽没有对教育技术实践直接的反思,但利用技术进行叙事本身就是一种典型的教育技术应用。仅从教育技术能力提升这一目的来看,这种写博客的形式一方面能够使教师更熟悉相关的技术操作,另一方面也为教师进行教育技术内容的叙事提供了故事的素材,对于提高教师教育技术能力也有一定的提升意义。

虽然,通过放宽叙事主题、引入外部力量使本研究中的教师的叙事得以进行,但这样的叙事价值如何?在实践过程中,笔者试图从理论上对当前教师叙事研究的整体价值进行一定思考。

---

① 杨丽萍:《"教师叙事探究"有效性探讨》,载《现代中小学教育》2009年第1期。

(三) 审美维度下教师叙事研究的价值思考

通过对教师叙事研究问题的分析，可以看到影响教师叙事的问题主要表现在两个方面：一是教师参与行动的动力问题，二是对教师叙事研究的价值认同问题，前者主要并非教师叙事研究独有，而是教师发展过程中普遍的一个问题，需要社会各方面努力，而教师叙事研究的价值是教师进行叙事研究行动的根本。就参与叙事的教师个体而言对叙事的价值的认同就会成为教师行动的动力，而对指导教师进行叙事的指导者而言，叙事价值分析会成为叙事研究中叙事内容、实施方式以及评价方式的基础。而通过对教师叙事研究相关文献的梳理，笔者发现对教师叙事研究价值的追问是许多研究者关注的问题，这里笔者拟从审美价值实现的维度对教师叙事研究进行一定思考。

1. 教师叙事的价值分歧

近年来，教师叙事在实践中得到了相当发展，特别是借助网络平台，许多教师在博客上进行了较深入的教师叙事。在教育管理部门的组织下，形成了许多教师博客群，仅就国内基础教育领域而言，就已经形成了海盐教师博客、苏州教育博客、天河部落和淄博教育博客等多个有影响的教师叙事群落，①吸纳了数以万计的教师，发表了许多博文形式的叙事作品。虽然理论上、实践中都取得了一定发展，但教师叙事也屡屡受到人们的质疑，围绕教师叙事是否有意义，产生了许多争议。

早在叙事研究引入我国教育领域初期，就有研究者断言"这种以春蚕吐丝喃喃自语似的方式，记下来一大本教育故事的流水账并以此去发现教育存在的问题，并且还准备有效地解决，只能是天方夜谭"，②温和一些的批评者也认为教师叙事只是针对小范围人群或个人的，"缺乏普遍的解释力和推广力"，③针对实践层面的教师博客写作，李克东教授也对作为一种教师叙事研究的教师博客的价值提出疑问：为什么丰富的博客文字缺少深度互动？为什么发表了近万博文，却不能说出解决了什么问题？这两个问题从绩效角度对教师叙事提出了疑问，被理论界归纳为"李克东难题"。④

---

① 姚赛男：《深度对话：试解"李克东难题"的可能路径——基于"杜甫诗歌"专题教学的个案研究》，载《中国电化教育》2010 年第 7 期。
② 许锡良：《评"怎么都行"——对教育"叙事研究"的理性反思》，载《教育研究与实验》2004 年第 1 期。
③ 王枬：《教育叙事研究的兴起、推广及争辩》，载《教育研究》2006 年第 10 期。
④ 王竹立：《李克东难题：争鸣与反思》，载《远程教育杂志》2010 年第 2 期。

第五章　基于教育技术能力发展模式的设计研究

对这种猜疑，部分辩护者强调教师叙事是质的研究的一种，因此可以借助一般质的研究的立论方式作为教师叙事的价值依据。"正式"的叙事研究是质的研究的一种，质的研究的理论依据当然可以证明它的合法性，但这种逻辑却往往不适合用于教师叙事价值的证明。例如，人类学意义上叙事研究可以通过"多元田野文本数据搜集、数据资料三角交叉验证及研究参与者检验"等形式保证叙事研究的效度，从而就研究结果进行推广进而实现研究的价值。但这里的多元数据搜集、三角互证等显然不是针对教师叙事的，教师的叙事是教师自己讲述自己的故事，也没有办法进行三角互证。所以批评者大可以断言，人类学叙事研究有价值，但教师叙事没有研究意义。此外，正式的叙事研究十分强调叙事的真实性，因此有研究者明确将真实作为叙事研究价值判断的一个核心标准。然而，教师叙事又似乎很难绕开假叙事的困扰，因此教师叙事的支持者往往不得不容忍适当加工的"假叙事"，并将假叙事也作为有意义的叙事。[①] 可见，教师叙事与人类学的叙事研究在评价标准上有许多不同的地方，即便我们承认教师叙事也是叙事研究，在评价教师叙事时也既不能借用信度、效度等传统评价标准，又不能照搬人类学叙事研究的评价标准。那么教师叙事的价值何在？评价的依据是什么呢？

2. 教师叙事的价值再认识

（1）教育研究价值体系构建

价值是一个关系范畴，它是表示价值客体的属性满足价值主体需要的一种关系。当我们说某研究方法有价值的时候，实际是说该方法满足了人们的某种需要。依据不同的标准，人的需要可以划分为不同的种类，呈现出不同的价值类型。这里我们仅从研究活动的目的性来考察，可以将人的研究需要区分为三个方面：求真的需要、求善的需要和求美的需要，相应地教育研究的价值也应该指向三个维度：满足人们求真需要的功利价值维度、满足人们求善需要的伦理价值维度和满足人们求美需要的审美价值维度。这个三维的价值体系，既有统一、相似之处，又不完全一致。

首先，研究价值的三个维度在实践中是统一的。在物理学中，麦克斯韦的电磁研究就充分体现了这三者的统一，麦克斯韦方程对电磁理论做出了正确的描述，体现了研究的"真"；利用麦克斯韦方程可以造福人类，体现了研究的善；同时方程的简约、对称、和谐、统一又打动了无数物理学家，被誉为"19

[①] 刘良华：《教育叙事研究：是什么与怎么做》，载《教育研究》2007年第7期。

世纪最美的方程"、"像诗一样美的方程组",这又体现了研究之美。① 苏格拉底的断言"美德即知识",黑格尔也说"美与真是一回事"、"美就是理念的感性显现",这些判断一定意义上也反映了研究中真、善、美三维的统一。

其次,不同的研究会侧重不同的价值维度。例如,在求真这个维度上,定量的实证研究就比较突出,透过纷繁的教育现象找出现象背后的规律性的东西,这种规律性的表达可以通过效度、信度等统计指标进行确认,人们可以在教育实践活动中利用这些经过验证的规律,因此,这种研究是"有用"的,这种有用性主要在于其很好地满足了求真的需要。在求善这个维度上,哲学思辨研究的方法比较突出,运用类比、思辨的方法,人们逻辑地得出"教育应该如何、应该怎样"这样复杂命题的结论,它通过逻辑的严密保证其"真"的属性,但其价值核心主要在于它对善的伦理价值维度进行了响应。

最后,任何研究都不能在任何维度有负向价值。日常语言中,"研究"和"探索"可能会被同义使用,但那些被称为"研究"的实践行动在价值上是有明确指向的,换言之,"研究"内在地包含着人们的价值评判,在任何维度上消极的实践都不能称为研究。例如,用人类活体进行生物实验在求善的维度上是消极的,因此这种探索往往是研究的禁区,拿人类活体实验是谋杀而不是研究。而为了数据好看、结构完整进行数据造假,虽然可能突出了价值取向中"美"的环节,但由于损害了"求真",在这个维度上是消极的,所以这种行为是学术欺诈而不是研究。这样我们就把教师叙事与文艺创作区分开来,前者虽然可能有艺术加工,但这种加工不能凭空猜想、颠倒黑白损害了研究中"求真"的维度,而文艺创作则天马行空不受这个标准的限制。

(2) 教师叙事的审美机制分析

当我们超越功利主义心态,不再仅用"有用"这一个尺度丈量教育研究,不再仅将教育研究看作一种技艺化的操作流程时,教师叙事的审美价值就凸显出来了。

审美活动可以分为两种基本类型,即生产性的审美活动和消费性的审美活动,② 在教师叙事上则体现为教师叙事的创作中的审美活动和教师读者阅读中的审美活动这两种活动类型。

从教师叙事者来看,教师叙事的过程本质上是一种情感宣泄和精神补偿。教师讲述自己的故事或许可以照亮倾听者的心灵,激发听者的感悟,但从原初

---

① 刘健平:《论麦克斯韦方程组的美》,载《西南师范大学学报(自然科学版)》2008年第12期。
② 杜书瀛:《审美价值的生产》,载《浙江大学学报(人文社会科学版)》2008年第1期。

意义上看，教师"讲故事"实际是一种心理能量的释放。教师在讲述自己故事的时候或许会有"为了相同情境中的教师"的理想，但更具有"为了自己"的心理动机。在教育实践中，讲述者遭遇到种种教育事件，有的遭遇或许可以淡然一笑就过去了，但总有一些事情会郁结在心，久久不能释怀，或留下遗憾或形成经验，成为经历者的一种独特的心理体验。所有的这些记忆、感受、情绪等都需要通过一定形式得以缓解、释放，这时"讲故事"就成了一种表达宣泄、寄托心灵的方式。通过倾述自己的教育生活经验和情感体验，讲述者经历着一种美的愉悦和体验：在故事写作中，讲述者体验着一种想象中的圆满，体味着一种挫败感被悬置的轻松和愉悦。在故事里，借助想象的力量，把自己体味的快乐与忧伤、轻松与感动诉诸笔端，让这些情绪在心灵的体验里绵延。在娓娓地述说中讲述者获得了心灵的释放和补偿，获得了职业意识的觉醒和升华，这正是讲述者层面教师叙事价值的实现途径。

　　从故事的倾听者来看，一方面听故事的人可能从故事中学到一些具体的教学技巧，在遭遇相似教学事件时有所准备，这是教师叙事作为研究的功利价值的体现。另一方面，也是更重要的，教师叙事的读者大都也体会过类似教育故事中的喜悦或困惑，在教育事件的冲突中也经常会发现自己的软弱，所以在故事的倾听中，读者可能会将自己的情感转移到替代性的教育事件中，在他人的故事中找到自己的影子，从这个意义上看，听故事也是一个情感宣泄、补偿的审美过程。这个过程中，听故事的人可能并不需要跟讲述者说什么，会心地一笑就实现了这个消费审美的过程。

　　所以从审美的维度看，教师叙事也是一种研究，不过这里的"研究"不同于传统对"研究"的界定，它是一种审美的生成与消费过程，这个过程依靠哲学的沉思、艺术的直觉、宗教的皈依以及生命内在的觉醒等来追寻教育的意义的，是一种"行动——感悟"式的研究①。

　　3. 审美维度下教师叙事问题的分析

　　通过教师叙事审美价值的分析，可以看到教师叙事的研究价值中有审美这一维度。通过教师叙事，讲故事者和听众有可能增长知识、提高认识（求真的维度），有可能明确教师的专业道德（求善的维度），但即便是没有上述功能的教师叙事也可能是有意义的。判断教师叙事的价值不应该仅立足于信度、效度的功利维度，也不能完全依据人类学的研究强调教师叙事的真实，叙事是一个审美产生的过程，不是一种对教育事件的真实临摹，而是叙述者在事件基础上

---

① 柳夕浪：《"研究"对于中小学教师意味着什么》，载《教育研究》2005年第1期。

的意义建构，所以我们补充一种从审美维度对教师叙事进行价值的评判标准，以此标准审视当前我国教师叙事，分析本研究中幼儿教师在叙事中表现出的问题，会看到一些更深层的问题：

首先是叙事主题的盲从性。由于我们要求教师将相关叙事发布在博客上，而这里博客平台往往是其他同事都能看到的，因此很多教师博客具有公开性的特点，这种公开性往往扭曲了情感宣泄的顺畅，阻滞了心理能量的释放。为了符合"官方要求"，教师叙事常常徘徊在真实与想象、记忆与遗忘、自由与制度等多重诉求与标准之间，最后成为一种政治化叙事。虽然故事细节不同，但故事的主题基本上都表现为一种对主流话语的顺从：对旧理念的反思、幼儿发展指导纲要理念的认同等。这种对主流价值无条件的服从，使得所有教师叙事都是主旋律式的，故事中看不到教师自己的个人哲学，感觉不到社会批判力量，故事仅仅是教育生活本能的浅层次的应答，既没有作者情感的激扬，更无法导出读者的共鸣。

其次，叙事过程反思的浅表性。有一些幼儿教师的叙事生动地讲述了自己遭遇到的教育事件，以及自己的应对方式及反思等，这里的叙事虽然发现了问题，并解决了问题，但往往缺少进一步的思考。这里的教师不乏对问题的敏感和解决问题的冲动，但深一步的社会、文化、哲学反思则不足。例如，一个教师在博客上讲述了自己在微信群里发布孩子在园里游戏的照片，由于没注意只发了几个孩子的游戏照片，其他孩子家长纷纷追要，并表现得有些不高兴。虽然故事中教师对自己的行为进行了反思，但他的反思也仅仅是家长不高兴让自己很内疚，而没有继续从技术层面对应该发什么照片、怎样更好地整理这些照片等问题进行深入的思考，这容易使教师叙事流于表面。

最后，叙事表达的样板化。由于叙事的主题是确定了的，而且许多叙事者又缺乏深刻批判所需的认识积累，所以许多教师叙事就成了一个按主题说话的游戏，他们套用固定的框架，遵循固定的结构、句式，仿写出一篇篇通讯报道式、悔过书式、"事例＋理论"式的故事。① 而这种模板化的叙事也是在我们实践中常常遭遇的，这种典型化的提纯或编撰，弱化了教育事件的多样、丰富和复杂，使故事失去质感，演说者没有美的体验，倾听者也懒得去听。这种老生常谈，这样样板化的叙事完全失去了审美的价值。

4. 教师叙事审美价值的复归

实践中教师叙事审美价值的缺失根本上源于人们对教师叙事认识的模糊，

---

① 欧美玲：《中小学教师教育叙事研究的反思》，载《现代教育科学》2012年第6期。

而行政式的推进方式、散漫的写作方式更使得这种研究的审美价值旁落。要使教师叙事的研究价值得以实现,我们需要在行动中进行进一步的调整。

首先,明确并坚持教师叙事的立场和教师叙事的研究价值。教师叙事也是一种研究,这种研究可能片面、主观,但叙事的过程是审美的产生与消费的过程。教师叙事的价值不单在于其"有什么用"、"解决了什么问题",还在于其情感上的感召力。一个教师记录下他教学中遭遇的挑战、应对与反思,就其本人而言意味着自我身份的进一步明确,更可能会引发其他教育工作者的共鸣和思考。[①] 叙事中叙事者和倾听者可能说不出自己获得了什么,但我们也不能因此以"没有用"、缺少功利价值而对其进行批判。这种特殊性就要求研究者在理论上进一步明确教师叙事的研究价值和地位,在实践中,继续推动教师基于网络、基于博客的教师叙事。

其次,革新教师叙事的发展路径。教师叙事本质上是教师心理能量的释放,是一个发自本心的"我要讲"的心理冲动,而不是被动的对"要我讲"的机械回应。在教师叙事发展初期,很多地区采用了行政推动的方式,基本沿着"教育管理部门组建教师博客群,教师实名登录,分配写作任务,完成博客写作"这样一个流程开展起来,这种措施对于教师快速熟悉叙事方法和技巧起到了积极作用,但要更好地实现教师叙事的审美价值则要求我们革新教师叙事的推进方式,从运动式的、行政命令推动的教师叙事方式转向鼓励教师主动写作的方式,取消实名博客写作要求、取消个人发表数量规定、鼓励主题多元的叙事探讨,这都是推动教师叙事深入发展的必要举措。基于这种考虑,在本研究后期,笔者不再强求幼儿教师一定要完成某个主题、一定数量的博文,而是鼓励教师更自由地讲自己的故事,故事的形式也不仅限于文字,一张教学的照片、一段幼儿活动的视频都可以成为一种教师叙事,并引导教师用照片题目设计、视频说明等形式进行对叙事的反思。

最后,加强教师叙事的方法指导。教师叙事的深刻和独特也是有条件的,教师叙事不是简单的情景再现,关键还得有深刻的体验以及将这些体验组织成文字的能力。虽然故事人人可说,但同样的事件,有的人可以讲的绘声绘色,有的人则讲的枯燥干瘪,这是表达的功夫;同样的故事,有的人就事论事只看到了情节,而有的人却能从简单中体验到深刻,这是反思的能力,缺乏这些能力就很难做出有研究价值的叙事。因此,有专家感慨教师叙事的门槛虽然很

---

① Cumming J., *The Power of Narrative to Enhance Quality in Teaching, Learning, and Research*, Maclean R, Springer Netherlands, 2007, 17—33.

低，比较容易迈入，但要迈出这个门槛却很难。① 表达能力、反思意识、批判精神，这些成功叙事的个体特征需要教师深入的学习。基于这种考虑，对叙事研究的培训就不能限于行动前期一两次的讲座，而应结合教师的实践贯穿于教师叙事的过程中，研究后期，我们在集体研讨时就会将教师的叙事与教师实践的过程描述或视频实录等结合到一起进行分析讨论，一方面将教师叙事作为案例的组成部分进行案例研究，另一方面结合这种综合的案例进行叙事方法的指导。

第四节　教育技术能力发展行动的评价

我们这里的行动中主要采用了案例研究和叙事研究的方法，这两种方法也是实践中对教师进行培训的常用方法，研究者对其在理论上有过较深入的探讨，对方法的有效性也有比较广泛的共识。但具体到幼儿教师这一特殊群体、具体到教育技术能力提高这个目标，以及两种方法与教师行动结合的这一能力发展模式是否有效，还需要进行有针对性的评价。

一、能力发展行动评价的基本思路

本研究中与幼儿教师合作进行的教育技术能力发展行动本质上是一种教师的发展项目。根据美国学者 Thomas R. Guskey 的分析，对教师发展项目的评价主要从参与培训者的反应、参与培训者学习、学习支持、对新知识和技能的运用以及教师所教学生的学习成绩这 5 个维度。② 分析这种 5 个评价维度，结合本研究的运行，可以看到这 5 个维度中参与培训者的反应主要是考察幼儿教师对这种学习活动在情感上的体验；而参与培训者的学习主要是参与行动教师在实践性知识上的提高以及教育技术能力的发展；新知识的应用主要反映在幼儿教师是否愿意在今后的实践中继续应用这里的发展模式；组织支持则主要体现在教师在行动中对来自外部支持的感受；学生的学习结果主要反映在与教师相关的儿童成绩的提升或家长感受到幼儿教育效果的变化，但是就本研究而言，教师教育技术能力的提升还较难反映到学生的成绩上。这主要有两点原

---

① 王洪才：《叙事研究：价值、规范与局限》，载《教育科学研究》2012 年第 4 期。
② 詹青龙：《信息技术教师培训模型研究》，博士学位论文，华东师范大学，2007 年。

因，一方面幼儿教师发展的根本目的并非儿童的知识学习，因此不宜用可量化的学生成绩反映教师能力的提升；另一方面儿童的成绩实际上也是多种因素影响的结果，并不直接与教师的学习相关，同样就家长而言也有这种情况，短短几个轮次的培训很难让教师取得家长能感受到的变化，即便家长表示感受到教师变得更好或是更不好，也很难说明这种评价有多少来自教师教育技术能力的提高。因此评价中暂未考虑学生的学习成绩这一维度。

此外，对于能力发展行动的整体感受可以分别从整体效果和分项的案例研究、叙事研究分别分析，从能力发展主体来看也可以进一步调查行动对教师自身以及自身感受到对他人的影响；对学习结果，即教育技术实践性知识的生成这一维度又可以根据图2.2能力模型中表现层的结构，进一步9项二级指标，这就可以对四个维度的评价进一步细化。最后，我们从4个维度构建了对能力发展模式的评价体系（表5.4），从这4个维度对行动效果进行评价，同时对基于实践性知识生成的教育技术能力发展模式的有效性进行检验。

表5.4 能力发展行动评价指标

评价主要维度	一级指标	二级评价指标
学习感受：对能力发展活动的印象	1. 对整体效果的感受	1.1 对自己很有帮助
		1.2 其他同事收获很大
	2. 对案例研究的感受	2.1 案例对我很有用
		2.2 对同事帮助很大
	3. 对叙事研究的感受	3.1 叙事对我的帮助
		3.2 叙事对同事的帮助
学习结果：教育技术能力提升	4. 实践性知识支持的教育技术创造活动	4.1 对学生
		4.2 对家长
		4.3 对自身发展
	5. 实践性知识支持的教育技术使用活动	5.1 对学生
		5.2 对家长
		5.3 对自身发展
	6. 实践性知识支持的管理活动	6.1 对学生
		6.2 对家长
		6.3 对自身发展
学习结果的应用	7. 继续进行的意愿	7.1 继续案例研究
		7.2 继续叙事
组织支持	8. 来自共同体的帮助	8.1 同伴的合作帮助很大

幼儿教师教育技术能力发展：理论与实践

由于直接询问参加行动教师个体的行动收获，教师可能会隐瞒自己负面的评价，所以二级评价指标中对能力发展活动印象的评价增加了其他同事收获这一项。另一方面，由于评价的主要目的是实践性知识的生成，以及实践性知识支持的教育技术能力发展，而实践性知识支持的活动往往是较难操作化的，因此在问卷中我们主要根据L园和Y园中教师熟悉的教育技术能力活动设计问题，题目选择了教师经常使用的微信、安康家园班级主页等具体的实践形式，而且在表述上强调了与行动前相比是否"更"有变化，这里的问题主要是通过教师对自我能力提升的主观感受对问题进行回答，最后得到一个《教育技术能力发展行动效果调查问卷》（附录4）。

对教师的评价是一个充满困难的实践领域，面对评价时，教师总是会担心和惧怕自己受到误解，怀疑自己不被他人信任，担心不了解评价者，担心评价者不能胜任评价工作，担心评价成为奖惩的依据等。[①] 为消除教师的疑虑，我们在对行动进行评价时特别向参与行动的教师强调，这里的评价仅仅针对本次教育技术能力发展行动，与教师的奖惩完全无关。总之，在评价理念上，我们尊重行动中教师的辛勤劳动，相信教师具有改进工作的愿望，相信她们的发展潜力，力图使教师参与这个评价过程更积极，更诚实。

除了调查问卷这个基本工具外，定性的观察或访谈也是以往许多关于教师能力发展项目研究常用的方法。例如，詹青龙对信息技术教师培训模型的评价在采用了问卷调查的基础上，同时还采用了实地观察、访谈的方法来收集资料，[②] 马萌在对其设计的向教师需求的及时培训模式进行评价时除了问卷调查，也注意到了结构化访谈的做法。[③] 本研究同样设计了访谈题目，对部分参与了本次行动的老师进行了访谈，从活动的总体评价、对教育技术认识的变化、个人行为的变化以及教师感受到的行动中的困难等进行了访谈。我们认为，从教师的话语中可能更容易把握其实践性知识的变化。通过对相关数据的分析，可以看到这种基于实践性知识生成的教育技术能力发展模式的有效性。

二、基于问卷的效果评价

2015年初，在L园和Y园进行的基于教育技术能力发展模式的设计研究

[①] 王斌华：《发展性教师评价制度》，华东师范大学出版社2003年版，第31页。
[②] 詹青龙：《信息技术教师培训模型研究》，博士学位论文，华东师范大学，2007年。
[③] 马萌：《面向教师需求的教师及时培训模式研究》，博士学位论文，东北师范大学，2011年。

告一段落后,我们对参与行动的幼儿教师发放了《教育技术能力发展行动效果调查问卷》,对行动效果进行了调查。

(一)对教育技术能力发展行动效果整体的描述性分析

问卷设计的 18 个问题项分别从表 5.4 所述的 4 个维度对教师发展情况进行了调查。为保证问卷的信度,问卷发放前邀请在 L 园实习,并参与了本次行动的实习学生对问卷进行了测试,并对可能模糊的地方进行了修改或说明。问卷整体信度 α 为 0.89,信度较好,而关于行动的整体感受、学习结果、结果应用等子维度内的题目项之间的回答也有比较好的一致性,问卷整体有较好的结构效度。最后,我们发放问卷 30 份,其中 L 园和 Y 园各 15 份,回收有效问卷 30 份,对于回收的问卷信息导入 SPSS16.0 进行了处理后,得到教师对行动的评价结果如下(表 5.5)。

表 5.5 教育技术能力发展效果调查结果统计

	极小值	极大值	均值	标准差
1. 本次活动对自己很有帮助	2	5	3.93	.740
2. 本次行动中其他同事收获很大	2	5	3.63	.615
3. 案例研究中我有很大的收获	4	5	4.20	.407
4. 案例研究对同事帮助很大	3	5	3.93	.450
5. 通过叙事研究我有很大收获	2	5	3.43	.679
6. 同事通过叙事研究有了很大的提高	2	5	3.17	.699
7. 在设计制作适合幼儿使用的课件上我有很大提高	3	5	3.73	.691
8. 我能更好地设计安康家园的班级主页	3	5	4.07	.640
9. 我最近收藏了一些专业网站和专家的 QQ	3	5	3.57	.568
10. 我会使用符合幼儿特点的教育软件	3	5	3.73	.583
11. 我能够更好地应用 QQ、微信等工具和家长交流	2	5	3.50	.682
12. 我更明白了如何利用各种资源促进自身水平的提高	2	5	3.43	.728
13. 我更会为幼儿选择学习课件了	2	5	3.83	.699
14. 在微信群或 QQ 群里我能更好地调动家长发言的积极性	2	4	3.23	.626
15. 我的 qq 空间里多了许多学习的内容	3	5	4.00	.743
16. 以后我还会继续进行类似的案例研究	3	5	4.03	.615
17. 以后我还会继续进行叙事写作	2	4	3.23	.679
18. 在行动的过程中,同伴的合作对我帮助很大	3	4	3.53	.507

注:分值表示对调查项的赞同程度,1 分表示非常不同意,5 分表示非常同意

通过表 5.5 反应的数据可以看到，参与行动的幼儿教师整体上对这种基于实践性生成的教育技术能力发展行动持肯定态度，大部分参与行动的教师比较认同行动的价值，对个人在行动中的收获也表示乐观，特别是在评议他人的问题上，绝大多数教师也还是看到了行动中其他教师的收获。

整体来看教师对案例研究持更积极的态度，对自己的通过案例学习收获评价的均值达到了 4.03，说明大部分参与行动的教师认为案例学习有价值。但也能看到教师对叙事研究的效果相对评价低一些，这也在事实上印证了前文讨论的"李克东难题"，不仅是研究者，实践者自己往往也说不清楚教师叙事研究在认知维度的价值。为此，在教师叙事研究中，一方面要让教师更全面地把握叙事的价值，特别是叙事研究在审美维度的价值，另一方面也要继续鼓励教师进行叙事研究的行动，并在长时间的行动中体悟叙事研究的价值。

（二）对两所幼儿园教师各维度表现的差异性分析

本研究中的调查来自两所幼儿园的教师，这两所幼儿园都是区属的比较好的公办幼儿园，两园的办学条件、师资情况都是相似的，但两所幼儿园教师参加本研究的能力发展行动的时间有所不同，L 园的教师整体上参加了 8 周的行动，而 Y 园一共进行了 4 周的案例研究及教师叙事研究的行动，这种时间上的差异可能也会反映在幼儿教师对能力发展行动效果的评价上。因此，我们以不同的幼儿园为分组变量，对两所幼儿园教师对能力发展行动的评价分别进行了独立样本 T 检验，以此分析参加能力发展行动时间的长短会不会对教师的评价产生影响。数据导入 SPSS16.0 后，选择比较均值中的独立样本 T 检验，以幼儿园为分组变量，考察各问题回答情况。

研究表明，两所幼儿园的教师在对问卷中许多问题的回答上都有所不同，整体来看参与行动时间更长的 L 园的教师对行动的整体感受（问题 1—问题 6）有更好的评价，而且在学习结果、继续学习的意愿等维度均值也要高于 Y 园的教师。结合对两所幼儿园教师各个问题回答的 T 检验看，在题号为 5、6、7、8、12、14、17 的问题回答中，两组教师的回答有明显不同，我们注意到其中 5、6、17 题都是与叙事研究相关的，也就是说参加行动时间较长的 L 园的幼儿教师对叙事研究的评价要明显高于 Y 园的教师，所以我们或许可以得出结论，幼儿教师对叙事研究的认同需要长时间的叙事实践。

分析其他有明显差异的题目，也可以从实践性知识生成的角度分析。可以看到 7、8 题中的设计制作课件、设计班级主页，12 题中的专业发展，14 题中的调动家长积极性都是比较个性化的教师实践，很难从案例中模仿，也就是说这些题目背后涉及到更多的实践性知识，这些知识的生成也需要一定时间，因此表现为 L 园教师和 Y 园教师答案的差异。因此，对于这种以实践性知识生成为基础的教师发展模式应该更关注其持续性。

三、基于访谈的效果评价

除了问卷调查外，笔者还对参与行动的幼儿园教师进行了访谈，这些教师都是"有编制"的，都曾经学习过教育技术的相关课程，而且在我们的教育技术能力发展行动中比较积极地参加了案例研究和叙事研究的各项讨论活动，对行动的效果和问题有比较直接的感悟，她们的意见能够比较客观地反应本研究基于实践性知识生成提高教育技术能力的效果。因此，在行动结束后，笔者按预先设计的访谈提纲（附录 5）对部分教师进行了相关访谈。

（一）对能力发展行动的整体评价

为了解行动的整体效果，我们分别向参与行动的教师询问了她们对这大约两月的学习活动的整体感受，对此，不同的教师给出了不同的回答，但整体上都对教育技术能力发展行动的价值表示肯定。

问：您觉得这两个月的学习效果怎么样？您有什么样的感受？

G 老师：这种培训方式挺好的，听课的话听过就算了，咱们这活动都要求老师自己动手，找的案例都挺实用的，而且老师们在一起讨论学习，我觉得特别好。

L 老师：这次活动与我们的工作结合得特别好，学的那些案例挺多都能直接拿过来用的，自己教学时遇到的问题也能一起讨论，大伙帮着一起出出主意，我觉得收获挺大。

S 老师：我大学的时候也学过教育技术课，但是工作后发现那些东西挺多都用不上，我现在带的是小小班，平时也不能用课件什么的上课呀，就觉得工作跟教育技术没什么关系似的，这次学习后我获得了一些新的理念，也越来越觉得教育技术有用了。

H 老师：这样的培训挺有价值，活动组织方法让我很有感触，而且还加强了跟其他老师之间的交流和合作。

Z 老师：这种活动很好，活动中的团队合作其实挺难得的，大家集中在一起分析那些案例对我帮助很大，特别是后面大家一起分析我跟家长在空间里交流的例子，让我看到了很多自己看不到的问题。

由于不同教师在过去一段时间的学习中有不同的感受，而且对"整体感受"这一问题会有不同的理解，所以在具体回答中侧重角度有所不同，但总的来说受访教师均对这次基于实践性知识生成的教育技术能力发展行动给予了积极的评价。进一步分析教师的话语，可以看到"实用"和"合作"是教师谈话中的两个中心，如G老师说的"挺实用的"、L老师说的"能直接拿过来用"、S老师说的"用不上……有用了"都反映出这种"实用"的倾向，而这种实践中的"有用"正是因为本研究的行动关注了幼儿教师的具体工作情境；此外，"合作"也是教师回答问题时最常提到一个词，有4个教师在评价中提到了对教师集体合作交流的认同。对具体情境的关注、对教师间合作交流的重视是发展教师实践性知识的必要条件，教师在行动中感受到这种情境和合作的价值说明教师把握到了行动的关键，一定程度上反映了行动的效果。

（二）对教育技术认识的变化

如果教师的教育技术能力得到了发展，那么他对教育技术的认识会有所变化，从教育技术能力的静态构成看，教育技术能力包括意识与态度、知识和技能、应用与创新以及社会责任等4个维度的内容，其中意识与态度这一维度包含了大量的实践性知识内容，因此从教师意识与态度的转化中可能看到她们教育技术能力的变化，为此，笔者设计了相应的访谈问题。

问：在学习后您对教育技术的看法有没有什么变化？

G老师：我在这工作的时间差不多是最长的了，这两年都提倡使用教育技术，学校也进了电脑、投影什么的，但我总觉得不大用得上，也就是上公开课的时候用用，也没觉得比没有时好到哪里去，没电脑时我上的也不错，通过培训我发现这些东西用好了真不错，备课更省事儿了，而且也更能调动孩子们的积极性。

K老师：原来我觉得教育技术就是做课件，上课的时候用点儿PPT，总觉得自己在技术上还行，现在看这些想法不大全面，怎么用好课件也需要相当的工夫，而且怎么用这些教育技术工具跟家长、同事交流也都得进一步学习。

S老师：我原来觉得自己还行，大学时学过PPT、flash什么的，成绩挺不错的，QQ、微信之类的我也都会用，但是就是不大用，也不知道该怎么用，现在我觉得教育技术和我们的工作联系挺密切的，不过要用好的话真需要一些专门的学习，得有一定的理论功底，我现在经常在QQ里组织家长学习、讨论，现在正跟家长一起做孩子的电子档案呢。

W老师：实话说，原来觉得教育技术离我们挺远的，幼儿园不像是中小学，学的东西都比较简单，用图片、实物什么的孩子们就能明白了，现在觉得教育技术挺近的，不仅是教学里面，跟家长、同事、专家交流的时候都用得到。其实学校里校讯通、校园网也都有，但原来没怎么琢磨，这里面挺多事儿值得琢磨。

Z 老师：原来我也觉得教育技术很有用，但主要是把教育技术看成是上课用课件，现在觉得教育技术应用其实是很广的，它对我们的专业发展，对于家校合作都很有价值，不只是课件那么简单。

受访的这些教师都表示自己在对教育技术的认识上有一定变化，这些教师以往也大都相信教育技术是有价值的，行动之后她们对教育技术价值的认识在性质上也没有本质的变化。但可以注意到经过案例研究和教师叙事研究后这些幼儿教师对教育技术的认识增加了许多个性化的理解，在描述中 G 老师所说的"省事儿"、K 老师认识到的"需要相当的工夫"、S 老师所说的"挺近的"等都是在自己经验基础上对教育技术的认识。阿基里斯和舍恩认为个体所有的理论实际上包括信奉理论（espoused theory）和使用理论（theory in use）两种，信奉理论往往是当事人口头上宣称的他遵行的理论，而使用理论则是当事人在行动中推论出来的理论，而且使用理论与人们的行动具有较高的一致性。① 根据这种信奉理论和使用理论的区分，可以看到虽然表面上受访教师在教育技术价值这一问题上没有变化，但实际上教师对于教育技术的认识已经经历了从信奉理论到使用理论的转换，而受访教师所说的"调动积极性"、"用工具跟家长、同事交流"、"制作电子档案袋"等行为一定程度上也体现了使用理论与个体行为之间的一致性。

（三）教育技术应用行为的变化

教师教育技术能力的变化最终要反映到到本研究能力模型的表现层上，因此通过受访教师的教育技术实践可能更直观地看到她们的教育技术能力状况，这是笔者在教育技术能力现状考察阶段采用关键事件分析的依据，在这里对关键的行为事件进行分析也同样有价值。为此，笔者设计了相应的访谈问题。

问：你最近干了什么跟教育技术相关的觉得印象很深的事儿？

G 老师：我在教大班孩子儿歌《鸭妈妈和鸡阿姨》的时候，自己用 PPT 做了个课件，我设计的是先讲这个故事，然后请孩子说说故事里的人物、事件

---

① 李莉春：《"信奉理论"与"使用理论"之辩及其对教育实践的意义》，载《外国教育研究》2010 年第 1 期。

等，最后再学唱歌，这样能培养孩子的表达能力、节奏感。讲故事的时候用这个课件效果特别好，这个课件虽然很简单，但明显提高了孩子的参与热情，孩子们看到了图片的很多细节，对故事的理解也出乎我的意料。

L老师：上个月我在QQ群里开了个家长会，主要是安排家长帮助孩子做一个树叶画。以前也安排过这个活动，但家长经常不明白做什么，有的时候家长反复问做什么、怎么做之类的问题，交上来的树叶画也不大好，挺多完全是家长替做的，我就在QQ上开了这么一个家长会，告诉家长这个活动的目的、意义、注意事项，传了几个比较好的给家长参考，后面学生做的作品要比以前好很多。

S老师：我最近正在与家长一起做孩子的电子档案。原来我也会在课堂上照一些孩子的照片从微信群里发给家长，但是照相没什么计划，也不知道家长拿照片去干什么了。我现在正在QQ上组织家长一起学习，期末的时候让家长用这些照片和他们自己的照片做个孩子的电子档案，以后也可以放在我们园的网上。

H老师：在咱们学习的时候我就对专业发展这方面挺感兴趣的，我前几天在QQ上找到一个做学前教育的冯老师，加了她为好友，她的空间里有活动设计、教室环境布置、儿童游戏、简笔画手工等资源，我觉得特别有用。不过她可能挺忙的，我跟她说话留言好几天都没反应。

Z老师：我最近还没具体干什么，现在是想着把我们班的那个主页弄起来，我看案例里那个挺好的，不过这得把家长调动起来，我在QQ群里说过两次了，家长反应也挺好，这几天就准备干这个事儿。

对比本研究在幼儿教师教育技术能力现状调查阶段的关键事件，可以看到这里的教师陈述的教育技术行为作用方向更广了，教师描述的行动中大都涉及到了教育技术应用于与家长、校外专家的交流等方面，而且，在陈述中也能够看到教师对于技术与教学内容、学生、家长等个性化内容的结合，这一定程度上反映了教师对于教育技术理解的深化。

（四）对学习行动的困难的认识

对于一项教师专业发展行动的评价除了要考虑行动对教师能力提升的结果之外，还要分析行动的代价。考虑到在之前问卷调查中参与行动的教师表现出的相对较低的参与行动的意愿，笔者就参与行动的困难对教师进行了访谈，请教师说说自己感受的学习过程中的困难有哪些。对这个问题教师的回答表现出较高的一致性，教师都提到了学习占用了较多的时间和精力。此外也有教师笑

第五章 基于教育技术能力发展模式的设计研究

着提到了使用手机上网消耗流量的问题（S老师），还有教师提到在教室里使用手机与家长沟通可能增大同班的保育员老师的负担问题，让同伴不满意的问题（H老师）。尽管教师们谈到了一些困难，但当被问及以后还有类似的活动会不会参加的时候，这些教师还都表现除了比较积极的态度。

当然任何形式的学习都需要付出一定的时间和精力，如何使教师不把这种必要的付出视为影响行动的困难，除了要加强教师对案例研究、叙事研究本身的理解，提高学习行动的内部品质外，还需要我们从案例研究和叙事研究之外进行思考，分析教师专业发展中的动力问题。

四、对幼儿教师能力发展行动中动力缺乏问题分析

在本研究的行动中，我们经常需要通过引入园长参与行动的方式来促成幼儿教师参与行动，但这种外部权威督促的方式显然缺乏稳定性。既然幼儿教师已经对案例研究和教师叙事研究有所了解，并对其价值有一定的认同，那么为什么还会在行动中表现出比较普遍的热情不足，需要外部权威来督促呢？笔者认为这一定意义上是图 4.1 所示的能力发展模型中的外部激励机制环节的反映。这也是研究评价阶段需要进一步思考的问题。教师行动的激励机制涉及政策、教师心理等多方面因素，往往较难找出一条主线，但从职业倦怠角度可以对问题进行一定的解析。

职业倦怠最初是美国心理学家弗登伯格提出，他用"职业倦怠"一词来描述一些服务于人的行业的从业者因工作时间、工作强度等引起的一种疲惫的心理状态。许多研究表明，教师是职业倦怠的易发群体，当教师产生职业倦怠现象时，对内会变得疲惫、沮丧，对外则常常表现为消极地处理教育教学工作。[1] 笔者认为，在本研究的行动中，幼儿教师表现出的热情不足、消极应对案例研究和教师叙事研究的现象一定程度上就是职业倦怠的表现。根据法伯的分类，教师的倦怠有狂热型（frenetic）、低挑战型（underchallenged）和劳瘁型（worn-out）三种类型，而不同的倦怠类型往往会导致教师不同的工作投入。狂热型的教师面对困难往往持续投入，希望通过不断的努力解决问题；劳瘁型的教师倾向于无视自己的责任，在工作之前就觉得自己无法控制而放弃努力，往往不会对工作投入更多的精力；低挑战型的教师在投入上介于前两者之

---

[1] Bianchi R., "What is 'severe burnout' and can its prevalence be assessed?", *Intensive Care Medicine*, 2015, 41 (1): 166.

间，教师会因为工作的单调而感到厌倦，往往应付性地处理工作，虽然不至于完全忽视自己的责任，但也不愿意持续努力来克服困难。① 虽然我们不容易明确区分幼儿教师倦怠的类型，但整体来看教师实践中表现出狂热型倦怠相关的特征较少，大多数幼儿教师表现出的是对工作投入的减少。

如果我们将动力不足看作一种职业倦怠，并把这种职业倦怠看作教师的一种心理行为，那么根据勒温的场动力理论，对于幼儿教师群体表现出的职业倦怠现象可以用一个数学式表示，该式可以写为：B＝f（P，E）。在这个式子里B表示教师的动力不足的行为，P是教师个体的行动，而E表示教师的工作环境。显然教师动力不足问题既有可能是教师自身问题，更有可能是因为幼儿教师的工作场（E）才发生的。因此，我们既需要关注幼儿教师自身发展，同时更需要社会、幼儿园对幼儿教师行动的外部环境进行优化和调整。

（一）幼儿教师个体层面

幼儿教师是职业倦怠这个心理行为的主体，通过提高幼儿教师的素养（P），同样能使其心理行为少受不利环境的影响。当幼儿教师抱怨"累不觉爱"的时候，其实也应该看到硬币的另一面是"爱不觉累"。有了对幼儿、对幼儿教师这个职业的理解和爱，掌握了幼儿教育的能力，就有了努力工作的动力和方向，自然也就更容易远离身心的疲惫。因此，幼儿教师应更主动地学习，通过参与式培训、自主学习、行动研究等多种形式提高自身的专业能力，进而舒缓工作压力。

（二）幼儿园层面

幼儿园应该明确幼儿教师的工作职责，减轻教师的工作负荷。除了对内明确工作职责外，还要向幼儿教师及幼儿家长宣传，幼儿教师可以根据工作职责明确自身的角色定位，并据此拟定自己的专业发展目标，家长明确教师的职责可以更好地与教师沟通，配合幼儿教师给孩子提供更好的发展机会。

幼儿园还应该营造和谐的文化，注意建设以人为本的幼儿园管理制度。关注幼儿教师的发展，帮助幼儿教师解决生活工作中的困难；营造自主的教育环境，让幼儿教师能够参与到幼儿园事物的管理中；组织幼儿园教研活动，加强

---

① Montero-Marín J, Garcia-Campayo J, Mosquera Mera D, et al.,"A new definition of burnout syndrome based on Farber's proposal", *Journal of Occupational Medicine and Toxicology*. 2009, 4(1): 1—17.

幼儿教师之间的联系，用同事的支持为幼儿教师发展提供智力支持和精神慰藉。

创建有效的家校合作形式，加深幼儿家长对幼儿教师工作的理解。通过邀请家长观摩公开课、组织开放日、亲子活动等形式让家长参与到幼儿园的教育中来，与幼儿教师合力促进幼儿的发展；通过组建幼儿园的家长委员会等形式用更理性的方法与幼儿教师沟通；通过学校提升幼儿家长的教育能力，深化家长对幼儿园工作的理解。

（三）社会层面

在制度上，政府要通过完善幼儿园建园准入标准、幼儿教师专业标准体系等，管理好幼儿园的建设门槛和幼儿教师的入职门槛，此外还要通过建立幼儿园质量认证体系，完善相应的幼儿教师的职后教育体系，通过制度建设保证幼儿教师的内功。

在经济层面，要切实提高幼儿教师的待遇，从工资水平、福利待遇等方面提高幼儿教师的经济地位，进而保证他们的社会地位，吸引更多有能力的人来做幼儿教师。完善幼儿教师职业发展的上升通道，通过阶梯式、差异化的薪酬体系保证幼儿教师发展的动力。

在宣传舆论层面，要借助各种媒体对幼儿教师工作的价值进行宣传，引导社会对幼儿教师工作价值的理解以及对幼儿教师的尊重；树立一些幼儿名师典范，以榜样示范为幼儿教师的发展提供参照。通过全社会的舆论宣传培育幼儿教师发展的文化。

幼儿教师参与能力发展行动中热情不足一定程度上源于幼儿教师的疲惫，而这种疲惫并非完全源于幼儿园工作的劳累，而是幼儿教师自身特征与其教育活动所处环境共同作用的结果，通过提升个人能力，改善幼儿教师教育活动的"场"，幼儿教师有望获得更强的职业幸福，才能远离职业倦怠，从而更积极地参与到专业能力提升的项目上来，而这需要社会各个层面的努力。

第六章　总结与展望

一、对本研究的总结

(一) 研究的基本过程

在对已有的"教育技术能力标准"和"信息技术应用能力标准"分析的基础上，我们看到：一方面，当前的教育技术能力标准在内容上不能涵盖幼儿教师的教育技术实践，因此不适合指导幼儿教师教育技术能力的发展；另一方面，两个标准在教育技术能力内容的确定上分别体现了要素分析和活动分析这两种思路，要素分析的结构更清楚，而活动分析的结果更具情境性。

研究中，我们借鉴活动分析的思路应用德尔菲法对幼儿教师的教育技术活动进行了分析，同时采用尽量减少人工干预的聚类分析法对这些教育技术活动进行了归类。基于这种归类结果，我们提出了一个可以解释这种能力分类的三层次的教育技术能力模型，并据此分析了幼儿教师教育技术能力的基本构成。

参照我们建构的教育技术能力模型对当前幼儿教师教育技术能力现状的分析，通过问卷调查可以看到幼儿教师应用教育技术活动中有能力行为层关注不均衡的现象，幼儿教师对于指向家长和指向自身的教育技术实践应用较少。而利用关键事件分析和对个案的研究，可以看到当前幼儿教师的教育技术能力最突出的问题是创新性应用的不足，而问题的实质是能力模型中实践性知识的不足。因此我们指出，发展幼儿教师的教育技术能力问题的关键是促进幼儿教师的实践性知识的生成。

根据以往诸多关于实践性知识的研究，我们构建了一个有助于幼儿教师实践性知识生成，促进教师教育技术能力发展的一般模式，并设计了以教师案例研究和教师叙事研究为主的促进幼儿教师教育技术能力发展的行动路线。沿着这个行动路线，我们在实践中证明了通过教师案例研究和教师叙事研究，结合教师的日常教育行动发展教师的教育技术实践性知识，发展幼儿教师教育技术能力的可行性，并在理论层面对案例研究和教师叙事研究进行了总结，同时根据行动中的问题，我们还特别从职业倦怠维度对促进教师能力发展的动力机制问题进行了初步思考。回顾本研究，我们得到了一些结论，也发现了研究的一些问题。

（二）研究的主要结论

基于以上我们对幼儿教师教育技术技术能力是什么（能力的内容）、幼儿教师教育技术能力为什么（能力现状），以及幼儿教师教育技术能力怎么办（能力发展模式）这三个问题的探讨，研究得到了一些结论。

1. 幼儿教师教育技术能力是一个多维的复合结构，在内容上有别于中小学教师的教育技术能力。

在探索教育技术能力包括哪些内容的研究中，以往相关能力标准中主要反映了要素分析和活动分析这两种思路。"教育技术能力标准"中采用了要素分析的思路，标准先将教育技术能力抽象为"态度与意识"、"知识与技能"、"应用与创新"和"社会责任"等4个维度的框架，然后再观察具体活动，主要用演绎的形式构造对教育技术能力内容的认识。而"信息技术应用能力标准"主要采用了活动分析的思路，标准从具体教育中教育技术实践活动的观察、分析出发，搜集教育技术活动，并将这些活动按活动在教学中的位置分为"计划与准备"、"组织与管理"、"评估和诊断"等多个维度，主要使用的是一种归纳的方式。

本研究应用活动分析的思路总结幼儿教师的教育技术活动，研究表明幼儿教师的教育技术能力涉及各类知识、包含不同指向的多样的活动，这些类别化的活动可以用一个树状模型来描述，进而借助该模型，可以对幼儿教师教育技术能力进行3个维度的分析。从表现看幼儿教师的教育技术能力包括指向家长、学生和教师自身的创造、使用管理活动，从能力的知识基础看，教育技术能力包括理论性知识支持的能力活动和实践性知识支持的能力活动，两类活动表现相似，但程度不同，相应的能力发展方式也应有所不同。这种教育技术能力的分析方法让我们看到了幼儿教师教育技术能力在内容上与一般中小学教师的不同。

2. 幼儿教师教育技术能力的问题在于创新性应用不足，问题的核心是能力结构中的实践性知识的不足。

对幼儿教师教育技术能力构成的分析表明，教育技术能力很大一部分是实践性知识支持的内容,这部分内容较难用问卷方法测量。在对调查问卷这一研究工具分析的基础上,本研究采用了问卷调查、关键事件分析和个案分析的方法对幼儿教师教育技术能力的现状进行了研究。研究表明,当前幼儿教师教育技术能力的问题在于创新性应用的不足,而问题的核心在于能力模型中的实践性知识部分。

实践性知识是综合性的,然而要提高构成教师教育技术能力的综合能力,往往需要对这种未分化的能力进行专门化的抽象,并围绕专门的能力进行针对性的培养。以现代教育媒体为表征的教育技术并非天然存在于教师的教育实践中,而教育技术学科发展的历史和影响也往往落后于许多其他教育学二级学科,因此我们有必要从教育技术学科角度对这种综合性的教师能力进行分析,从教育技术实践性知识的角度对综合性的实践性知识进行分化的助长。

3. 借助园本的教师研究促进幼儿教师实践性知识的生成进而提升其教育技术能力是必要且可能的,而教师研究的价值也主要体现在实践性知识的生成。

基于对教育技术能力构成和当前幼儿教师教育技术能力现状的思考,可以看到幼儿教师的教育技术能力是不同于中小学教师的,其教育技术能力的主要问题是本体层的实践性知识的不足。本研究通过在一所幼儿园的设计研究证明了以实践性知识生成为基础,推动幼儿教师教育技术能力的发展是可能的

本研究的行动部分采取了教师案例研究和教师叙事研究的方法,并赋予了行动以"研究"的名称,然而这种不符合一般科学研究规范、不遵循科学研究写作规范的案例分析与叙事何以能够被称为研究?实践中,在研究方法意义上讨论案例研究和教师叙事研究时,许多学者往往很谨慎地使用"案例分析"、"案例学习"、"教师叙事"、"叙事探究"等术语而吝于赋予类似行动以研究的地位。事实上,本研究中教师的这些行动与传统意义上的教育研究也的确是迥然不同的:传统的受科学研究范式影响、以发现普适教育规律为旨趣的教育研究往往采用"RDDA"模式,即秉承一种"研究(Research)—开发(Development)—传播(Diffusion)—采纳(Adoption)"的行动路线,[①]而本研究中的"研究"却不以发现普适的教育规律为目的,而是去寻求教师个性化的理解,研究主要秉承了一种"观察——思考——行动——反思"的路线。如果研究的一个核心特征是产生新知识,那么从理论性知识和实践性知识这种二分的知识分类出发,可以看到,传统教育研究主要关注的是客观的、可编码的理论

---

① 黎平辉:《教育研究的价值转向与教师教学个性的生成》,载《全球教育展望》2012年第6期。

性知识，而教师的研究主要关注的是个性化的实践性知识。而实践性知识的价值往往不限于对于认知一个维度，而是综合了认知、情感和伦理等多个维度的，这也是本研究对教师叙事研究的价值进行讨论时所思考的。

（三）研究存在的主要不足

根据幼儿教师的实践活动分析幼儿教师教育技术能力的内容和结构，进而思考幼儿教师这一特殊群体的教育技术能力的提升策略是本研究的基本思路，审视本研究的思路和方法，可以看到研究仍存在许多不足。

1. 研究范围应进一步扩大

本研究采用个案研究的方法对幼儿教师的教育技术能力问题进行分析，虽然个案研究强调样本的典型性，但走出个案始终是个案研究的共同追求，① 理论上看通过对典型个案的分析，也能达到对某种类型现象的因果关系的说明和解释。② 但仅在一个幼儿园中设计改进实践性知识生成行动可能还是不能很好地从特殊指向普遍，从微观走向宏观。此外，实践性知识的生成是一个较长的过程，未来还需要更多幼儿教师更长时间的共同行动和观察思考。

2. 对教师能力发展中的动力机制问题应更全面地分析

本研究希望找到一条能够促进教师教育技术能力发展的可能路径，这里的发展应该不同于外力推动的自上而下的"培训"，而是教师由内而外的生长，但在设计研究的行动部分中我们还是不得不借助外力，依靠幼儿园长这一行政权威的加入推动教师参与行动。对教师能力发展的动力更进一步的思考是从职业倦怠视角进行分析的，并借鉴场动力理论提出了一些可能激发教师动力的建议，但相关建议也主要是采用思辨的方法获得的，相关讨论主要关注的也是幼儿教师的外部环境，要使教师教育技术能力的发展真正成为教师的成长，还需要更多角度的思考和行动。

（四）研究的主要创新之处

1. 在研究主题上明确了幼儿教师教育技术能力的特殊性

以往研究在思考幼儿教师教育技术能力问题时，往往采用中小学教师教育技术能力的相关研究结论，对幼儿教师教育技术能力的相关讨论往往仅关注了

---

① 卢晖临、李雪：《如何走出个案——从个案研究到扩展个案研究》，载《中国社会科学》2007年第1期。
② 陆益龙：《定性社会研究方法》，商务印书馆，2011年版，第98页。

教学方面的应用，对幼儿教师工作的特殊性关注不够。本研究借鉴活动分析的思路，采用德尔菲法从幼儿教师的教育技术实践活动中分析幼儿教师教育技术能力，提出了面向学生、家长和教师的教育技术作用方向的维度，并构建了一个幼儿教师教育技术能力模型，对于全面而系统地认识幼儿教师的教育技术能力具有一定的价值。

2. 在研究方法上综合应用了多领域的典型方法

新的研究主题意味着新的问题和新的研究内容，而这往往要求新的研究方法。本研究综合应用了多个领域的典型方法，丰富了教育技术能力的研究方法。具体来说本研究采用了：（1）德尔菲法和聚类分析法。在幼儿教师教育技术能力内容构成方面，研究采用了德尔菲法并应用了聚类分析对能力的分类。德尔菲法是近年来社会科学研究中经常采用的一种研究方法，而聚类分析是数据挖掘的一种方式，这种跨领域方法的综合应用减少了本研究中确定幼儿教师教育技术内容时的主观性，而且操作成本相对较低。（2）关键事件分析法。在幼儿教师教育技术能力现状分析方面，我们对以往最常用的问卷进行了方法论层面的检视，研究表明问卷调查往往不能反映实践性知识支持的教育技术能力状况，因此在本研究中综合应用了问卷以及关键事件分析和个案研究的多元方法。

3. 在研究结果上有一些新发现

由于使用了新的研究方法，所以得到了一些较新的结论。具体来说，主要体现在以下三个方面：（1）明确了幼儿教师教育技术能力的根本问题。通过问卷、关键事件分析和个案研究，我们看到幼儿教师教育技术能力活动内容上的不均衡以及实践性知识支持的创新性应用不足的问题，并明确了问题的核心是实践性知识的生成。（2）构建了全面的幼儿教师教育技术能力模型。在幼儿教师教育技术能力活动分析及活动聚类的基础上我们构建了一个表征幼儿教师教育技术能力的树状模型，并在此基础上得到了一个"$3 \times 3 \times 2$"的内容结构图，这对于全面把握幼儿教师教育技术能力的构成有较好的启发意义。（3）明确了教育技术意识与态度的层次性。而运用关键事件从主观规范、感知易用性和感知有用性分析"意识与态度"的背后原因，能够更准确地判断"意识与态度"这个比较隐性的内容，这是以往问卷调查较难判断的。

二、研究展望

研究的问题蕴含着未来前进的方向，本论文主要就幼儿教师这一特殊学段的教师在能力表现层的特征进行了总结，而对于其能力本体层的特点则没有进行更全面的论述，而且由于研究关注的是实践性知识部分，所以对于本体层中幼儿教师应具有的理论性知识也缺少深入的分析。但这里的理论性知识同样是幼儿教师教育技术能力的重要组成，而且仅就能力发展而言，它对于帮助职前阶段的幼儿教师形成教育技术能力更有价值，因此后续研究将对理论性知识内容，尤其是本体层的理论性知识的目标、内容等进行更系统的思考和系统的梳理。

本研究中，对于幼儿教师教育技术能力的基本构成仅仅提供了一个结构框架，对于框架下的具体内容则需要进一步细化，而这种完整框架的建立需要大量的调查和实际观察，这也是今后研究应该关注的重要内容。

此外，在本研究中对幼儿教师教育技术能力发展模式的评价只是从教师的自评、教师的行为进行的，要全面分析发展模式的效果还应该更充分地吸纳家长、管理者等利益相关者的意见。

从广义的教育技术历史来看，教育技术是教育实践中不可或缺的要素：教育的历史有多长，教育技术的历史就有多长；而展望未来，教育技术更是教育实践发展的一个核心动力，教育技术将深刻改变教育的实践形态。因此，教师的教育技术能力的提升应该是纵贯其职业生涯的目标，而教育技术能力的提升必将更好地推动教师的专业发展，使教师不断超越自己，成为教师中的教师，这需要教育研究者和教师们共同的努力。

附录1 专家咨询意见问卷

尊敬的老师:

您好!现在我们需要了解您对幼儿教育中教育技术能力的认识,您认为从您的体会来看什么样的教师是一个具备教育技术能力的教师呢?请您列举4—5条您认为比较关键的、能体现教师教育技术能力的活动表现。

该咨询问卷完全用于学术研究,您的答案不存在对错之分,请您尽量根据自己的经验回答问题。非常感谢您的配合!

附录2 教育技术能力构成的性质调查问卷

亲爱的同学：

您好！我们现在正在对幼儿教师的教育技术能力构成进行研究，现在请您就能力内容项所标注内容的复杂性和这种能力获得的难易性赋分。例如：如果您认为能力项所提到的能力内容非常具体打1分，在表格中写1，如果认为内容非常复杂涉及多种知识请在表格中写10；对于获得难度的调查也是一样，如果您认为能力项提到的内容很容易学会请在表格中写1，如果您认为很难掌握这种能力写10。

非常感谢您的配合！

能力内容项	能力项的补充说明	复杂性	获得难度
n1：设计班级主页	用教育技术展示班园的风采；管理班级主页		
n2：开发优秀的教育技术课件	会做课件；了解制作多媒体课件		
n3：懂得应用技术与家长交流	使用校讯通；用微信、QQ跟家长联系		
n4：通过网络进行合作教研	经常到网上看点学习的东西；网上查资料；网上跟专家交流		
n5：懂教育技术操作	熟练使用计算机（PPT，word）；会应用维修计算机；使用计算机；用教育软件		
n6：能用照相机、摄像机等设备	用照相机、打印机、扫描、摄像；给孩子照相录像		
n7：掌握基础性理论知识	系统理论、教学理论等		
n8：系统设置教学环境和教学过程	系统地应用技术		
n9：熟悉网络操作和网络知识等	使用互联网找资料；找图片、音乐、儿歌、动画等资源；网上查资料		

续表

能力内容项	能力项的补充说明	复杂性	获得难度
n10：用教育技术提高教学	提高教学质量；教育技术活跃课堂气氛；用技术激发孩子积极性提高教学效果；能够制作符合幼儿特点的课件；		
n11：阐释教育技术知识	了解教育技术的基本知识；有扎实的理论知识；简单了解教育技术的基本知识		
n12：教育技术理念	认识到信息化是未来幼儿园发展的必然趋势；有教育技术意识；确信信息技术的价值；对教育技术有信心		
n13：用白板上课			

附录3 幼儿教师教育技术能力发展情况调查问卷

尊敬的老师：

您好！首先对您在百忙中填写本问卷表示感谢！

本问卷旨在调查幼儿教师教育技术能力现状，以便更好地推进幼儿教师教育技术能力发展。对大部分问题您只需要在认可的选项前的"□"内打"√"或者在横线上表达您的真实想法，最后的问题需要耽误您几分钟帮助填写。本问卷属匿名填写，答案无所谓对错，仅作研究之用，希望能够得到您的真实情况和想法。

1. 您的性别：□男　　　　□女
2. 您的学历：□中专/高中　□大专　　□本科　　□硕士/博士
3. 您的教龄：□1—5年　　□6—10年　□11—20年　□20年以上
4. 您的职称：□高级　　　□一级　　□二级　　□不清楚
5. 您任教的幼儿园教室里是否有大屏幕电视：□有　□没有
6. 您任教的幼儿园是否有家校通等与家长互动的平台：□有　□没有
7. 您在幼儿园里有没有连接网络的电脑使用：□有　□没有
8. 您是否系统学习过教育技术的相关课程？□学过　□没学过
9. 您是否了解教育技术的相关理论？
□完全不了解　□不了解　□一般　□了解　□十分了解
10. 您是否了解教学系统设计的一般方法？
□完全不了解　□不了解　□一般　□了解　□十分了解
11. 您是否了解计算机的一般操作（windows、上网、office、QQ等）？
□完全不了解　□不了解　□一般　□了解　□十分了解
12. 您是否能自己制作教学中使用的教学资源（视频、PPT、动画、课件等）？

□完全做不了　□有困难　□差不多　□可以　□完全可以

13. 教学中是否使用教学设计的相关分析、教学目标设计教学内容？

□从来不用　□极少使用　□偶尔使用　□经常使用

14. 教学中您是否使用教育技术的相关资源（课件、教学图片、教学视频等）？

□从来不用　□极少使用　□偶尔使用　□经常使用

15. 您在幼儿园教学中使用的媒体有哪些？　　※多选※

□电视设备　□液晶投影仪　□电子白板　□MP3或CD　□多媒体电脑
□扫描仪　□数码相机　□摄像机　□其他（请注明）_____

16. 您是否访问与幼儿教育相关的学术网站（如有，请说出主要网址或名称）？

□经常访问_____　□偶尔访问，记不清楚具体网址　□极少使用　□从没有

17. 您是否会用博客、个人空间等记录与自己教学相关的内容？

□经常使用（每周1次以上）　□有时使用（每月1次以上）
□极少使用（每月少于1次）　□从来不用

18. 您是否曾经利用信息技术和家长及其他社会人士分享您的教育理念及经验？

□经常使用　□偶尔使用　□极少使用　□从来不用

19. 您是否会使用信息技术手段（QQ群、微信等）与家长沟通联系？

□经常使用　□偶尔使用　□极少使用　□从来不用

20. 您所在的学校组织过与教育技术相关的教师培训吗？

□有，次数较多　□有一两次　□没有

21. 请您描述您印象最深的一次应用或接触教育技术的过程，具体包括使用教育技术的背景（时间地点原因等）、您采取的行动的过程、行动的结果以及您的想法等。（需要您多花点儿时间，但这个问题对于本研究比较重要，麻烦您了，十分感谢）

附录4　教育技术能力发展行动效果调查问卷

各位老师：

　　本次教育技术能力发展行动结束了，为了解行动的效果，我们设计了这次问卷调查，本问卷不记姓名，答案也没有正误之分，只是希望通过问卷了解情况，以改善我们的行动。请您根据您的情况对左边的问题判断给分，其中选择1代表"非常不同意"，选择5代表"非常同意"，分数越高代表越同意。非常感谢您的帮助。

1. 本次活动对自己很有帮助	1	2	3	4	5
2. 本次行动中其他同事收获很大	1	2	3	4	5
3. 案例研究中我有很大的收获	1	2	3	4	5
4. 案例研究对同事帮助很大	1	2	3	4	5
5. 通过叙事研究我有很大收获	1	2	3	4	5
6. 同事通过叙事研究有了很大的提高	1	2	3	4	5
7. 在设计制作适合幼儿使用的课件上我有很大提高	1	2	3	4	5
8. 我能更好地设计安康家园的班级主页	1	2	3	4	5
9. 我最近电脑里收藏了一些幼教专业网站和专家的QQ	1	2	3	4	5
10. 我会使用符合幼儿特点的教育软件	1	2	3	4	5
11. 我能够更好地应用QQ、微信等工具和家长交流	1	2	3	4	5
12. 我更明白了如何利用各种资源促进自身水平的提高	1	2	3	4	5
13. 我更会为幼儿选择学习课件了	1	2	3	4	5
14. 在微信群里我能更好地调动家长发言的积极性	1	2	3	4	5
15. 我的qq空间里多了许多学习的内容	1	2	3	4	5
16. 以后我还会继续进行类似的案例研究	1	2	3	4	5
17. 以后我还会继续进行叙事写作	1	2	3	4	5
18. 在行动的过程中，同伴的合作对我帮助很大	1	2	3	4	5

附录5 对于教育技术能力发展行动效果评价的访谈提纲

1. 您觉得这两个月的学习效果怎么样?您有什么样的感受?
2. 在这段时间的学习后您对教育技术的看法有没有什么变化?
3. 你最近干了什么跟教育技术相关的觉得印象很深的事儿?
4. 在这个学习过程中觉得有什么困难?
5. 如果后面还持续这样的活动,您会不会继续参加?

参考文献

英文参考文献：

[1] Beck J,"An Exploration of the Relationship Between Case Study Methodology and Learning Style Preferenc", Journal of Science Teacher Education, 2007, 18 (3).

[2] Bennett S、Maton K、Kervin L, "The 'digital natives' debate: A critical review of the evidence", British journal of educational technology, 2008, 39 (5).

[3] Bianchi R, "What is " severe burnout " and can its prevalence be assessed?", Intensive Care Medicine, 2015, 41 (1).

[4] Connelly、F. M, & Clandinin, D. J., "Narrative inquiry", In J. L. Green, G. Camalli, & P. B. Elmore (Eds.), "*Handbook of complementary methods in education research*", Washington, DC: American Educational Research Association.

[5] Cumming J, *The Power of Narrative to Enhance Quality in Teaching, Learning, and Research* Maclean R, Springer Netherlands, 2007.

[6] Department for Education. Initial teacher training criteria [EB/OL], http://media.education.gov.uk/assets/files/pdf/i/itt%20criteria%202012.pdf.

[7] Koehler, M. J.、& Mishra, P., "What is technological pedagogical content knowledge?" Contemporary Issues in Technology and Teacher Education, 2009. 1.

[8] Krueger、K. Hansen L. & Smaldino S, "Preservice Teacher Technology Competencies: A model for preparing teachers of tomorrow to use technology", TechTrends, (3).

[9] MACTE. MACTE Guide to Accreditation [EB/OL], http://www.macte.org/images/Updated_Guide_to_Accreditation_1—20—15_.pdf.

[10] Mcglynn A P. Teaching Millennials, "Our Newest Cultural Cohort. J. Education Digest: Essential Readings Condensed for Quick Review", 2005, 71 (4).

[11] McManis L D、Gunnewig S B, "Finding the education in educational technology with early learners", Young Children, 2012, 67 (3).

[12] Montero-Marín J、García-Campayo J、Mosquera Mera D, et al,"A new definition of burnout syndrome based on Farber's proposal", Journal of Occupational Medicine and Toxicology. 2009, 4 (1).

[13] NAEYC. Critical Facts about the Early Childhood Workforce [EB/OL], http://www.naeyc.org/policy/advocacy/ECWorkforceFacts#Educators.

[14] NAEYC. Standards for Early Childhood Professional [EB/OL], http://www.naeyc.org/files/naeyc/files/2009%20Professional%20Prep%20stdsRevised%204_12.pdf.

[15] NAEYC. Technology and Interactive Media as Tools in Early Childhood Programs Serving Children from Birth through Age 8.[EB/OL]. http://www.naeyc.org/files/naeyc/PS_technology_WEB.pdf.

[16] NAEYC. Early Childhood Associate Degree Accreditation [EB/OL]. http://www.naeyc.org/ecada.

[17] National Educational Technology Plan 2004,"Toward A New Golden Age in American Education: How the Internet, the Law and? Today's Students Are Revolutionizing Expectations", http://ed.gov/about/offices/list/os/technology/plan/2004/plan.pdf.

[18] National Educational Technology Plan 2010,"Transforming American Education: Learning Powered by Technology", http://www.ed.gov/sites/default/files/NETP-2010-exec-summary.pdf.

[19] NBPTS,"Early Childhood Generalist, 3rd Edition", http://boardcertifiedteachers.org/sites/default/files/EC-GEN.pdf.

[20] Office of Technology Assessment,"Teachers and technology: Making the connection.", http://digital.library.unt.edu/ark:/67531/metadc39805/.

[21] Peeraer, J. & Van Petegem, P.,"Information and communication technology in teacher education in Vietnam: from policy to practice", Educational Research for Policy and Practice, 2012, 11.

[22] Prensky M.,"Digital natives, digital immigrants part 1", On the horizon. 2001 (9).

[23] Segers E、Verhoeven L.,"Multimedia support of early literacy learning", Computers & Education, 2002, 39 (3).

[24] Tapscott D.,"Educating the net generation", Educational Leadership, 1999, 56 (5).

[25] Teacher Technology Competency Committee Member Organizations,"Teacher Technology Competencies", http://uhaweb.hartford.edu/ALMUQWISH/almuqwishi/Standards_files/compisteandstate[1][1].pdf.

[26] Thomas Brush,"Introduction to the Special Issue on Preparing Tomorrow's Teachers to Use Technology (PT3)", Educational Technology Research and Development, Vol. 51, No. 1, 2003.

[27] UNESCO Asia and Pacific Regional Bureau for Education，"Regional Guidelines on Teacher Development for Pedagogy"，http：//unesdoc.unesco.org/images/0014/001405/140577e.pdf.

[28] Venkatesh V and Davis F D，"A Theoretical Extension of the Technology Acceptance Model：Four Longitudinal Field Studies"，Management Science，2000，2 vol46.

[29] Venkatesh、Hillo Bala，"Technology Acceptance Model 3 and a Research Agenda on Interventions"，Decision Sciences，2008，2，vol 39.

[30] Vicente P、Reis E，"The frequency divide"："implications for internet-based surveys"，Quality & Quantity，2013，47（6）.

[31] Ziegler S G，"The（mis）education of Generation M"，Learning，Media and Technology，2007，32（1）.

中文参考文献：

[32] CNNIC：《中国互联网络发展状况统计报告》2014年12月，www.cnnic.net.cn/hlwfzyj/hlwxzbg/hlwtjbg/201403/P020140305346585959798.pdf.

[33] 韩家炜等著；范明，孟小峰译：《数据挖掘：概念与技术（第三版）》，北京：机械工业出版社，2012年。

[34] 马克·普伦斯基、胡智标、王凯：《数字土著数字移民》，载《远程教育杂志》2009年第2期。

[35] 安德森等著：《学习、教学和评估的分类学：布卢姆教育目标分类学（修订版）》，皮连生译.上海：华东师范大学出版社，2008年。

[36] 安涛、李艺：《教育技术理论的范畴体系与核心问题》，载《现代远程教育研究》2014年第2期。

[37] 毕春霞、李新锋：《农村幼儿教师信息素养现状调查与分析——以"国培计划"培训学员为例》，载《郧阳师范高等专科学校学报》2012年第2期。

[38] 边鹏：《技术接受模型研究综述》，载《图书馆学研究》2012年第1期。

[39] 蔡建东、张慧芳、苏姗·霍兰德：《幼儿教育技术学术思想研究》，载《现代教育技术》2013年第9期。

[40] 蔡淑兰：《文化自觉——少数民族幼儿教师专业成长的内在需要》，载《内蒙古师范大学学报（教育科学版）》2014年第4期。

[41] 蔡亚平：《论教师实践性知识的失语与建构》，载《教育理论与实践》2005年第22期。

[42] 蔡迎旗：《中国学前教育存在的问题》，载《教育研究与实验》2009年第1期。

[43] 曹能秀、王艳玲、田静、清水益治：《近十年来美英日三国学前教师教育改革初探》，载《外国中小学教育》2013年第7期。

[44] 曹熙斌：《基于视频案例的师范生教育技术能力培养策略研究》，载《中国电化教育》2013年第10期。

[45] 陈恩清：《专业化视角下幼儿教师职前声乐教育现状及其改革探索》，载《学前教育研究》2010年第9期。

[46] 陈洪澜：《论知识分类的十大方式》，载《科学学研究》2007年第1期。

[47] 陈静静、姜美玲：《论教师实践性知识形成与发展的内在机制》，载《全球教育展望》2014年第5期。

[48] 陈向明：《对教师实践性知识构成要素的探讨》，载《教育研究》2009年第10期。

[49] 陈向明、赵康：《从杜威的实用主义知识论看教师的实践性知识》，载《教育研究》2012年第4期。

[50] 陈向明：《从教师"专业发展"到教师"专业学习"》，载《教育发展研究》2013年第8期。

[51] 陈向明：《对教师实践性知识构成要素的探讨》，载《教育研究》2009年第10期。

[52] 陈向明：《对教师专业发展中引入案例式研修的几点思考》，载《教育发展研究》2009年第18期。

[53] 陈云川、雷轶：《胜任力研究与应用综述及发展趋向》，载《科研管理》2004年第6期。

[54] 陈云虹：《军队院校教师教育技术能力标准研究》，博士学位论文，第四军医大学，2009年。

[55] 程凤农：《教师实践性知识管理研究》，博士学位论文，山东师范大学，2014年。

[56] 崔英玉、孙启林、陶莹：《韩国基础教育信息化政策研究》，载《中国电化教育》2011年第6期。

[57] 董艳、桑国元、蔡敬新：《师范生TPACK知识的实证研究》，载《教师教育研究》2014年第3期。

[58] 杜书瀛：《审美价值的生产》，载《浙江大学学报（人文社会科学版）》2008年第1期。

[59] 风笑天：《方法论背景中的问卷调查法》，载《社会学研究》1994年第3期。

[60] 冯奕競、李艺：《从记忆知识到创新能力的跃迁——师范生教育技术能力训练研究与实践》，载《电化教育研究》2003年第11期。

[61] 高芳：《实践教学：职前教师教育重心的转向》，载《教育评论》2014年第9期。

[62] 高闰青：《高师院校学前教育专业课程设置改革研究——基于《幼儿园教师专业标准》，载《课程·教材·教法》2013年第7期。

[63] 苟顺明：《新世纪美国学前教师教育课程改革透视》，载《外国教育研究》2013年第7期。

[64] 顾小清、林仕丽、汪月：《理解与应对：千禧年学习者的数字土著特征及其学习技术吁求》，载《现代远程教育研究》2012年第1期。

[65] 韩妍容、张晓梅：《幼儿园教师专业标准与幼儿教师专业能力培养》，载《教育探索》

2014 年第 7 期。

[66] 何克抗：《中国特色教育技术理论的形成与发展》，载《北京大学教育评论》2013 年第 7 期。

[67] 何克抗：《儿童思维发展新论和语文教育的深化改革——对皮亚杰"儿童认知发展阶段论"的质疑》，载《教育研究》2004 年第 1 期。

[68] 何克抗：《关于〈中小学教师教育技术能力标准〉》，载《电化教育研究》2005 年第 4 期。

[69] 何克抗：《关于教育技术公共课精品课程的共建与共享》，载《中国电化教育》2007 年第 8 期。

[70] 何克抗：《正确理解"中小学教师教育技术能力培训"的目的、意义及内涵》，载《中国电化教育》2006 年第 11 期。

[71] 何克抗：《教学结构理论与教学深化改革（上）》，载《电化教育研究》2007 年第 7 期。

[72] 何文茜、王凤：《基于〈标准〉的现代教育技术公共课实践教学体系思考》，载《现代教育技术》2009 年第 2 期。

[73] 胡恒波：《英国早期教育教师标准的价值取向与改革趋势》，载《外国教育研究》2014 年第 8 期。

[74] 黄海萍：《幼儿教师信息技术能力现状调查及对策》，载《中国教育技术装备》2013 年第 36 期。

[75] 黄河清、马恒懿：《家校合作价值论新探》，载《华东师范大学学报（教育科学版）》2011 年第 4 期。

[76] 黄磊、杨九民、李文昊：《基于免费网络服务的高校混合式学习模式构建——以"现代教育技术"课程为例》，载《电化教育研究》2011 年第 8 期。

[77] 黄盈盈、潘绥铭：《社会学问卷调查的边界与限度——一个对"起点"的追问与反思》，载《学术研究》2010 年第 7 期。

[78] 贾居坚：《中小学教师教育技术能力培训教学策略研究》，载《中国电化教育》2011 年第 3 期。

[79] 姜美玲、王赛凤：《理解教师实践性知识》，载《全球教育展望》2004 年第 11 期。

[80] 姜美玲：《论教师实践性知识的本质属性和衍生特征》，载《教育理论与实践》2010 年第 7 期。

[81] 蒋京川、叶浩生：《智力是什么？——智力观的回溯与前瞻》，载《国外社会科学》2006 年第 2 期。

[82] 蒋荣辉：《〈幼儿园教师专业标准〉下的教师教育课程改革——四川幼儿师范高等专科学校为例》，载《中国教育学刊》2014 年第 1 期。

[83] 教育部：《关于"英特尔未来教育"项目与"中小学教师教育技术能力建设计划"相衔接问题的通知》，www.moe.gov.cn/publicfiles/business/htmlfiles/moe/s3317/201001/

xxgk_81757.html。

[84] 教育部：《国家教师教育课程标准（试行）》，www.moe.gov.cn/ewebeditor/uploadfile/2011/10/19/20111019100845630.doc。

[85] 教育部：《国家中长期教育改革和发展规划纲要（2010—2020年）》，www.edu.cn/zong_he_870/20100730/t20100730_501910.shtml。

[86] 教育部：《教育部关于实施全国中小学教师信息技术应用能力提升工程的意见》，www.moe.gov.cn/publicfiles/business/htmlfiles/moe/s7748/201311/xxgk_159042.html。

[87] 教育部：《中小学教师教育技术能力标准（试行）》，www.pep.com.cn/xgjy/jiaoshi/jydt/201008/t20100827_803018.htm。

[88] 教育部：《中小学教师信息技术应用能力标准（试行）》，www.moe.gov.cn/ewebeditor/uploadfile/2014/06/12/20140612142024937.docx。

[89] 解华：《学前教育专业美术课程建设策略》，载《学前教育研究》2013年第9期。

[90] 金艳：《幼儿园有效提升教师专业发展能力的途径与策略》，载《学前教育研究》2010年第9期。

[91] 金忠明、李慧洁：《论教师实践性知识及其来源》，载《全球教育展望》2009年第2期。

[92] 荆林燕：《面向"数字土著"学习环境的构建与分析》，载《软件导刊（教育技术）》2011年第12期。

[93] 李定仁、范兆雄：《教学要素与教学系统最优化》，载《教育科学》2003年第6期。

[94] 李芳霞：《地方型师范院校本科学前教育专业课程设置》，载《教育与职业》2014年24期。

[95] 李华：《中小学教育媒体的选择与应用探究》，载《中国电化教育》2000年第2期。

[96] 李季湄、夏如波：《〈幼儿园教师专业标准〉的基本理念》，载《学前教育研究》2012年第8期。

[97] 李家黎、刘义兵：《教师信念的现实反思与建构发展》，载《中国教育学刊》2010年第8期。

[98] 李军：《基于词频分析法的国内教育技术学研究热点的研究》，载《现代情报》2010年第8期。

[99] 李莉春：《"信奉理论"与"使用理论"之辩及其对教育实践的意义》，载《外国教育研究》2010年第1期。

[100] 李利：《职前教师的实践性知识形成——基于实习的个案分析》，载《教育发展研究》2011年第24期。

[101] 李美凤：《波兰尼知识理论与中小学教师教育技术能力培养——一种基于反思的教育技术能力形成与发展策略体系》，载《南京晓庄学院学报》2007年第3期。

[102] 李强：《"心理二重区域"与中国的问卷调查》，载《社会学研究》2000年第2期。

[103] 李姗泽、史晓波：《男幼儿教师在困境中的自我专业发展》，载《学前教育研究》2008年第2期。

[104] 李少梅、王慧：《基于幼儿教师培训的视频教学案例课程资源的应用研究》，载《中国电化教育》2013年第10期。

[105] 李颂：《数字故事：一种新学习和表达方式——以"上海市女教师的故事大赛"为例》，载《上海教育科研》2011年第3期。

[106] 李文英：《日本教育信息化发展及对我国的启示》，载《外国教育研究》2003年第2期。

[107] 李彦敏：《教师教育技术能力学术文献的定量分析》，载《现代教育技术》2012年第5期。

[108] 李艳荣：《基于专业发展的幼儿教师职后培训研究》，硕士学位论文，西南大学，2008年。

[109] 李兆君：《现代教育技术》公共课教学改革的实践研究》，载《中国电化教育》2009年第5期。

[110] 李子建、宋萑：《建构主义：理论的反思》，载《全球教育展望》2007年第4期。

[111] 梁伟焱：《基于Moodle的现代教育技术教学实践与效果分析》，载《中国教育技术装备》2012年第18期。

[112] 林家媚、冯冈平：《关键事件研究法在营销研究中的应用》，载《价值工程》2012年第27期。

[113] 刘健平：《论麦克斯韦方程组的美》，载《西南师范大学学报（自然科学版）》2008年第12期。

[114] 刘晶波：《我国学前教育研究年发展状况分析》，载《教育研究》2011年第8期。

[115] 刘良华：《教育叙事研究：是什么与怎么做》，载《教育研究》2007年第7期。

[116] 刘世清、冯伯森：《高师学生现代教育技术与信息技术能力培养的探索与实践》，载《电化教育研究》2000年第9期。

[117] 刘小平：《态度测量偏差研究》，载《心理科学》2000年第3期。

[118] 刘永福：《教育叙事研究及其邻近概念的逻辑关系摭论》，载《上海教育科研》2010年第1期。

[119] 刘占兰：《幼儿园教师的专业能力》，载《学前教育研究》2012年第11期。

[120] 刘珍芳：《基于工作过程导向的师范生教育技术能力培养模式研究》，载《电化教育研究》2010年第11期。

[121] 刘珍芳：《幼儿教师信息素养培养模式研究》，载《中国电化教育》2011年第5期。

[122] 刘珍芳：《幼儿教师信息素养现状调查与分析》，载《现代教育技术》2010年第11期。

[123] 刘珍芳：《浙江省学前教育信息化现状的调查分析及对策研究》，载《中国电化教育》2007年第8期。

[124] 柳夕浪：《"研究"对于中小学教师意味着什么》，载《教育研究》2005年第1期。

[125] 卢乃桂、钟亚妮：《教师专业发展理论基础的探讨》，载《教育研究》2007年第3期。

[126] 陆宏、吕正娟：《网络问卷调查的规划、设计与实施》，载《现代教育技术》2011年第7期。

[127] 陆益龙：《定性社会研究方法》，北京：商务印书馆，2011年。

[128] 路晨：《幼儿园初任教师入职教育的现实困境与出路探寻》，载《河北师范大学学报（教育科学版）》2014年第1期。

[129] 罗月念：《信息技术视阈下教育部〈幼儿园教师专业标准〉（试行）内涵解读》，载《软件导刊（教育技术）》2012年第7期。

[130] 马克斯、范梅南：《教育敏感性和教师行动中的实践性知识》，载《北京大学教育评论》2008年第1期。

[131] 马萌：《面向教师需求的教师及时培训模式研究》，博士学位论文，东北师范大学，2011年。

[132] 马宁、陈庚、刘俊生、丁杰、余胜泉：《〈国家高校教师教育技术能力指南〉的研究》，载《远程教育杂志》2011年第6期。

[133] 茅红美、郝海平：《信息技术在学前教育应用中的理性思考》，载《网络科技时代》2007年第21期。

[134] 美国国际教育技术协会项目组：《美国国家教育技术标准——课程与技术整合》，北京：中央广播电视大学出版社，2003年。

[135] 孟红艳、孔祥会、钱玲：《幼儿教师信息技术培训问题及对策研究——基于河北省幼儿教师信息技术技能的现状调查》，载《河北大学成人教育学院学报》2011年第1期。

[136] 莫雷：《论能力结构研究的基本方法的变革》，载《心理科学通讯》1989年第2期。

[137] 莫雷：《能力结构研究的基本方法与方法论问题》，载《心理学报》，1988年第3期。

[138] 母远珍：《幼儿园骨干教师专业成长过程中的关键事件》，载《学前教育研究》2011年第4期。

[139] 欧美玲：《中小学教师教育叙事研究的反思》，载《现代教育科学》2012年第6期。

[140] 潘洪建：《当代知识观及其对基础教育改革的启示》，载《教育研究》2004年第6期。

[141] 潘晓月、陈渝：《信息技术接受行为研究模式述评》，载《图书馆学研究》2012年第14期。

[142] 庞丽娟：《〈幼儿园教师专业标准〉的研制背景、指导思想与基本特点》，载《学前教育研究》2012年第7期。

[143] 庞丽娟：《加快学前教育的发展与普及》，载《教育研究》2009年第5期。

[144] 彭兵、邸安娜、陆楚生：《区域性幼儿教师专业标准的探索与思考——以武汉市幼儿教师专业标准的编制为例》，载《学前教育研究》2011年第3期。

[145] 彭兵：《我国幼儿教师专业发展政策回顾与展望》，载《学前教育研究》2012 年第 5 期。

[146] 齐媛：《信息技术环境下中小学教师教学设计能力研究》，博士学位论文，东北师范大学，2009 年。

[147] 秦金亮：《〈幼儿园教师专业标准〉的功能定位—兼谈幼儿园教师专业觉醒》，载《学前教育研究》2012 年第 8 期。

[148] 秦炜炜：《面向教师的美国国家教育技术标准新旧版对比研究》，载《开放教育研究》2009 年第 3 期。

[149] 秦元东：《幼儿教师在对话、反思与评价中不断成长——通过评课促进幼儿教师专业化成长的一种尝试》，载《学前教育研究》2005 年第 5 期。

[150] 邱均平、邹菲：《关于内容分析法的研究》，载《中国图书馆学报》2004 年第 2 期。

[151] 屈洁：《高师院校教师教育技术能力建设研究》，硕士学位论文，华东师范大学，2008 年。

[152] 沈书生：《教师教育技术能力培训项目设计研究》，博士学位论文，南京师范大学，2008 年。

[153] 施克灿：《国际教师专业标准的三种模式及启示》，载《比较教育研究》2004 年第 12 期。

[154] 施铁如：《"怎么都行"——学校改革研究的后现代思考》，载《教育研究与实验》2003 年第 2 期。

[155] 疏凤芳、赵呈领、万力勇、黄磊、段峰峰：《基于 QQ 群的网络课堂交互特性研究》，载《现代教育技术》2012 年第 7 期。

[156] 宋广文、魏淑华：《论教师专业发展》，载《教育研究》2005 年第 7 期。

[157] 宋红娟：《英国"入职与发展档案"制度对我国幼儿教师专业发展的启示》，载《学前教育研究》2007 年第 5 期。

[158] 宋霞霞、马德俊：《基于数字故事的教育叙事可视化研究》，载《现代教育技术》2012 年第 2 期。

[159] 苏敬勤、孙源远：《商业案例、教学案例和案例研究的关系》，载《管理案例研究与评论》2010 年第 3 期。

[160] 孙有福：《教师案例研究的四个核心要素》，载《现代中小学教育》2010 年第 7 期。

[161] 唐玉梅：《中外多媒体幼儿教育的现状分析》，载《中国教育技术装备》2012 年第 4 期。

[162] 涂舒：《直觉式创新：内涵、行为机制及适应性效率分析》，载《科技进步与对策》2012 年第 19 期。

[163] 汪基德：《中国教育技术学科几个问题的探讨》，载《教育研究》2006 年第 7 期。

[164] 汪明帅：《注重教育叙事研究中的"研究"品性》，载《全球教育展望》2012 年第 7 期。

[165] 汪贤泽：《论教师的实践性知识》，载《全球教育展望》2009年第3期。

[166] 王保中、黄松爱：《日本基础教育信息化：当前的举措与成果》，载《外国教育研究》2006年第5期。

[167] 王斌华：《发展性教师评价制度》，华东师范大学出版社，2007年。

[168] 王红芳：《加强制度建设，保障教研主体作用的发挥》，载《学前教育研究》2010年第3期。

[169] 王洪才：《叙事研究：价值、规范与局限》，载《教育科学研究》2012年第4期。

[170] 王吉：《叙事研究与教育技术领域叙事研究的深度思考》，载《现代教育技术》2010年第6期。

[171] 王吉：《学前教育信息化的现状与对策》，载《中国教育技术装备》2011年第36期。

[172] 王建民、杨木春：《胜任力研究的历史演进与总体走向》，载《改革》2012年第12期。

[173] 王鉴、徐立波：《教师专业发展的内涵与途径——以实践性知识为核心》，载《华中师范大学学报（人文社会科学版）》2008年第3期。

[174] 王杰：《贫困地区农村幼儿教师专业成长的现状、问题及对策——以甘肃农村幼儿教师为例》，载《学前教育研究》2009年第1期。

[175] 王金红：《案例研究法及其相关学术规范》，载《同济大学学报（社会科学版）》2007年第3期。

[176] 王瑾、肖力青：《幼儿园教师职业准入信息技术标准研究》，载《新课程研究（下旬刊）》2014年第4期。

[177] 王君杰：《浅谈动画片中的媒介暴力》，载《东南传播》2013年第8期。

[178] 王凯：《教师学习：专业发展的替代性概念》，载《教育发展研究》2011年第2期。

[179] 王凯：《教育叙事：从教育研究方法到教师专业发展方式》，载《比较教育研究》2005年第6期。

[180] 王凯：《认识教师叙事的三种不利心态》，载《教育科学研究》2007年第1期。

[181] 王琳：《幼儿教师信息化教学能力的提升策略》，载《教育导刊（下半月）》2014年第10期。

[182] 王枬：《教育叙事研究的兴起、推广及争辩》，载《教育研究》2006年第10期。

[183] 王宁：《个案研究中的样本属性与外推逻辑》，载《公共行政评论》2008年第3期。

[184] 王青梅、赵革：《国内外案例教学法研究综述》，载《宁波大学学报（教育科学版）》2009年第3期。

[185] 王帅：《教师成为技术熟练者的影响因素及应对策略研究》，载《中国电化教育》2014年第8期。

[186] 王穗苹：《凯罗的认知能力模型述评》，载《心理科学》2000年第5期。

[187] 王炜、祝智庭：《解析英国〈ICT应用于学科教学的教师能力标准〉》，载《电化教育研究》2004年第1期。

[188] 王卫军：《教师信息化教学能力发展研究》，西北师范大学，2009年。

[189] 王晓岚、丁邦平：《美国学前教育师资培养的方式、特点及其启示》，载《学前教育研究》2010年第10期。

[190] 王晓丽：《新建本科院校学前教育专业课程体系探索》，载《教育与职业》2012年第21期。

[191] 王亚凤：《美国幼儿教师专业标准研究》，华东师范大学，2011年。

[192] 王亚南、刘昌：《斯皮尔曼：从智力二因素论的创立到方法论上的突破》，载《南京师大学报（社会科学版）》2011年第6期。

[193] 王铟、朱京曦、刘莉、乌美娜：《我国中小学教师教育技术能力的调查与分析》，载《中国电化教育》2002年第3期。

[194] 王竹立：《李克东难题：争鸣与反思》，载《远程教育杂志》2010年第2期。

[195] 吴焕庆、余胜泉、马宁：《教师TPACK协同建构模型的构建及应用研究》，载《中国电化教育》2014年第9期。

[196] 吴文侃：《教学结构理论的比较研究》，载《比较教育研究》1994年第6期。

[197] 吴宇：《以教育叙事研究为切点促进幼儿教师专业发展》，载《黑龙江教育学院学报》2012年第9期。

[198] 夏正江、梅珍兰：《案例教学纵览：分析与评论》，载《外国中小学教育》2004年第10期。

[199] 夏正江：《从"案例教学"到"案例研究"：转换机制探析》，载《全球教育展望》2005年第2期。

[200] 徐建平、张厚粲：《中小学教师胜任力模型：一项行为事件访谈研究》，载《教育研究》2006年第1期。

[201] 徐丽玲：《幼儿教师专业能力培养的体系构建与实施策略——基于〈幼儿园教师专业标准〉的思考》，载《湖南师范大学教育科学学报》2013年。

[202] 许倩倩：《美国幼儿教师专业发展培训质量保障机制—以康涅狄格州为例》，载《外国教育研究》2013年第7期。

[203] 许锡良：《评"怎么都行"——对教育"叙事研究"的理性反思》，载《教育研究与实验》2004年第1期。

[204] 闫寒冰、傅伟：《教育技术管理的历史演进与内涵辨析》，载《电化教育研究》2012年第9期。

[205] 严仲连：《案例分析与幼儿教师的成长》，载《内蒙古师范大学学报（教育科学版）》2004年第2期。

[206] 杨军、杨道宇：《布卢姆认知教育目标分类学的困境》，载《上海教育科研》2013年第12期。

[207] 杨丽萍：《"教师叙事探究"有效性探讨》，载《现代中小学教育》2009年第1期。

[208] 杨宁：《师范生教育技术能力发展：目标层次、影响因素与培养策略》，东北师范大

学，2013年。

[209] 杨小微：《教育研究的理论与方法》，北京：北京师范大学出版社，2008年。

[210] 杨晓、李松涛：《基于共生理念的家校合作改革构想》，载《教育科学》2013年第5期。

[211] 姚巧红、李玉斌、刘德山、胡卫星：《面向新课程的教育技术公共课教学改革研究》，载《电化教育研究》2007年第12期。

[212] 姚赛男：《深度对话：试解"李克东难题"的可能路径——基于"杜甫诗歌"专题教学的个案研究》，载《中国电化教育》2010年第7期。

[213] 姚伟、李永霞：《发挥博客的评价功能，促进幼儿教师自主发展》，载《学前教育研究》2009年第9期。

[214] 叶浩生：《有关自身认知思潮的理论心理学思考》，载《心理学报》2011年第5期。

[215] 余建华：《从定量到定性：网络调查的人文转向——兼论案例研究在互联网中的应用》，载《电化教育研究》2012年第3期。

[216] 余清臣：《教育典型实践的研究方式》，载《中国教育学刊》2013年第2期。

[217] 余胜泉、陈玲：《论教学结构的实践意义——再答邱崇光先生》，载《电化教育研究》2005年第2期。

[218] 余胜泉、张洪锐：《课堂网络教学环境对学生视力的影响研究》，载《电化教育研究》2012年第7期。

[219] 虞永平：《〈幼儿园教师专业标准〉的专业化理论基础》，载《学前教育研究》2012年第7期。

[220] 袁智强：《数学师范生整合技术的学科教学知识（TPACK）发展研究》，华东师范大学，2012年。

[221] 詹青龙：《信息技术教师培训模型研究》，华东师范大学，2007年。

[222] 张炳林、杨改学：《对高等师范院校〈现代教育技术〉公共课的思考——基于CETS的公共课内容规范探究》，载《现代远距离教育》2007年6月。

[223] 张楚廷：《教学要素层次论》，载《教育研究》2000年第6期。

[224] 张华：《提高学前教育专业学生对体育课兴趣的有效途径》，载《学前教育研究》2011年第3期。

[225] 张立新、凌春媛：《关注初任幼儿教师专业发展问题》，载《现代中小学教育》2013年第11期。

[226] 张平、朱鹏：《教师实践共同体：教师专业发展的新视角》，载《教师教育研究》2009年第2期。

[227] 张生：《混合式学习环境下基于学习活动的形成性评价的理论与实践》，东北师范大学，2008年。

[228] 张希希：《教育叙事研究是什么》，载《教育研究》2006年。

[229] 张筱兰、邢郁：《立体化教材支持下的课堂教学模式建构与实践——以师范生〈现代

教育技术〉公共课为例》，载《现代教育技术》2011年第8期。

[230] 张一春等：《高校教师教育技术能力标准的模型建构之研究》，载《中国电化教育》2004年第5期。

[231] 张屹、刘美娟、周平红等：《中小学教师信息技术应用能力的现状评估——基于〈中小学教师信息技术应用能力标准（试行）〉的分析》，载《中国电化教育》2014年第8期。

[232] 张云亮、汪德明、时莉等：《农村幼儿教师培训的现状、评价及其需求》，载《学前教育研究》2012年第1期。

[233] 张肇丰：《试说教师的案例研究》，载《课程·教材·教法》2004年第8期。

[234] 赵德成：《新课程实施中的情感、态度与价值观评价》，载《课程·教材·教法》2003年第9期。

[235] 赵姝、黄荣怀：《教学案例情境模型建构研究——以网警培训领域案例为例》，载《电化教育研究》2014年第7期。

[236] 郑金洲：《案例教学：教师专业发展的新途径》，《教育理论与实践》2002年第7期。

[237] 郑旭东、陈文竹：《教育技术历史研究的意义与价值——从传播学作为教育技术的理论基础说开去》，载《现代远程教育研究》2012年第4期。

[238] 郑燕林、李卢一：《中小学教师教育技术能力发展现状调查与分析》，载《课程·教材·教法》2010年第10期。

[239] 钟铧：《高校教师如何做教育叙事研究》，载《现代大学教育》2014年第2期。

[240] 钟建军：《智力开发的基本理念与实践》，载《心理科学进展》2006年2期。

[241] 钟启泉：《为了"实践性知识"的创造》，载《全球教育展望》2005年第9期。

[242] 周效章：《中小学教师教育技术能力培训：基于网络学习共同体的实践》，载《现代教育技术》2010年第6期。

[243] 朱桂琴：《教师培训中实践性知识的缺失及其对策》，载《中小学教师培训》2007年第1期。

[244] 朱书慧：《2002－2012年我国"教育技术能力"研究回顾》，载《继续教育研究》2013年第8期。

[245] 朱书慧、汪基德：《我国学前教育信息化建设与应用研究现状》，载《电化教育研究》2013年第10期。

[246] 朱文英整理：《一个专业化标准任重道远的实践——何克抗教授谈《标准》》，载《教育信息化》2005年第9期。

[247] 朱旭东、宋佳：《教师培训核心要素的"对象变量"群》，载《教师教育研究》2014年第1期。

[248] 祝智庭：《设计研究作为教育技术的创新研究范式》，载《电化教育研究》2008年第10期。